SPIELBUCH
INTERAKTIONSERZIEHUNG

185 Spiele und Übungen zum Gruppentraining
in Schule, Jugendarbeit und Erwachsenenbildung

von

Herbert Gudjons

6., überarbeitete Auflage

1995

VERLAG JULIUS KLINKHARDT · BAD HEILBRUNN/OBB.

Die Deutsche Bibliothek – CIP-Einheitsaufnahme

Gudjons, Herbert:
Spielbuch Interaktionserziehung : 185 Spiele und Übungen
zum Gruppentraining in Schule, Jugendarbeit und
Erwachsenenbildung / von Herbert Gudjons. –
6., überarb. Aufl. – Bad Heilbrunn/Obb. : Klinkhardt, 1995
  (Schriften zur Beratung und Therapie im Raum der Schule
  und Erziehung ; Bd. 1)
  ISBN 3-7815-0784-X
NE: GT

1995. 1. L. © by Julius Klinkhardt
Gesamtherstellung: Friedrich Pustet, Regensburg
Printed in Germany
ISBN 3-7815-0784-X

Vorwort des Herausgebers zur 1. Auflage

Bei den zahlreichen Veröffentlichungen zur Dynamik der Prozesse in Kleingruppen scheidet sich nach einer anfänglichen Phase der Begeisterung die Spreu vom Weizen.

An die Stelle des unverbindlichen Probierens und der Neugier tritt das systematische Arbeiten an und mit der Kleingruppe. Dementsprechend werden die Grenzen des theoretischen Niveaus und der praktischen Brauchbarkeit deutlich angehoben.

Es gibt im deutschsprachigen Raum kaum einen Titel, in dem Theorie und Praxis so gut integriert und zugleich verständlich dargestellt sind, wie das in der hier vorliegenden Arbeit der Fall ist.

Jeder, der verantwortlich mit Gruppen umgehen muß, sei es in der Wirtschaft oder sei es im Raum der Erziehung, findet in dem hier vorliegenden Material ein Instrumentarium zur effektiven Förderung des Gruppengeschehens, Erhöhung der Verständigung, Verbesserung der Interaktion und günstige Beeinflussung des Gruppenklimas.

Die Materialien der Arbeit sind spezifischen sozialen Kompetenzen zugeordnet, die nach den umfangreichen Ergebnissen der Gruppenforschung als gesichert gelten können.

Herr Prof. Gudjons führt als Erziehungswissenschaftler (Universität Hamburg) selbst Trainingsprogramme für Multiplikatoren durch.

Als Teilnehmer solcher Kurse weiß ich aus eigener Erfahrung, daß Aufbau und Reflektierung der einzelnen Spiele zur Entwicklung, Förderung und Ausdifferenzierung sozialer Kompetenzen ausgewogen aufeinander abgestimmt sind.

Die einzelnen Spiele wurden verantwortlich und verfahrenstechnisch überprüfbar geordnet, so daß die jeweilig angezielten, gewünschten sozialen Lernprozesse optimal in Gang gebracht und kontrolliert werden können.

Im einzelnen werden folgende Grobziele sozialer Kompetenz durch interaktionelles Erfahrungslernen praxisrelevant angeboten: Bearbeitung der Identitätskrise am Anfang eines Gruppenprozesses (2.1.), Sensibilisierung der Wahrnehmung als Schlüssel zu einer befriedigenden menschlichen Kommunikation (2.2.), die Beschäftigung mit der eigenen Person, d. h. auf der Selbstakzeptierung und Selbstverständigung und damit auf Selbstverantwortung zielenden Bearbeitung der eigenen Sozialisation (2.3.), die Förderung von Vertrauen und Offenheit mit dem Ziel der Echtheit in der Selbstverwirklichung.

Von zentraler Bedeutung für die Regulierung des Kräftefeldes einer Gruppe ist ein gut funktionierendes Feedback-System. Es muß deshalb erfahrbar gemacht werden, wie wirksam ein Feedback die realistische Selbst- und Umweltwahrnehmung zu fördern vermag (2.5.).

Neben den genannten Ziel- und Problembereichen gehören die Fähigkeit zur expliziten Metakommunikation (2.6.), Normensetzung, Normenentwicklung und Normenkontrolle (2.7.) sowie lebendige, leistungseffektive und persönlich befriedigende Kooperation (2.8.) ebenso zur sozialen Kompetenz wie Entscheidungsfähigkeit, Konfliktbewältigung und Steuerung des Macht-, Einfluß- und Rivalitätsverhaltens (2.9.).

In einem guten Gruppenklima liegt die Befriedigung des Einzelnen höher und ist die Aufgabenbearbeitung entsprechend effektiver (2.10.).

Unser gesamter mitmenschlicher Kontakt ließe sich darüber hinaus entscheidend verbessern, wenn wir die elementaren Praktiken des partnerzentrierten Gesprächsverhaltens stärker verwirklichen würden (2.11.).

Besonders hilfreich ist das Kapitel (1.4.) im ersten Teil des Buches über »Fallbesprechungen« in Lehrer- und Erziehergruppen. Es wird hier ein erprobter und hilfreicher Leitfaden vorgestellt.

Um unmittelbare Anwendbarkeit und Umsetzbarkeit in die Praxis zu gewährleisten, wurde jede Übung nach dem gleichen orientierenden Raster aufgebaut:
1. Angabe des Zielbereichs,
2. konkrete Durchführung,
3. Auswertungshilfen,
4. benötigte Materialien,
5. allgemeine Hinweise.

In einer Zeit, wo der Mensch echter, aber auch härter geworden ist, tritt der unaufhebbare Widerspruch zwischen Autonomie und Abhängigkeit für jeden Einzelnen im Umgang mit dem anderen deutlicher und belastender zutage. Es geht in diesem Buch weniger um exklusive, neue gruppenpsychologische Erlebnisse und Bewußtseinsinhalte, sondern sehr viel realistischer und sehr viel aktueller vielmehr darum, daß wir lernen, einander die Lasten zu tragen.

Wattenbek bei Kiel, im Oktober 1977

Prof. Dr. Rudolf Seiß

Zur 4., ergänzten Auflage 1990

Die pädagogische Praxis in Schule, Jugendarbeit und Erwachsenenbildung während der letzten 15 Jahre hat das Vorwort des Herausgebers zur ersten Auflage bestätigt: die kommunikative Ebene in Gruppen, der Aufbau befriedigender Beziehungen in Institutionen und die emotionale Seite von Lernprozessen haben erheblich an Bedeutung gewonnen. Wir leben in einer Welt, in der zunehmend die massenmedialen »Erfahrungen aus zweiter Hand« die Primärerfahrungen im Umgang miteinander zu überlagern beginnen. Die erfreuliche Verbreitung des vorliegenden Buches in seinen bisherigen Auflagen ist sicher auch Spiegel der Bemühungen, dieser Entwicklung pädagogisch gegenzusteuern.
Die 4. Auflage wurde vor allem durch Übungen und Hinweise ergänzt und im Literaturverzeichnis aktualisiert.

Hamburg, im Juni 1990   Prof. Dr. Herbert Gudjons

Zur 6., überarbeiteten Auflage

Der Bedarf an praxisorientierten Materialien für das soziale Lernen in pädagogischen Gruppen ist unübersehbar, die erfreuliche Aufnahme dieses Buches in der 6. Auflage ist wohl ein Beleg dafür. Nach den bisherigen Rückmeldungen an den Autor sind vor allem die Spiele und Übungen in der Praxis wertvoll und hilfreich. Inzwischen sind natürlich auch Weiterentwicklungen in den theoretischen Grundlagen erfolgt. Doch eine entsprechende Berücksichtigung aller neueren Arbeiten hätte eine gänzliche Umarbeitung des Buches erforderlich gemacht. Davon haben mir viele LeserInnen abgeraten. So habe ich mich in der Überarbeitung auf neuere Literatur im Anmerkungsteil und im Literaturverzeichnis beschränkt.
Auf zwei neuere Arbeiten als Weiterentwicklung der Ansätze dieses Buches möchte ich dennoch hinweisen: Wer über das Gewordensein des eigenen Lebens (vor allem in pädagogischen Zusammenhängen) arbeiten möchte, sei verwiesen auf Gudjons/ Pieper/Wagener: Auf meinen Spuren. Hamburg 1992. Wer Materialien zur erlebnisorientierten Gruppenarbeit mit Jugendlichen sucht, findet diese unmittelbar anwendbar und theoretisch begründet bei M. Affeldt: Erlebnisorientierte Gruppenarbeit in der Schule. Bad Heilbrunn 1994.

Schließlich bedanke ich mich bei dem bisherigen Herausgeber dieser Reihe und dem Verlag für die Übergabe der Herausgeberschaft der Reihe »Schriften zur Beratung und Therapie im Raum der Schule und Erziehung«.

Hamburg, im November 1994   Prof. Dr. Herbert Gudjons

Inhalt

(Ziele: Training der sinnlichen Wahrnehmung (Sehen, Hören, Tasten). Differenzierung der Selbst- und Fremdwahrnehmung. Wahrnehmung nichtverbaler Signale. Körperwahrnehmung, Gefühlswahrnehmung. Einfühlung, Identifikation und Verbalisierung in der Kommunikation.)

(Ziele: Selbstbild und Selbstideal genauer kennenlernen. Zusammenhänge von eigener Lebensgeschichte und gegenwärtiger Lebenssituation finden. Anregung zur zukünftigen Lebensplanung. Abklären eigener Werte und Ziele. Selbstakzeptierung und Selbstverantwortung stärken, auch für Verhaltensänderung und Persönlichkeitsentwicklung.)

1. Teil
Soziales Lernen – Interaktionserziehung – Gruppendynamik

1.1 Hintergrund und Kontext interaktionspädagogischer Ansätze

Dieses Buch ist eine Materialsammlung für die Praxis. Diese Praxis erweist sich gegenüber Veränderungsbemühungen enorm zäh und manchmal geradezu resistent; so hat es das Bemühen um Soziales Lernen zumindest in den letzten 20 Jahren gezeigt. Parallel dazu haben sich die sozialwissenschaftlichen Begründungsversuche, die konzeptionellen Entwürfe, die pädagogischen Zielvorstellungen und die praktischen Arbeits- und Anwendungsfelder erheblich ausgeweitet. Allein die Ausdifferenzierung der »Humanistischen Psychologie«, jenes dritten Weges zwischen Psychoanalyse und Behaviourismus, ist kaum noch überschaubar. Umso dringender stellen sich zwei Aufgaben: Zum einen die Notwendigkeit eines orientierenden Überblicks über Hintergrund und Kontext interaktionspädagogischer Ansätze (als Teilbereich des Sozialen Lernens), zum anderen die Bereitstellung übersichtlich geordneter und anwendungsorientiert formulierter Materialien für die Praxis. Während dieses Buch aus Raumgründen die erste Aufgabe nur skizzenhaft bewältigen kann, liegt der Akzent auf dem Angebot praktischer Hilfen.

Neuere Arbeiten zum Sozialen Lernen[1] haben kritisiert, daß die überwiegende Orientierung an Therapiekonzepten zu kurz greift, weil sie den eigentlichen – pädagogischen – Charakter von Bildungsinstitutionen nicht hinreichend mitreflektiert. Die Konsequenz daraus ist ganz sicher ein Abrücken von der naiven Hoffnung, daß man mit einigen Spielen und Übungen dem Anliegen des Sozialen Lernens gerecht werden könnte. Für die Schule gilt zum Beispiel als Konsequenz viel eher die umfassende Gestaltung von Unterricht und Schulleben, von der Überwindung der Langeweile und Routine über die Veränderung von Räumen und Zeiten bis hin zur Entwicklung eines pädagogischen Ethos und einer Atmosphäre der Schule.[2]

Allerdings wäre es eine fatale Fehleinschätzung, Soziales Lernen als ein gleichsam automatisches Folgeprodukt solcher umfassenden Gestaltungsversuche zu erwarten. So wichtig Soziales Lernen als ein durchgehendes Prinzip des Lebens/Lernens in einer Institution ist (dies gilt gleichermaßen für Schule, Jugendarbeit und Erwachsenenbildung), so unverzichtbar ist zugleich Soziales Lernen als konkretisierendes, didaktisch aufbereitetes Lernangebot.[3] Wenn es nämlich stimmt, daß die Schule in ihrer politischen Gestalt immer auch Spiegel gesellschaftlicher Strukturen ist, kann es nötig sein, unter Umständen auch Ansätze *gegen* erstarrte, reformresistente Schulbedingungen zu kultivieren, pädagogische Nischen zu suchen, lebendiges und personnahes Lernen gegen eine kalte und anonyme Institution zu initiieren.

Die fortschreitende Naturbeherrschung durch Wissenschaft und Technik mit ihren inzwischen bekannten lebensbedrohenden Folgen zwingen uns heute mehr denn je, weniger auf die Vernunft von Großorganisationen zu hoffen als vielmehr alles in die Entwicklung eines kritischen Bewußtseins der betroffenen Menschen zu investieren. Die Technokratisierung von immer mehr Lebensbereichen (Arbeitsplatz, Wohnumwelt/Nachbarschaft, Verkehrssysteme, Bildungseinrichtungen u. a. m.) führt mit ihrem zweckrational-zentralistischen Organisationsmuster und ihrer Zunahme funktionaler Arbeitsteilung zur verstärkten Abschottung der Menschen gegeneinander. Sollen solche äußeren gesellschaftlichen Prozesse nicht auch zu Merkmalen der inneren Natur des Menschen und zur Richtschnur für die Art des Umgangs miteinander werden, dann stellt sich die dringende Frage nach einem Korrektiv solcher Tendenz, die tief in die Subjekte hineinreicht.

Weit über die Notwendigkeit der kritischen Selbstreflektion des Identitätsgewinnungsprozesses hinaus muß deshalb die Pädagogik praktische Alternativen entwickeln, damit eine Entfaltung des Selbst ermöglicht wird, die nicht Opfer der eben beschriebenen Anpassung wird, – ohne dabei allerdings ihrerseits der Illusion völliger »Machbarkeit« zu verfallen. Wir werden deshalb das Durchschauen deformierender Abhängigkeiten und das Wahrnehmen innerer Brüche ebenso lernen müssen wie Vertrauen, Nähe, Offenheit und befriedigende Kommunikation untereinander, Konfliktfähigkeit ebenso wie den Mut zur gemeinsamen und solidarischen Aktivität. Dies kann aber nicht allein im bloßen stofforientierten Unterrichten »über . . .«, in der rationalen Analyse gesellschaftlicher Prozesse, in der Vermittlung der »richtigen« Theorie gelingen. Die konkreten Erfahrungen der Subjekte, der »subjektive Faktor«,[4] d. h. die lebensgeschichtlichen, unbewußten, entwicklungstypischen, individuellen Daten eines Menschen, dürfen nicht von der Analyse der gesellschaftlichen Strukturen abgetrennt werden. »Objektivistische Bildungstheorien trennen undialektisch gesellschaftliche Objektivität und konkrete Erfahrung der Subjekte, die diese Objektivität erfahren und verändern sollen.«[5] Eine schlimme Folge dieser Auffassung wäre ein unverbundenes Nebeneinander von Fachunterricht und interaktionspädagogisch orientiertem Sozialen Lernen.

Deshalb muß dringend vor drei Mißverständnissen der Materialien dieses Buches gewarnt werden. *Erstens:* Interaktionsspiele können die soziale Kompetenz des einzelnen Menschen fördern. Sie sind aber allein nicht ausreichend, um Soziales Lernen zu politischem Lernen zu machen. Deshalb machen sie den an Inhalten orientierten Unterricht, die Erarbeitung von Sachwissen, aber auch Versuche politischen Handelns (z. B. in Projekten) nicht überflüssig. Beim »subjektiven Faktor« anzusetzen heißt nicht, bei ihm stehen zu bleiben. *Zweitens:* Wer Interaktionsspiele verwendet, muß sich darauf einlassen, daß ihre Ziele, die an ihnen erworbenen Fähigkeiten und Einstellungen auf den übrigen Unterricht ausstrahlen. Deshalb sind die Materialien dieses Buches auch keineswegs ein bloßes Methoden- und Instrumenteninventar, das jeder beliebig ohne Eigenerfahrung und entsprechende Ausbildung isoliert vom übrigen Unterricht für einige Stunden zum »Sozialen Lernen« einsetzen kann. Die Übungen und Spiele dieses Buches würden in einem solchen Fall zu einem kurzfristigen Unterhaltungsprogramm degenerieren, das mit den für die Schule wirklich relevanten Lernprozessen nichts mehr zu tun hat. Inhalte und soziale Prozesse des gemeinsamen Lernens müssen ineinander verschränkt werden, so wie es z. B. in Versuchen zum »lebendigen Lernen« (s. u.) oder im Gruppenunterricht[6] versucht wird. *Drittens:* Politisches Lernen ist angewiesen auf die »unterste Ebene« der Entwicklung sozialer Kompetenz. Hohe Ziele wie »Emanzipation«, »Demokratisierung«, »Toleranz« u. a. m. basieren letzlich auf Fähigkeiten des einzelnen. Und diese müssen in kleinen Schritten, ja bisweilen in »künstlich« arrangierten (dafür aber übersichtlichen und straffrei strukturierten) Situationen oft mühsam gelernt und eingeübt werden. Wer meint, auf konkrete und strukturierte Übungshilfen verzichten zu können, sollte sich fragen, ob er das, was gelernt werden soll, nicht *beim* Lernen schon insgeheim und implizit immer schon voraussetzt.

Ohne eine entwickelte soziale Wahrnehmung, ohne Beziehungsfähigkeit im Umgang mit andern Menschen, ohne eine differenzierte Analyse eigener Persönlichkeitsbereiche mit dem Ziel der Selbstentwicklung, Selbstverantwortung und Selbstakzeptierung, ohne Fähigkeit zur bewußten Partizipation an Regulierungsprozessen in Gruppen durch wechselseitiges feedback, ohne kritisches Reflexionsvermögen von Gruppenprozessen, also ohne eine umfassende interaktionelle Kompetenz des einzelnen Menschen, bleiben alle – notwendigen – Versuche, die konkret-lebensgeschichtliche Dimension sowie die Ebene des Hier – und – Jetzt mit dem Kontext der gesellschaftlichen Totalität zu vermitteln und die Selbstreflexion in eine dialektische Beziehung zu Aktion und Antizipation einer humaneren Gesellschaft zu stellen, ohne tragfähige Basis.

Eine Trennung der Veränderung von Rahmenbedingungen, die das Leben des Einzelnen bestimmen, von den Niederschlägen dieser Bedingungen in Individual- und Gruppenstrukturen sowie ihrer Bearbeitung z. B. durch gruppendynamische Verfahren erfolgt eher aus pragmatisch-heuristischen Gründen, sie gegeneinander auszuspielen und durch Verabsolutierung der einen oder andern Seite einen gegenseitigen Paralysierungsprozeß zu fördern, wäre nicht nur absurd, sondern angesichts der Erfordernisse der Erziehungspraxis auch unverantwortlich. Mit Recht heißt es darum in der Präambel des »Arbeitskreises Gruppendynamik im Bildungsbereich« (AGIB): »Politische Aktivitäten werden durch Interaktionsprobleme oft behindert und entstellt, Individualveränderungen bleiben ungenügend ohne Konsequenzen in gesellschaftlichen Aktivitäten.«

Wir gehen nach diesen grundsätzlichen Überlegungen davon aus, daß es notwendig und sinnvoll ist, die verschiedenen Ansätze, Richtungen und Konzepte aller jener Versuche zu beachten und für die Interaktionserziehung fruchtbar zu machen, die sich aus sehr unterschiedlichen wissenschaftstheoretischen Begründungszusammenhängen und methodischen Realisierungsformen herleiten und z. T. unter dem sehr undifferenzierten Sammelbegriff »Gruppendynamik« zusammengefaßt werden. Dieses umfassende Spektrum von Konzeptionen, Arbeits- und Lernformen spiegelt sich auch in der Breite der hier entwickelten Materialien wider, die Verfahren aus der humanistischen Psychologie (z. B. der Gestaltpsychologie und -therapie, der Themenzentrierten Interaktion, der encounter-Bewegung, dem Sensitivity-Training u. a.) ebenso wie Ansätze aus der psychoanalytischen Gruppenarbeit, der Organisationsberatung und -entwicklung, aus der modernen Kommunikationspsychologie und dem -training usw. aufnehmen und in handhabbare Übungen und Spiele umsetzen. – Es würde allerdings zu weit führen, diesen Kontext jeder einzelnen Übung zu entwickeln, wir beschränken uns daher auf den Versuch eines knappen systematischen Überblicks. Diese Orientierung ist vor allem deshalb nötig, um den Stellenwert von Übungen und Spielen, ihren methodischen und intentionalen Hintergrund sowie ihre Reichweite und ihre Grenzen beurteilen zu können. Eine »blinde« Praxis, die nur spielt, um zu spielen, wird eher Lernprozesse verhindern und Ziele verfehlen als diese bewußt zu planen und kontrolliert zu realisieren.

Gruppendynamik: Überblick

Jeder Systematisierungsversuch sieht sich zunächst einmal mit einem nahezu unüberschaubaren Gewirr von Begriffen, wissenschaftlichen Schulen und vor allem praktischen Erfahrungsangeboten und Experimenten konfrontiert. Es ist sinnvoll, nach folgenden Bezugspunkten zu kategorisieren:[7]

– *Theoretische Grundkonzeption* aufgrund traditioneller Nomenklatur, methodische Rahmenbedingungen und historischer Ort
– *Jeweilige Ebene, auf der Interaktionsprozesse thematisiert und zum Lerngegenstand gemacht werden* (Hier – und – Jetzt: Schwerpunkt auf der Analyse des gegenwärtig z. B. in einer Gruppe ablaufenden Geschehens; Dort – und – Damals: Schwerpunkt auf der Untersuchung und Bewältigung vergangener Interaktionssituationen und ihrer Auswirkung auf das aktuelle Verhalten; Dort – und – Jetzt: außerhalb einer Gruppe liegende Lebenssituationen werden in der Gruppe zur Darstellung gebracht und im Bezug zum aktuellen Gruppengeschehen bearbeitet)
– *Ziele und Absichten*
– *Sozialform und Komplexität* (z. B. Individualtherapie in der Gruppe, Partnerbeziehungen im Mittelpunkt der Gruppenarbeit, Kleingruppe als Interaktionssystem, Inter-Gruppen-Beziehungen als Interaktionsfelder, Organisationen und Institutionen als Interaktionsrahmen)
– *Therapeutische Grundrichtung* und Teilnehmerzusammensetzung *oder eine lern-, sacharbeits- und erziehungsbezogene Grundrichtung.*

Weitere Kriterien könnten in der Unterscheidung liegen nach der Funktion des Leiters (Trainers) und seiner Beziehung zur Gruppe, nach dem Grad der Planung und Strukturierung der Interaktionsprozesse, nach der unterschiedlichen Zentrierung auf das Individuum oder den Prozeß der Interaktion oder die organisatorisch-institutionellen und politischen Systembedingungen, aber auch nach dem Charakter als gesondertem Training oder in alltägliche Gruppen realisierter Arbeits- und Lernform. In unserem Zusammenhang wird zunächst nach dem ersten genannten Hauptkriterium unterschieden, und die weiteren Unterscheidungsmöglichkeiten werden zusätzlich zur näheren Differenzierung herangezogen.

Unterscheidet man innerhalb des Sammelbegriffes *Gruppendynamik* zunächst einmal nach drei Bedeutungen, nämlich 1. »Kräftefeld jeder Gruppe«, 2. »interdisziplinäres wissenschaftliches Forschungsfeld der (Klein-)Gruppenprozesse«, und 3. »Anwendung gruppenbezogener Lern- und Arbeitstechniken«, so ist für unsere Systematik vor allem der letztere Bereich der »angewandten Gruppendynamik« wichtig. Als Ausgangspunkt ist hier vor allem das »klassische« *Sensitivity-Training* nach dem Design der T-Gruppe (Trainingsgruppe) zu nennen. »Wir bezeichnen als Trainingsgruppe eine Kleingruppe mit offener Struktur und prinzipiell gleichrangigen Mitgliedern, die in interdependenten Beziehungen stehen. Durch prozeßorientierte, nicht themengebundene, gemeinsame Analyse des aktuellen Sozialverhaltens wird emotionales und rationales Lernen über individuelle und über Gruppenvorgänge ermöglicht.«[8] Zum methodischen Rahmen gehört vor allem die unstrukturierte Situation der Gruppe sowie die völlig offene und »freie« Prozeßentwicklung. Daten für die Selbsterfahrung in der Interaktion werden vor allem gewonnen durch Rückspiegelung (feedback) von Wahrnehmungen und gefühlsmäßigen Reaktionen, Offenheit und Vertrauen sind die Basis für die Auflockerung (unfreezing) erstarrter Verhaltensmuster und das Einüben und Festigen von Alternativen (changing und refreezing). Durch gezielte Übungen wird versucht, Wahrnehmungsdefizite auszugleichen, Abwehrmechanismen transparent zu machen, Kooperations- und Entscheidungsfähigkeiten zu verbessern. Auch die Kompetenz, einen Gruppenprozeß differenziert wahrzunehmen und Gruppenprobleme zu diagnostizieren, wird angestrebt. Lernebene der T-Gruppe sind die auf der Hier – und – jetzt – Ebene ablaufenden Erfahrungen der Teilnehmer, wobei der Akzent in der Regel auf dem erkennbaren (manifesten) Teil der Dynamik interpersoneller Beziehungen liegt. Zu den Zielen kann gesagt werden, daß sie sich vor allem auf persönliche Reifung durch Selbsterfahrung, Verbesserung der Selbst- und Fremdwahrnehmung, die Korrektur »blinder Flecken« (Johari-Fenster[9]) und eingeschliffener Verhaltensweisen, die allgemeine Flexibilität der Interaktionsmöglichkeiten (offene, direkte und angstfreiere Kommunikation) sowie auf die rationale Begründung von Autorität und wechselseitiger statt einseitiger Abhängigkeit richten. Die T-Gruppen-Arbeit begreift sich ausdrücklich als »Therapie für Normale« und hat keine psychotherapeutischen Absichten, wenngleich die Grenzen zur Therapie seelischer Krankheiten oft als fließend angesehen werden müssen.

In Verbindung mit dem Sensitivity-Training und der T-Gruppe steht das *gruppendynamische Laboratorium*, in dem die Arbeit der Einzelgruppen durch Intergruppenprozesse, Großgruppenveranstaltungen, Rollen- und Planspiele u. a. m. ergänzt wird. Als eine stark anwendungsbezogene Variante gilt das *Organisationstraining*, das von den »National Training Laboratories« (NTL) in den USA und in England (Tavistock-Klinik) entwickelt und seit einiger Zeit auch in Deutschland praktiziert – und kritisiert[10] – wird. Die Zielbereiche sind gegenüber der T-Gruppe erheblich erweitert: Es geht um die Analyse des Verhaltens in Abhängigkeit von Organisationen und Institutionen, um das Einüben demokratischer und partizipativer Entscheidungsstrukturen und -prozesse, um das Lernen von Konfliktlösungsstrategien, um das Training sozialer Fertigkeiten von einfachen Techniken (Zuhören, Beobachten, Informationen verarbeiten usw.) bis zu komplexen Verhaltenseinheiten (Führen, Innovieren usw.) sowie z. T. auch um die inhaltliche Bearbeitung von Themen. Damit ist die Ebene der strengen Beschränkung auf das Hier – und – Jetzt verlassen und erweitert zugunsten vor allem von Außenproblemen, die im Laboratorium simulativ bearbeitet werden, sofern es sich nicht um ein Lab mit Angehörigen z. B. *einer* Institution handelt. Zahlreiche Varianten dieser Form wurden auch im Management-Training entwickelt, allerdings unter völlig anderer Zielsetzung als der von Lapassade in Frankreich von marxistischen Grundideen her entwickelten »Institutionellen Analyse«, deren Bürokratismuskritik-Ansatz sich in der »Institutionellen Pädagogik« weiterentwickelt hat.[11] Hier geht es im wesentlichen um die Selbstanalyse von Institutionen (die z. B. auch Veranstalter des Trainings sind) und der durch sie determinierten Gruppenprozesse, und zwar über die bloße Simulation sozialer Prozesse (wie im gruppendynamischen Laboratorium) hinaus. –

Diese zuletzt genannten Konzeptionen weisen eine deutliche Steigerung der Komplexität der Sozialformen gegenüber der T-Gruppe auf. Sie entsprechen mit der zunehmenden Akzentuierung des Dort-und-Jetzt durch verschiedene Sozialformen und durch die Ausweitung der inhaltlichen Themen auf gesellschaftliche und politische Probleme zwar dem Postulat einer soziologischen und politischen Orientierung der Gruppendynamik, entfernen sich aber immer mehr von der gründlichen Bearbeitung persönlicher und individueller Kommunikations- und Verhaltensprobleme. Eine differenzierte Entwicklung ganz persönlicher Verhaltensweisen und eine Bearbeitung der individuellen Störungen der kommunikativen Kompetenz scheinen in dem Ausmaß zurückzugehen, wie die Komplexität der Bezugssysteme und die Weite der gesellschaftlichen Thematik zunehmen.[12] Selbst wenn man das z. B. von Fritz Perls so stark betonte Gestalt-Prinzip: »Nichts existiert außer dem Hier-und-jetzt«[13] und seine Konsequenzen für die Gestalttherapie nicht teilt, so muß man doch konzedieren, daß die beschriebene Ausweitung des Komplexitätsgrades interaktioneller Prozesse und ihre Einbindung in Dort-und-damals/dann–Sachthemen noch nicht eo ipso ein Gütekriterium für eine gruppendynamische Konzeption und Methode ist. Im Gegenteil: So notwendig diese inhaltliche und interaktionsdynamische Ausweitung für Bildungsprozesse ist, so wenig garantiert das thematische Einbeziehen gesellschaftlicher Prozesse die Verbesserung der affektiven Bedingungen der Gruppe, deren Klima des Vertrauens und Schutzes aber Voraussetzung für die Entwicklung der Kernbereiche und Tiefenschichten der Persönlichkeit ist. Gerade für die Interaktionserziehung von Kindern und Jugendlichen muß kritisch gefragt werden, wo die berechtigte Analyse objektiver Bedingungen und die hierin eingesetzten Verfahren umschlagen in ein entpersönlichtes Lernen und damit in eine Entfremdung des Menschen von sich selbst und seiner Subjekthaftigkeit, wo jener »Preis der Ungeborgenheit« (R. Seiß) gezahlt werden muß für den Verlust einer erfahrungs- und kommunikationsfähigen Gruppe, die – wie die Familie in der Primärerfahrung – eine »Nach-Reifung« in der sekundären Ich-Entwicklung möglich macht, und zwar unter Einschluß des Erwachsenenalters. Die hier vorgelegten Materialien zur Interaktionserziehung sollen nicht mehr und nicht weniger, als diese zentrale Lernbedingung einer auf Ich-Stärkung gerichteten kommunikativen Quasi-Primärgruppe herstellen helfen.

Diese Intentionen dürfen nicht verwechselt werden mit der Tendenz der *encounter-Bewegung*, die sich z. T. aus der T-Gruppe heraus, z. T. in deutlichem Gegenüber zu ihr, entwickelt hat. Zwar stehen hier Vertrauen, Intimität, Wärme, »open und authentic encounter« (offene und echte Begegnung) im Mittelpunkt, aber diese Qualitäten gerinnen in ihrer totalen Abstraktion von gesellschaftlichen Prozessen zu Abwehrmechanismen gegenüber Konflikten, Ängsten, Mißtrauen, Distanz usw., sie lassen im Grunde die Teilnehmer zu Säuglingen regredieren, indem sie mit der starken Betonung des Lustprinzips kompensatorische Ersatzbefriedigungen für die im Alltag unerfüllten Bedürfnisse anbieten; statt regressive Momente im Sinne einer »erweiterten Reproduktion des Ich« (K. Horn) zu nutzen, werden z. B. durch einseitige Betonung nonverbaler Techniken »Urvertrauen« und »Anerkennung« künstlich erzeugt und losgelöst vom konfliktträchtigen, mühsamen und langwierigen »Kampf« um personnahe und offene Kommunikation gleichsam als »Ware« käuflich angeboten. – Diese an den Anfang gestellte kritische Einschätzung der encounter-Gruppe darf indes (unabhängig von den zahlreichen und kaum noch überschaubaren Derivaten der encounter-Gruppe in Form aller möglichen Spontaneitäts- und Kreativitätsgruppen, touch me – feel me – heal me – Gruppen, sensory-awaking-Gruppen, bodily interaction-Gruppen usw.), nicht darüber hinwegtäuschen, daß wesentliche Elemente dieses Ansatzes für das »normale« Interaktionstraining durchaus brauchbar sind, wenn sie z. B. als Gegengewicht gegen ein zu starkes Intellektualisieren, zur Entfaltung verkümmerter Erlebnisfähigkeit oder zum Abbau der kommunikationsfeindlichen »Masken« in der Begegnung miteinander in den Entwicklungsprozeß einer Gruppe funktional, d. h. vor allem indikationsorientiert und kontrolliert eingegliedert werden. Es wäre sicher auch falsch, alle encounter-Gruppen pauschal zu kritisieren, z. B. müßte man von den oben genannten »wilden« Richtungen die Arbeiten von Rogers, der übrigens nicht primär nonverbal, sondern überwiegend sprachlich arbeitet, W. Schutz, G. Bach oder H. Otto mit differenzierten Konzepten unterscheiden.[14] – Die Ebene der Interaktionsprozesse der encounter-Gruppe ist weitgehend die des Hier-und-Jetzt, bisweilen in sehr stark quasi-therapeutischer Ausprägung. Von ihren Zielen her ist die encounter-Gruppe stark auf das Individuum bezogen: Persönliche Entfaltung (Personal Growth, Human Potential Movement) und persönliches Wachstum, Förderung sinnlicher Erlebnisfähigkeit (einschließlich nicht-sprachlicher Ausdrucksmöglichkeiten), Selbstfindung, Echtheit und Direktheit in der Konfrontation ohne Maske und Spontanisierung stehen im Mittelpunkt. Diesen Zielen entspricht die Beschränkung auf die Sozialform der Kleingruppe von 10 bis max. 20 Teilnehmern, ihr entsprechen auch Übungstypen wie Körperkontaktaufnahme, Umsetzung psychischer Empfindungen in physische Elemente und in Handlungsvollzüge. Es ist – um noch einmal auf die Verwendbarkeit dieser Elemente zurückzukommen – ein Riesenunterschied, ob eine Übung wie »Einbrechen« (S. 125) vom Encounterdesign her pauschal für alle »Teilnehmer« als Selbsterfahrungsspiel mit beliebigen Personen angeboten wird (Warencharakter) oder ob sie in einer Gruppe einem »Mit-Glied«, das sich in der Außenseiterproblematik festgefahren hat, als Angebot einer sinnlich erfahrbaren Handlung vorgeschlagen wird mit dem Ziel, die generelle Problematik des (unbewußten) Kampfes um Mitgliedschaft und Integration in einer Gruppe, ihre Reaktionen wie Zusammenschluß gegen den Angreifer oder Sich-schuldig-Fühlen oder Mitleid der insgeheim Mitbetroffenen u.a.m., durch kritische Reflexion und Auswertung zu verdeutlichen und zu bearbeiten. So haben u. U. gerade auch nonverbale Übungen und encounter-Elemente für die Interaktionserziehung eine wichtige Funktion.

Im Gegensatz zur encounter-Bewegung bemüht sich das *Kommunikationstraining* oder die *Kommunikationstherapie* gerade darum, die aktuelle Außensituation der Teilnehmer in ihrer Bedeutung für die Kommunikationsfähigkeit (oder -unfähigkeit) einzubeziehen und in die Situation des Hier-und-Jetzt zu transponieren. Da z. B. die pathogene Struktur einer Familie mit in die Bearbeitung der Individualproblematik einbezogen wird, verwendet man den Begriff der Kommunikationstherapie heute leider vielfach sehr unpräzise synonym für Familientherapie und Partnerschaftstraining. Ausgehend von der Kommunikationstheorie Watzlawicks, wurde das Kommunikationstraining vor allem von der Palo-Alto-Gruppe/Kalifornien (zu ihr gehören z. B. Watzlawick, Jackson, Satir u. a.) entwickelt und in Deutschland aufgegriffen und weitergeführt.[15] Es ist entstanden in der Behandlung psychisch gestörter Menschen als Folge der Erkenntnis, daß diese Störungen immer mit dem sozialen Umfeld eines Menschen zusammenhängen. Daher werden im Hier-und-Jetzt der Interaktionssituation vor allem Probleme des Dort-und-Jetzt zur Darstellung gebracht, und die Betroffenen werden angeleitet, diese durch bestimmte Methoden (Partner-Gespräch, Rollenspiel, nonverbale Darstellung, feedback, Metakommunikation, Kommunikationsübungen, Streit-Techniken, Tiefentspannung u. a. m.) gleichsam »erzeugte« Realität in der Beratungssituation zu analysieren und konkrete Verhaltensweisen zu ihrer Bewältigung zu trainieren. Eine wichtige Variante ist das von G. Bach vor dem Hintergrund seiner Impact-aggression-Theorie entwickelte Streittraining.[16] Ziele dieses Kommunikationstrainings sind vor allem die Beseitigung von Kommunikationsstörungen (nach der Theorie von Watzlawick), Analyse und Verbesserung der Wahrnehmung von Interaktionsprozessen in der gegenwärtigen Situation, Präzisierung von Änderungswünschen und systematisches Einüben von neuem Verhalten aufgrund von Verhaltensänderungsprogrammen mit Verstärkungen für Lernerfolge. Die aus diesem Kommunikationstraining ableitbaren Übungstypen sind für die Interaktionserziehung deshalb besonders wichtig, weil sich mit ihnen grundlegende und keineswegs nur auf den Ehepartner oder die Familie beschränkte Kommunikationsstörungen bearbeiten lassen. Sie setzen zwar eine hohe Strukturierung durch den Gruppenleiter voraus, sind aber in Zielbereich und Auswirkung in der Regel leicht kontrollierbar, zudem haben sie einen außerordentlich wertvollen Übungseffekt.

Deutlicher noch als das Kommunikationstraining sind analytische, gestaltpsychologische, klientzentrierte u. a. Methoden an der Therapie orientiert. Wir können hier natürlich nicht auf alle Richtungen im einzelnen eingehen. Wie wertvoll die *psychoanalytische Therapie, insbesondere die analytische Gruppenpsychotherapie* für die Entwicklung interaktionspädagogischer Ansätze ist, haben z. B. die Arbeiten von Brocher, Ammon, Heigl-Evers, Richter, Lorenzer u. a., für die Schule z. B. Bittner, Grundke u. a. ausführlich gezeigt.[17] Vor allem die Berücksichtigung vergangener Sozialbeziehungen (z. B. Kindheitsfamilie) in der primären Sozialisation und die Einbeziehung der unbewußten (latenten) Dynamik in der Gruppe sind unverzichtbare Elemente auch interaktionspädagogischer Arbeitsweisen geworden, wenngleich dies Arbeitsfeld auch noch am Anfang der Entwicklung steht. Übungen wie Rollenspiel und Psychodrama, Phantasien und Assoziationen, vor allem aber die für den Leiter zentralen Verfahren der Fallbesprechung und Kontrolle der »Gegenübertragung« nehmen diese Intentionen auf. Auch Spiele, die zur Beschäftigung mit der Kindheit anregen, können diesen Blick für den Zusammenhang aktueller Verhaltensprobleme mit primären Sozialisationsbedingungen schärfen (»Das Kind ist der Vater des Mannes«).

Für zahlreiche interaktionspädagogische Techniken ist die *Gestalttherapie*,[18] vor allem von Fritz Perls entwickelt, Hintergrund und Impuls, so z. B. auch für die »Themenzentrierte Interaktion« und »Confluent education« (s. u.). Es handelt sich in der Gestalttherapie um stark erlebnisaktivierende und existentielle Verfahren, die etwa folgende Ziele haben: Entdeckung und Förderung der »Bewußtheit« (awareness) als Voraussetzung aller Verhaltensänderungen, Bewußtheit der Empfindungen und Handlungen, Bewußtheit der Gefühle, Bewußtheit der Wünsche, Bewußtheit der Werte und Bewertungen; Aktualität im Erleben (Hier-und-Jetzt für Dort-und-dann/damals-Probleme); (z. T. rigorose) Selbstverantwortung (Fritz Perls' »Gestaltgebet«: »Ich tu, was ich tu; und du tust, was du tust. Ich bin nicht auf dieser Welt, um nach deinen Erwartungen zu leben. Und du bist nicht auf der Welt, um nach den meinen zu leben. Du bist du, und ich bin ich. Und wenn wir uns zufällig finden, – wunderbar. Wenn nicht, kann man auch nichts machen.«); Aufhebung von Verwirrung (Konfusion), Blockierung des menschlichen Potentials (Wachstumshemmung der Persönlichkeit), Vermeidung (an »unerledigte Geschäfte« nicht heranwollen). Die Interaktion (primär zwischen Therapeut/Leiter und einem Teilnehmer) ist konsequent auf das Hier-und-Jetzt gerichtet, allein das Gegenwärtige und Nächstliegende zählt für die Arbeit mit dem Wahrnehmungs-Bedürfnis- und Phantasiematerial des Menschen und für das Ziel, sich seines Ichs, seiner Ich-Grenzen und Kontaktfunktionen bewußt zu werden. Dabei stehen vor allem körperliche Symptomatik, aber auch Aktion in Form von Ausdruck und Darstellung im Mittelpunkt. Zahlreiche Wahrnehmungs-, und Phantasie-, Aktions- und Ausdrucksübungen, die auch für die Interaktionserziehung großen Wert haben, stehen in diesem Kontext der Gestaltarbeit (J. O. Stevens).[19] Die Übungen sind in der Regel stark individuumzentriert, Partner oder Gruppe sind bisweilen nur das »Material« (oder besser gesagt: nach der Gestaltpsychologie »Grund« für eine »Figur«). Sie sind unter der Perspektive der Förderung der vollen Bewußtheit seiner selbst und des Kontaktes zum augenblicklichen Geschehen (als Voraussetzung für autonomes Handeln) und unter der Perspektive der Erziehung zur Selbstverantwortung und Entscheidungsfähigkeit allerdings zentrales Element für diesen *einen* Aspekt der Individuumzentrierung in der Interaktionserziehung. Der Vorwurf, daß der Gestaltansatz a-soziologisch und a-politisch sei, ist zumindest nach der Theorie der Gestaltpsychologie nicht voll zu verifizieren, denn jede »Figur« (z. B. ein im Mittelpunkt der Arbeit der Gruppe stehendes therapeutisches Gespräch als »Gestalt«) bildet erst mit ihrem »Hintergrund« (z. B. den Interaktionsbedingungen der Gruppe) ein Ganzes, das seinerseits wieder in eine gestaffelte Figur-Hintergrund-Kette hineingehört, die bis in die ökonomischen, kulturellen und historischen Bedingungen reicht. Ansätze der Gestaltpädagogik betonen weniger den reparativen Aspekt der Therapie, sondern die Lebensentfaltung, die Lebensgestaltung und die Lebensstabilisierung des Menschen. Dabei ist zwar immer der Einzelne der Ausgangspunkt, aber »creative change« und »creative adjustment« sind immer auf Lebens*zusammenhänge* bezogen.

Daß auch Methoden der *nichtdirektiven Gesprächstherapie* (Rogers, Tausch, Minsel), z. B. für das partnerzentrierte Gesprächsverhalten, der *Verhaltenstherapie*, z. B. für Übungen und Techniken, die starken Belohnungscharakter für Verhaltensänderungen haben, und der *Realitätstherapie* (Glasser), z. B. für Übungen zur Reflexion und Planung des eigenen Lebens, und der *Transaktionsanalyse* (Berne, Harris) großen Wert innerhalb der Interaktionserziehung haben, kann hier nur kurz angedeutet werden. Verfahren und Techniken dieser Provenienz haben den Vorteil, daß sie in ihren Grundprinzipien leicht verständlich und für den Gruppenleiter eher trainierbar als z. B. analytische oder gestalttherapeutische Methoden sind.

Eine Verbindung ursprünglich therapeutischer Elemente mit Sachlernen (thematisches Arbeiten) und Sozialem Lernen (interaktionelles Arbeiten) suchen die *Themenzentrierte Interaktion* (R. Cohn) und die *»Confluent education«* (G. I. Brown).[20] Letztere versteht sich als integratives pädagogisches Verfahren, in welchem kognitives, soziales und emotionales Lernen durch Selbsterfahrung am Stoff verbunden werden. Unter Verwendung z. B. von Gestalt-, Imaginations- und Rollenspielmethoden wird das Ziel eines lebendigen (erlebnisorientierten) und selbstverantwortlichen Lernens angestrebt. – Die TZI von Ruth Cohn wird im Materialanteil dieses Buches näher beschrieben. Hier soll der Hinweis genügen, daß sich bei der Einführung dieses Lernverfahrens in Klassen oder Gruppen in der Praxis die TZI allerdings als ein zu komplexes System erwiesen hat, um es in toto der Gruppe als Lernweg anzubieten. Nötig und hilfreich sind darum einige praktische Übungen zur Vorbereitung der »Regeln« dieses Systems (z. B. die Übung »Gefühlsbarometer« oder auch Übungen zur Wahrnehmung von Signalen aus der Körpersphäre und zum Training einzelner Kommunikations-Skills u.a.m.). Diese Verfahren zum »lebendigen Lernen« gewinnen ihre Arbeitsinhalte ebenfalls nicht nur aus der Hier-und-jetzt-Ebene der Interaktion, sondern beziehen das aktuelle Gruppengeschehen auf ein erweiterndes Sachthema, das aber wiederum ich-nah und persönlich-existentiell in einem Prozeß des »lebendigen Lernens« erarbeitet wird.

Ein ähnliches »Zwischenstück« zwischen Therapieansätzen und berufsbezogenem Lernen ist die *Balintgruppe*, die – ursprünglich von dem Psychoanalytiker M. Balint als Fallbesprechungsgruppe für Ärzte konzipiert – inzwischen für viele sog. »helfende Berufe« als berufsbegleitendes Verfahren unter Einschluß gruppendynamischer Elemente weiterentwickelt wurde. In ihr liegt sowohl die Möglichkeit eines wissenschaftlichen Forschungsinstrumentes (Argelander, Worm) als auch eine effektive Chance berufsnaher und praxisorientierter Fortbildung, z. B. für Lehrer. Diese Methode und ihre praktische Realisierung werden im Abschnitt vier dieses Teiles erläutert. Ihre Bedeutung für die Psychohygiene, für die Bewältigung von Konflikten im Beruf, für die Selbstkontrolle und für die eigene Persönlichkeitsentwicklung des Pädagogen wird in letzter Zeit zunehmend erkannt.

Schließlich müssen die praktischen Erfahrungen mit Spielen und Übungen des *Interaktionstrainings* (Nickel)[21] mit Kindern genannt werden. Die einfachen Grundformen, aus denen sich Interaktionen bilden, werden in didaktisch organisierten Sequenzen von Spielen trainiert. In elementarer Form geht es hierbei um die Ausbildung und Verfeinerung der sinnlichen Wahrnehmung, die Entwicklung und Koordination der Motorik, die Entfaltung der Ausdrucksfähigkeit usw., aber auch um die Auflockerung starrer Verhaltensmuster und um neue Möglichkeiten der Interaktion. Im Grunde handelt es sich, ähnlich wie bei den Kinderspielen zur Entwicklung und Förderung des sozialen Verhaltens und Lernens (Daublebsky) und beim Rollenspiel in seinen zahlreichen Varianten, nicht um *eine* durchgängige Methode, sondern eher um spielerisch-propädeutische Formen der Sozialerziehung, deren Bedeutung allerdings keineswegs unterschätzt werden sollte. Interessant ist nämlich, daß zahlreiche Interaktionsspiele auch für Erwachsene auf den Vorlagen einfacher Kinderspiele beruhen und mit Erfolg zur Reflexion von Interaktionsprozessen führen können. – Während *Psychodrama* und *Soziodrama* (Moreno) ursprünglich therapeutische Intentionen hatten (das Psychodrama Morenos wurde in der Anfangszeit auf einer Bühne gespielt), vereinen *theaterpädagogische Methoden* die auf gesellschaftliche Inhalte bezogene Thematik in einer Fülle interaktionspädagogischer Elemente und verschiedener Bezugsebenen.[22]

Von diesem breiten Spektrum des theoretisch-konzeptionellen und methodischen Hintergrundes her zeigt sich deutlich auch die Komplexität des Begriffes »Soziales Lernen« und der damit bezeichneten Lernfelder und Lernarrangements. In diesen übergreifenden Zusammenhang ist die »mikro-soziale Interaktionsebene«, um die es bei der Interaktionserziehung mit Hilfe der hier entwickelten Materialien vor allem geht, einzuordnen.

1.2. Interaktionserziehung als Soziales Lernen

1.2.1 Soziales Lernen

»Soziales Lernen« ist ein schillernder und uneinheitlich gebrauchter Begriff. Er wird (nach Hielscher[23]) mindestens in sieben verschiedenen Verwendungsweisen gebraucht:

– Als Beschreibung des typischen Charakters von Lernvorgängen (z. B. Lernen durch Konditionierung, Nachahmung usw.)
– als Begriff für die allgemeine Sozialisierung (Hineinwachsen in Gesellschaft und Kultur)
– als Bezeichnung von Inhalten und Prozessen nicht-kognitiver und nicht-psychomotorischer Lernvorgänge
– als Charakterisierung des »heimlichen Lernens« sozial relevanter Verhaltensweisen
– als Zusammenfassung des Erlernens gruppenrelevanter Verhaltensweisen
– als Markierung politischer Lernziele
– als Konzept eines strategischen, auf Veränderung der Gesellschaft gerichteten Lernens.

Eine so weite Fassung des Begriffes erscheint besonders für soziale Lernprozesse in Institutionen ungeeignet, darum schlägt Hielscher eine Differenzierung nach vier Bereichen vor: Politische Sozialisation, Sozialerziehung, Politische Erziehung und interaktionsorientiertes Lernen. Diese Unterscheidung wird in ähnlicher Form für eine Theorie des Sozialen Lernens, besonders mit Bezug auf pädagogische Institutionen, von Prior und Mitarbeitern[24] getroffen, die nach vier grundlegenden Funktionsbereichen unterscheiden.

1. Soziales Lernen als soziale Elementarerziehung. Hier geht es um die Vermittlung der basalen oder Mindestanforderungen, die vor allem Aufgabe pädagogischer Institutionen wie der Schule ist und sich als Konsequenz des allgemeinen Sozialisationsdefizites aufgrund gesamtgesellschaftlicher Veränderungen ergibt. Die curricularen Ansätze schließen das Spielen, die Verwendung sozialwissenschaftlicher Methoden, zielbezogene Sozialformen des Unterrichtes und offene, erfahrungsorientierte Unterrichtsformen ebenso ein wie Realisierung sozialer Lernziele im Fachunterricht und im außerunterrichtlichen Bereich. –

2. Soziales Lernen als gruppendynamisch-interaktionistische Funktion. Dieser Funktionsbereich zielt auf Förderung des Interaktionsverhaltens und eine angemessene Entwicklung der Dynamik der Lerngruppen. Wenn Struktur und Dynamik der Gruppe Verhalten und Aktivität der Mitglieder beeinflussen, dann werden sie nicht nur funktional zur Steigerung der stoff- und inhaltsbezogenen Lerneffektivität Gegenstand permanenter Reflexion sein müssen, sondern auch als Lernchance und Mittel zur Entfaltung persönlicher Potentiale der einzelnen Teilnehmer zu begreifen sein. M. E. wäre es verkürzt gedacht, wollte man den gruppendynamisch-interaktionistischen Bereich primär nur zur Erweiterung arbeitsmethodischer Kompetenz funktio-

nalisieren, denn Soziales Lernen des Einzelnen geschieht nicht nur um einer besser funktionierenden Arbeits- und Lerngruppe willen, sondern die Gruppenprozesse sind ihrerseits Mittel zum Zweck der Persönlichkeitsentwicklung des Einzelnen. –
3. Soziales Lernen als sozialpädagogische und kompensatorische Funktion. Die Lerngruppe erhält vor dem Hintergrund besonderer Defizite in der Affekt- und Sozialbildung eine wichtige therapeutische und kompensatorische Funktion. Bei den besonders betroffenen »Randständigen«, um deren nicht stigmatisierende Integration es geht, wird eine noch stärkere Entwicklung und Stabilisierung der Ich-Identität als bei der situativ auch immer wieder notwendigen »Therapie für Normale«, d. h. für die übrigen, notwendig. –
4. Soziales Lernen als emanzipative und politische Funktion. Generelles Lernziel ist in diesem Zusammenhang die Befähigung zum politischen Verhalten, und zwar durch Aufklärung über psychosoziale Ursachen politischen Verhaltens (individuell-lebensgeschichtliche und gesellschaftliche Bedingungen politischer Sozialisation) und durch Vorbereitung auf politisches Handeln aufgrund der Erfahrungen kollektiver Arbeitsformen, demokratischer Führung, der Auseinandersetzung mit politischen Gegenständen und der Teilnahme an »politisierender Praxis«. –

1.2.2 Interaktionserziehung

Interaktionserziehung ist demnach (nur) ein Teilbereich des Sozialen Lernens. In ihr steht die Erfahrung der Beteiligten in ihrem eigenen, unmittelbaren zwischenmenschlichen Handeln im Mittelpunkt, dies mit dem Ziel der Veränderung und Verbesserung interpersonalen Verhaltens. Nach J. Fritz wird folgendes »als ›Interaktionspädagogik‹ bezeichnet: das soziale Verhalten der Lernenden ist unmittelbar Gegenstand dieser Pädagogik, Methoden wie das Rollenspiel, das Kommunikationstraining, die gruppendynamische Selbsterfahrung und andere werden unter diesem Begriff zusammengefaßt.«[25] Wir unterscheiden – dem allgemeinen Sprachgebrauch einschlägiger wissenschaftlicher Werke folgend –[26] dabei nicht strikt Interaktion und Kommunikation, sondern verstehen Interaktion als den weiteren Begriff, der Kommunikation mit einschließt. – Schließlich versteht sich von selbst, daß die Interaktionspädagogik zahlreiche Berührungspunkte mit der »kritisch-kommunikativen Didaktik« hat.[27] Wie bereits mehrfach erwähnt, meint der Begriff »Interaktionserziehung« eine Erziehung *zur* interaktiven Kompetenz *durch* das Mittel und Medium der Interaktion. Basis der Interaktionserziehung ist deshalb die Selbsterfahrung, das Sich-selbst-Kennenlernen in Interaktionsprozessen, vor allem auch an den Reaktionen der Partner. Hier zeigt sich bereits die zentrale Bedeutung z. B. der Wahrnehmung (Kategorie 2.2 des Materialteils) und des feedback (Kategorie 2.5), die zu den Grundbedingungen für das Bewußtmachen der wechselseitigen Steuerungsprozesse gehören. Nicht eine Unterrichtsstunde über »Interaktion« liefert das Thema, sondern das »Leben selbst«, d. h. das aktuelle Geschehen zwischen den Beteiligten, welches allerdings durchaus geplant, strukturiert und dann zielorientiert reflektiert werden kann. Die Art, der jeweilige Bereich und die Intensität dieser Erfahrung seiner selbst ist stark abhängig von den jeweils verwendeten Methoden, das hat der erste Abschnitt dieses Teiles hinreichend deutlich gemacht.

Interaktionserziehung akzeptiert damit den Verlauf der Sozialisation auch innerhalb pädagogischer Institutionen weder als ein en passant sich ergebendes Nebenprodukt der unterrichtlichen Gesamtorganisation noch als einen von unbewußten, irrationalen und stereotypen Verhaltensmustern gesteuerten »naturwüchsigen« Reproduktionsprozeß. Grundke hat für die Schule deshalb mit Recht postuliert, daß eine konsequente Thematisierung der Interaktion im Hier-und-Jetzt auch die Bearbeitung der gegenwärtigen schulischen und unterrichtsorganisatorischen Situation mit dem Ziel einer Veränderung im Sinne einer kommunikativen Didaktik impliziert.[28] Neben den Aspekt der auf das Hier-und-Jetzt bezogenen interaktionellen Selbsterfahrung und der auf das Dort-und-Dann gerichteten Fähigkeit zur Bewältigung künftiger Interaktionsprobleme durch unterrichtliche Information tritt als dritter zentraler Handlungsaspekt die Bearbeitung der eigenen bisherigen Sozialisierungserfahrungen, und zwar als »ein auf Umlernen gerichteter Prozeß . . . in bezug auf Einstellungen, Gefühle, Motive und Interaktionsformen« im Sinne der »Übernahme von Verhalten in denkende Selbststeuerung, in rationales Handeln.«[29] Damit zielt die Interaktionserziehung nicht nur auf Verhaltensreflexion, sondern auch auf Verhaltensänderung, eine grundlegende Intention, die den Aufbau unseres Materialteiles in den Zielbereichen wesentlich mitstrukturiert. Weil Interaktion keineswegs nur ein Feld ist, auf dem sich ohnehin schon vorformulierte Erwartungen und festgelegte Dispositionen der Beteiligten treffen, sondern weil erst – wie Krappmann von der interaktionistischen Theorie her feststellt – durch die Aktivitäten der Handlungspartner in der Interaktion gemeinsam Handlungspläne erarbeitet werden, das individuelle Verhalten in ihr also erst geformt und damit pädagogisch beeinflußbar wird,[30] sprechen wir bewußt von Interaktion*serziehung* und nicht nur von Interaktion*straining*.

Im Prinzip gilt das bisher Gesagte – wie auch die Erfahrungen mit elementaren Spielformen zeigen – durchaus schon für das Kindesalter. Eine gezieltere und systematische Aufarbeitung der Interaktionserfahrungen, der subjektiven Einstellungen, Werte und Gefühle ist aber erst im beginnenden Jugendalter angezeigt und möglich. Entwicklungspsychologisch gesehen setzt mit Beginn der Pubertät eine intensive psychische Verarbeitung der biologischen und sozialen Wandlungsprozesse dieses Lebensalters ein.[31] Die erlebte Durchgangsposition mit veränderten Rollenerwartungen und sich wandelnden Beziehungen führt zu einer stärkeren Beschäftigung des Heranwachsenden mit sich selbst, zur Reflexion des eigenen Erlebens und der eigenen Geschichte, zur verstärkten Suche nach einem Ich-Ideal, aber auch zu einem intensiveren Interesse und Verständnis für psychische Vorgänge auch bei anderen Menschen, insbesondere bei Gleichaltrigen. Die in diesem Buch für die Praxis der Interaktionserziehung vorgestellten Materialien sind deshalb überwiegend erst für das Sekundarstufenalter und die Jugendarbeit sinnvoll. Einzelne Übungen und Spiele der Sammlung aber sind durchaus auch im Kindesalter schon verwendbar. Die Entscheidung darüber, welche Abwandlung oder Vereinfachung eines Spieles für Kinder dieser Altersgruppe bereits möglich und sinnvoll ist, muß jeder Moderator von Übungen in Kenntnis der spezifischen Bedingungen seiner Gruppe treffen. – Bevor wir Aufbau und Konzeption der Materialsammlung im einzelnen erläutern, sollen in der hier gebotenen Kürze noch einige Bemerkungen zur Praxis der Interaktionserziehung in der Schule angeschlossen werden.[32]

Wie neuere Untersuchungen zur Schulklasse als Interaktionssystem ausweisen,[33] unterliegen schulische Interaktionsprozesse trotz aller spezifischen Bedingungen der Schule als einer Institution mit Eigencharakter (Pflichtteilnahme, Stofforientierung, Leistungskontrolle, andere Rolle des Lehrers als des Trainers, Determination durch Bürokratie und Außenbedingungen, Zeitdruck, schulische Rituale, große Gruppen/Klassen, u. U. ungünstige räumliche und materielle Bedingungen u.a.m.) doch auch den generellen Regelmäßigkeiten und Bedingungen von Interaktionsprozessen. Der Lehrer kann sich daher zum einen so verhalten, daß er Interaktionsprozesse einer naturwüchsigen latenten Entwicklung überläßt, ohne sich näher um sie zu kümmern. Er kann sie zum andern aber auch begreifen als ein zielorientiertes Lernfeld für seine Schüler – und für sich. Tut er letzteres, hat er wieder zwei Möglichkeiten: Entweder er versucht die Interaktionsprozesse so zu beeinflussen und zu steuern, daß sie seinen auf Stoff-Vermittlung gerichteten Interessen funktional entgegenkommen, oder er gesteht ihnen als Lernfeld ein (gewisses) Eigenrecht zu und nutzt die Chance, sie zu einem Unterrichts- und Erfahrungsgegenstand für emotionales und soziales Lernen zu machen. Wie er sich auch verhält: Die Klasse organisiert ihren Interaktionsprozeß ohnehin, ja »eine kohäsive Schulklasse, deren Normen und Situationsdefinition in Widerspruch zu denen des Lehrers stehen, kann erheblichen Widerstand gegen den Lehrer entwickeln.«[34] – Sinnvoller ist es, die normale Unterrichtssituation zur bewußten Interaktionssituation und zu einem »therapeutischen Ort« (Oelkers, in Prior 1976) zu machen. Vorzüglich eignen sich dazu beispielsweise methodische Ansätze wie TZI oder auch Confluent education. Wie Grundke überzeugend demonstriert hat, muß ein interaktioneller (Grundke nennt ihn therapeutischer) Unterricht durchaus nicht auf Kosten inhaltlicher Lernarbeit gehen.[35] Und J. Fritz hat gezeigt, wie interaktionspädagogische Prinzipien in der normalen Unterrichtsarbeit bei aller Problematik zumindest intermittierend realisiert werden können: Hier-und-Jetzt als Ausgangspunkt für wirkliche Probleme und Erlebnisse des Schülers (v. Hentig), feedback in dosierter und vorsichtiger Form, unfreezing erstarrter und routinisierter Beziehungsformen, offene Kommunikation zur Entwicklung einer Atmosphäre des Vertrauens und des gegenseitigen Akzeptierens, Respektieren der Gefühle anderer, Selbstbestimmung und Demokratisierung von Lern- und Arbeitsprozessen, ansatzweise Reflexion von Ursachen und Bedingungen von Interaktionsprozessen. Chancen liegen auch in der Klein-Gruppenarbeit,[36] vor allem unter Einbeziehung der TZI, und im Projektprinzip. Weiter sind zu nennen: Spezielle Beratungssituationen, in denen der Lehrer kaum ohne die Elementaria des partnerzentrierten Gespräches (vgl.

Kategorie 2.11 der Materialsammlung) auskommen wird; Arbeitsgemeinschaften als projektbezogene Gruppen zu sozialen Problemen, wie sie z. B. Button für die Sekundarstufe beschreibt;[37] Kurse z. B. für Hauptschüler der letzten Klassen, wie sie etwa von Belardi skizziert oder von Hüppauff berichtet werden;[38] Spielstunden in der Grund- und Orientierungsstufe, wie sie Daublebsky schildert;[39] grundlegendes Interaktionstraining im Sinne Nickels;[40] gruppenbezogenes Psychodrama nach Petzold[41] im Unterricht; der Ansatz bei der »gegebenen, der didaktisch erschlossenen und der kollektiv hergestellten Erfahrung« der (Haupt-)Schüler in der Selbstbestimmung schulischer Unterrichts- und Interaktionsprozesse bei Schaeffer/Lambrou;[42] schließlich auch Freizeitgruppen und Tutorengruppen an der Gesamtschule. – Mit diesen Versuchen gezielter Interaktionserziehung wird keineswegs dem professionellen Therapeuten ins Handwerk gepfuscht. Zwar hat Interaktionserziehung immer auch eine potentielle therapeutische Dimension, aber grundsätzlich bewegt sie sich im vor-therapeutischen Raum. Sieht man einmal von der höchst problematischen Definition der Begriffe »normal« und »gestört« ab, so kann grob gesagt werden, daß die Interaktionserziehung gerichtet ist auf die Förderung der allgemeinen »sozialen Kompetenz« (Argyle), auf Reifung durch Auseinandersetzung mit dem eigenen Erleben und in der offenen Begegnung mit andern, auf Schulung der Selbst- und Fremdwahrnehmung und Erweiterung des sozialen Verhaltensrepertoires sowie auf Selbstverantwortung und Ich-Stärke, während therapeutische Verfahren eher den *reparativen* Aspekt in der Behandlung von psychischen und psychosomatischen Störungen, in der Bearbeitung von Abwehr- und Widerstandshaltungen und von neurotischen Strukturverfestigungen, Funktionsstörungen (z. B. Arbeits- oder Liebesfähigkeit) und Desintegrationssymptomen, in der Überlebenshilfe für manische, depressive, zwanghafte, hysterische und schizoide Persönlichkeitsstrukturen u.a.m. im Blick haben, wobei auch wesentliche Unterschiede in der Rolle und Position des Therapeuten und des Interaktionserziehers sowie zahlreiche Unterschiede in der Art der verwendeten Verfahren und Techniken bestehen.

1.2.3 Spiele und Übungen in der Interaktionserziehung

Die in diesem Buch beschriebenen Verfahren, Übungen, Spiele und Techniken haben alle – obwohl sie teilweise aus der Therapie stammen, pädagogischen Charakter. Es sind insofern »ernste Spiele« (Abt) als sie nicht lediglich zur Unterhaltung, Entspannung oder zum ziellosen »Erleben« entwickelt wurden. Die bisweilen leicht abschätzig gemeinte Rede von »gruppendynamischen Spielchen« trifft deshalb die Intention der hier vorgelegten Materialien nicht, weil in jedem Spiel und in jeder Übung ernsthaft gelernt wird – auch wenn man dabei lacht oder durch den Raum tobt. Wahrscheinlich gehört es zu den Grundübeln der Gegenwartsgesellschaft, daß sie Spiel und Leistung auseinanderdividiert hat. Portele hat in diesem Zusammenhang einer möglichen Übereinstimmung von Spiel und »nicht entfremdeter Arbeit« Überlegungen zur

Verwendung von Spielen vorgetragen,[43] in denen spezifisch pädagogische Vorteile von Spielen in sechs Dimensionen zusammengefaßt werden: 1. Spiele helfen zur intrinsischen Motivation, indem sie als Tätigkeiten selbst positiven Aufforderungscharakter haben. Autoren, die über Spiele berichten, sind sich einig darüber, »daß die Schüler interessiert und begeistert spielen, daß sie ›dabei‹ sind, daß Zwang und äußere Anreize nicht nötig sind, sie zum Mitmachen zu bringen.«[44] – 2. Spiele unterstützen die Fähigkeit der »Steuerung«, d. h. sie setzen (innerhalb bestimmter Regeln) die Selbststeuerung des Verhaltens und das Entscheiden frei, sie fördern damit auch die Bereitschaft, nicht im alten Trott zu verharren, sondern sich auf Neues, Unbekanntes einzulassen. – 3. Regelhaftigkeit: Eigens konstruierte »Spielregeln« können zwar als Sonderfälle die Wirklichkeit verzerren, aber sie ermöglichen auch das experimentierende »Aus-der-Rolle-Fallen« und damit gerade als Kontrastregeln zum Alltag wesentliche neue Erfahrungen. – 4. Der »Als-ob«-Charakter des Spiels ermöglicht eine reflektierende und distanzierende Trennung von Ich und Rolle, die Spielhandlung kann als »Sache« betrachtet werden und führt zum Abbau der Angst vor »ernsten« Konsequenzen. – 5. Konkrete Aktion belebt die Selbsttätigkeit. Das Lernmaterial, das selbst produziert und gestaltet wird, ist die eigene Erfahrung, das eigene Erleben; nicht das Be-lehren steht im Mittelpunkt, nicht das Abstrakte vermittelt den Zugang zur Wirklichkeit, sondern die direkte Erfahrung. – 6. Aktives Interagieren macht den Reiz vieler Spiele aus, man rezipiert nicht passiv irgendeine Information, sondern setzt sich mit andern auseinander und entwickelt damit zugleich Kohäsion. – Interaktionsspiele haben in der Regel keinen Gewinner und keinen Verlierer, sie haben Nicht-Nullsummen-Charakter, alle Teilnehmer können Erfahrungen machen. Sie führen auch dazu, daß mehr miteinander und voneinander gelernt wird, weil die Lernherausforderung sich aus der Interaktionssituation selbst heraus ergibt und zwischen aktiven und eher passiven Teilnehmern ein Ausgleich stattfinden kann im gemeinsamen Spiel.

Gegenüber völlig unstrukturierten Lernsituationen – wie etwa in der T-Gruppe oder z. T. auch in der »Institutionellen Pädagogik« (le Bon) – haben strukturierte Übungen einen entscheidenden Vorteil: Sie konfrontieren den Teilnehmer nicht mit der zum Initialstreß und hoher Belastung führenden Komplexität einer offenen und unüberschaubaren sozialen Situation, sondern isolieren einige wenige, aber wesentliche Elemente, so wie sie auch in Alltagsgruppen und Zusammenhängen vorkommen, um sie gezielt und kontrolliert üben und bearbeiten zu können. Die Lernsituation erhält damit gleichsam einen Fokus, und auf diesen Brennpunkt können sich die emotionalen und kognitiven Energien der Beteiligten richten. Wer alles zugleich lernen will, lernt gewöhnlich garnichts. Grundlegende Faktoren von Interaktionsprozessen in einer verdichteten Weise zu erfahren und zu studieren, darin liegt das kreative Potential strukturierter Übungen. Dieses »Zerlegen« komplexer Verhaltensweisen in einzelne Spielformen und Übungsschritte kann auch dazu beitragen, daß sich die Teilnehmer in der Entwicklung von Handlungsstrategien nicht permanent selbst überfordern. Ein straffreies und abgesichertes Experimentierfeld gehört zu den wesentlichen Bedingungen gerade des Sozialen Lernens, und zu eben dieser Absicherung trägt die überschaubare Struktur einer Übung bei. Die eher einer Laborsituation gleichende Gruppensituation, die durch eine Übung hergestellt werden kann, ermutigt eher zum Hinterfragen des eigenen Verhaltens und zum Experimentieren mit ungewohntem Verhalten als die soziale Realität außerhalb, weil in der Experimentiersituation spielerische »Als-ob«-Elemente und Ernsthaftigkeit der Erfahrung beständig miteinander abwechseln.

Allerdings kann man eine Gruppe auch »totspielen«. Die Gruppe wird, wenn der Leiter ein Spiel nach dem andern durchführen läßt, nur auf eine andere Weise unselbständig gehalten, sie gewinnt dann nie jene Selbstregulation, zu der möglicherweise auch eine Auseinandersetzung mit dem Leiter gehört, wenn die Mitglieder ihre eigenen Interessen wirklich einbringen wollen. Lernsituationen dürfen deshalb nicht überorganisiert werden. Vielmehr ist es nötig, in einer interaktionellen Gruppe der freien und ungeplanten Interaktion zwischen den Teilnehmern genügend Raum zu geben, damit sich die natürliche Dynamik und Struktur der Gruppe entfalten kann. Dies ist auch der Grund, weshalb systematisch aufgebaute Lehrgänge und Programme zum Interaktionstraining eigentlich als Widerspruch in sich selbst gesehen werden müßten, so hilfreich sie in einzelnen Elementen auch sind. – Eine weitere Grenze von formulierten Spielen und Übungen liegt darin, daß sie keineswegs universell in jeder Gruppe und zu jedem Zeitpunkt des Gruppenentwicklungsprozesses gleich eingesetzt werden können. Materialien und Strukturierungshilfen müssen deshalb vom Moderator jeweils auf die besondere Situation seiner Gruppe zugeschnitten, variiert und kreativ weiterentwickelt werden. Dies setzt wiederum voraus, daß der Moderator von Übungen diese reflexionsgeleitet vor dem Hintergrund lerntheoretischer Überlegungen einsetzt und daß er »indikationsorientiert« vorgeht, d. h. von der Diagnose der Gruppensituation her prüft und entscheidet, welche Übung jetzt zu welchem Problem in welcher Variante hilfreich sein könnte. Hier müssen auch die Teilnehmer selbst einbezogen werden, denn je mehr Freiheit ihnen gegeben wird, Veränderungen, neue Regeln, neue Spiele zu entwickeln, die ihren Bedürfnissen, Interessen und Zielen entsprechen, »desto mehr reflexives Sprachvermögen müssen sie aktivieren« (Krappmann).[45]

Spiele und Übungen zur Interaktionserziehung sind in der Regel in der freien Tradition von Gruppentrainings erfunden und weitergegeben worden, nicht immer lassen sich Autoren ermitteln. Zahlreiche der hier vorgestellten Übungen und Spiele wurden von mir selbst entwickelt, und alle wurden in der beschriebenen Form in mehrjähriger Erfahrung erprobt. Neben neuem und z. T. wohl noch unbekanntem Material enthält die Sammlung sicher auch manches, was der Benutzer evtl. aus dem einen oder andern Training oder aus der Literatur kennt. Diese Materialsammlung will gerade auch das verstreute Material zusammenfassen und auf bestimmte Zielrichtungen hin verarbeiten und zuschneiden. Die Praxis der Interaktionserziehung ist ständig im Fluß, viele Spiele, Übungen und Techniken verändern sich in der persönlichen Handhabung. Um diese individuelle Gestaltung zu ermöglichen, wurde auf einen bis in Details hinein vorformulierten Text für den Moderator verzichtet, den er praktisch der Gruppe nur noch laut vorzulesen braucht, zugunsten eines stets wiederholten überschaubaren Rasters in jeder Übung. »Spiel« und »Übung« werden im übrigen insofern unterschieden, als die Übung mehr nach einer bestimmten engeren Zielvorgabe bestimmte Probleme angeht und Verhaltensmöglichkeiten trainiert, während das Spiel im Zielbereich offener und in der Durchführung meist lockerer angelegt ist und Spielfreude, Neugier usw. stärker betont. Techniken meinen vor allem die Interventionshilfen für den Leiter/Moderator. Es hängt aber wenig oder nichts davon ab, ob diese Begriffsunterscheidungen durchgehalten werden. Je nach Situation der Teilnehmer kann ihnen ein »Spiel« oder eine »Übung« vorgeschlagen werden. Ich selber ziehe oft den Begriff »Übung« vor, um den Charakter ernsthafter Lernarbeit zu verdeutlichen.

Das Raster jeder Übung bezieht sich auf Angaben 1. zum Ziel, 2. zur praktischen Durchführung (einschließlich Zeitdauer, Gruppengröße und Varianten), 3. zu möglichen Auswertungsgesichtspunkten, 4. zu den benötigten Materialien und 5. zu Hinweisen allgemeiner Art. So ist ein schneller Überblick möglich. Die Spiele und Übungen sind im allgemeinen polyvalent, d. h. sie lassen sich in mehreren Zieldimensionen verwenden und können verschiedene Effekte haben: Wenn ich feedback gebe, erfahre ich auch etwas über mich selbst, wenn die Teilnehmer über den Gruppenprozeß und ihre Kommunikationsprobleme sprechen (Metakommunikation), wird auch feedback gegeben, wenn ich an der Verbesserung der Selbst- und Fremdwahrnehmung arbeite, übe ich gleichzeitig kommunikative Fähigkeiten usw. – Daher werden in jeder Kategorie von Übungen (2.1–2.12) am Anfang Verweise auf andere Spiele gegeben, die z. B. ebenfalls innerhalb dieses Zielbereiches verwendbar sind. – Die Zielangaben innerhalb des Rasters erheben keinen Anspruch auf Operationalität, sie geben in der Regel eine Zielrichtung an und weisen auf mögliche Funktionen und Effekte hin, orientieren sich z. T. aber auch an Indikationskriterien. Die Zuordnung der Übungen zu bestimmten Kategorien sagt zugleich auch etwas über Verwendungsmöglichkeiten im Entwicklungs*prozeß* einer Gruppe aus, was allerdings nicht bedeutet, daß z. B. Spiele zum näheren Kennenlernen und Abbau unfunktionaler sozialer Distanz und Angst der Anfangsphase nicht auch unter einer etwas veränderten Zielperspektive in einer Gruppe, die sich bereits gut kennt, verwendet werden können. – Die Zeitangaben sind Durchschnittswerte der Erfahrung, sie variieren aber von Gruppe zu Gruppe außerordentlich stark, weil insbesondere die Auswertungsgespräche zeitlich kaum eingrenzbar sind. Die meisten Spiele und Übungen lassen sich bei entsprechender Unterteilung in Untergruppen auch für größere Gruppen als 8–12 Teilnehmer verwenden.

In der Regel sollte jedes Spiel gründlich ausgewertet werden. Dies kann in Partnergesprächen, Kleinstgruppen, aber auch in der Gesamtgruppe geschehen. Ohne eine auswertende Verarbeitung von Erfahrungen bleiben Spiele zwar nicht völlig wertlos, aber die Chance der kognitiven Vertiefung aus der reflektierenden Distanz zum eigenen Engagement während einer Übung – und damit auch das Interesse an der Rationalität der Interaktion – werden nicht realisiert. Dies aber ist Grundbedingung der Selbsterfahrung und -reflexion. Insofern sollten die Übungen oft nur Anstoßcharakter haben, um nicht nur die Verschiedenartigkeit der Erfahrungen der Teilnehmer innerhalb einer Übung zu legitimieren, sondern gerade in dieser Auseinandersetzung die eigene Perspektive zu bereichern. Es geht grundsätzlich nicht um die Übung als Selbstzweck, sondern um die persönliche Entwicklung von Menschen, insofern arbeitet die Interaktionserziehung nicht übungszentriert, sondern personzentriert. – Die angegebenen Auswertungshilfen sollen die Teilnehmer veranlassen, zunächst ganz persönlich über ihre Erfahrungen nachdenken, dann auch dazu ermuntern, mit anderen darüber zu sprechen und sie mitzuteilen, schließlich auch Konsequenzen für die Entwicklung des eigenen Verhaltens zu ziehen und mit der täglichen Lebenspraxis zu verbinden. Sie dienen last not least auch dem Moderator zur kritischen Überprüfung und Weiterentwicklung verwendeter Verfahren.

Eine kaum zu bewältigende Schwierigkeit liegt in der Kategorisierung und Systematisierung von Spielen und Übungen. Die hier verwendete Einteilung berücksichtigt mehrere Gesichtspunkte. Erstens sind grundlegende Zielbereiche zu unterscheiden: Sie umfassen die Strukturierung der Anfangssituation mit ihren immer wieder zu beobachtenden Problemen[46] und geheimen Strategien, die eine Gruppe oft wesentlich prägen; die Verbesserung der Wahrnehmungsfähigkeit und Hilfen zur Kommunikation von Wahrnehmungen (auch im Gefühlsbereich); das Kennenlernen der eigenen Person (einschließlich der Veränderungswünsche und -möglichkeiten) und die Förderung der Selbstverantwortlichkeit und Selbstakzeptierung; die Klärung von Beziehungen und die Entwicklung einer Atmosphäre des Vertrauens, der Echtheit, der Offenheit und der akzeptierenden Konfrontation; das Erlernen von feedback zur Selbststeuerung der Gruppe; die Metakommunikation zur Selbstkontrolle des Arbeits- und Gruppenprozesses; den flexiblen Umgang mit Rollen und Normen; die Kooperationsfähigkeit; das Entscheidungs- und Konfliktverhalten (vor allem unter dem Aspekt des Umgangs mit Macht, Einfluß und Rivalität); Förderung der Kreativität und Spontaneität, sowie schließlich im Hinblick besonders auf die Funktion des Leiters eine partnerzentrierte Kommunikation und die Selbstkontrolle seines (auch unbewußten) Verhaltens.

Mit diesen Zielbereichen sind zweitens Problembereiche und Phänomene angesprochen, die in jeder Gruppe – wenn auch in unterschiedlicher Ausprägung – vorkommen. Die Fähigkeit, sie zu bearbeiten und zu lösen, gehört damit zur sozialen Kompetenz jedes Menschen, der in Gruppen lernt, arbeitet und lebt. Von daher ist auch die inhaltliche Breite dieser Kategorisierung und der vorgelegten Materialien zu verstehen. Daß es sich dabei niemals um Rezepte – für jedes Problem das passende Spiel – handelt, braucht wohl nicht besonders betont zu werden.

Schließlich spielen drittens auch bestimmte Phasen, welche die Entwicklung einer Gruppe kennzeichnen, für die Kategorisierung eine Rolle. Es gibt eine Fülle von Phasenmodellen[47] für die Gruppenentwicklung, aber sie sind immer Konstrukte, welche die Realität nie voll abbilden. Gleichwohl können sie eine Hilfe zum Verständnis von Entwicklungsprozessen sein und damit zur richtigen und angemessenen Auswahl von geeigneten – d. h. prozeßbezogenen – Übungen anleiten. Die Anordnung unserer Materialien kann also auch unter dem Aspekt der Entwicklung einer Gruppe gesehen werden und deshalb den Aufbau einer interaktionellen Gruppenarbeit anregen. Daß dabei nur eine grobe Orientierung möglich ist – und nicht z. B. kreativitätsfördernde Spiele erst am Ende einer Gruppe eingesetzt werden können, nur weil sie in diesem Buch die drittletzte Kategorie bilden – ist selbstverständlich.

Eine ausführliche Entfaltung des sozialpsychologischen Hintergrundes der einzelnen Kategorien ist im Rahmen dieser Arbeit nicht möglich.[48] Hier kann nur ein orientierender Überblick über die einzelnen Kategorien gegeben werden. Wie in Phasenmodellen zur Gruppenentwicklung betont wird, gibt es »Anfangssituationen« in Gruppen auch bei längerer Zusammenarbeit immer wieder, insbesondere dann, wenn in Krisensituationen die Mitglieder danach fragen, was sie eigentlich zusammenhält, welches die weiteren Erwartungen sind, welches die nächsten Ziele, und wie man sich dementsprechend verhalten soll. Man kann auch von einer Identitätskrise des Einzelnen in der Gruppe sprechen, die auch am zeitlichen Anfang eines Gruppenprozesses auftritt. Die Art, wie die daraus entstehenden Fragen und Ängste angegangen und gelöst werden, prägt das weitere Verhalten und den Verlauf der Gruppe ganz entscheidend. Massiv im Mittelpunkt steht die Bewältigung der oft bewußt garnicht wahrgenommenen Fragen: »Wieweit werde ich akzeptiert? Wieweit kann ich die anderen akzeptieren? Haben wir ein Ziel? Ist es mein Ziel?« Die Spiele und Übungen dieser Phase sollen helfen, den hierzu nötigen »Datenfluß« (Gibb)[49] von Person zu Person in Gang zu setzen und dem einzelnen helfen, sich seine Erwartungen und Befürchtungen gegenüber sich selbst und andern, seine Ziele und Anliegen bewußt zu machen, zu reflektieren und mitzuteilen, um so erste Identifikationsmöglichkeiten anzubieten und latente Ängste, auch Sprechängste, abzubauen. Auch für die Planung der Gruppenarbeit können entsprechende Konsequenzen gezogen werden.

Von zentraler Bedeutung für die Interaktionserziehung ist die Sensibilisierung der Wahrnehmung. Undifferenzierte Wahrnehmungen sind Quelle zahlreicher Kommunikations- und Arbeitsstörungen, denn unsere Wahrnehmung ist nicht nur objektiv, d. h. nicht nur abhängig von dem Objekt in unserer Umwelt, das wir wahrnehmen, sondern sie ist auch subjektiv, d. h. abhängig von der Bedürfnislage, der inneren Einstellung, der augenblicklichen Befindlichkeit, den Gefühlen, Erlebnissen und Problemen des Wahrnehmenden. – Unsere Wahrnehmung ist das Ergebnis einer Wechselwirkung zwischen der wahrnehmenden Person und ihrer Mitwelt, ein Kompromiß zwischen dem, was der Mensch wahrzunehmen erwartet, und dem, was er tatsächlich in der Umwelt vorfindet. Die Kenntnis dieser subjektiven Anteile an der Wahrnehmung hat sich als Basis für das Training von Kommunikationsverhalten erwiesen. Die Differenzierung der sozialen Wahrnehmung und das Bewußtwerden der Fehlwahrnehmung sind die ersten Schritte zur Verbesserung des Kommunikationsverhaltens. Gezielte Übungen helfen, sich die Wahrnehmung in ihrem selektiven Charakter klarzumachen (z. B. »Ich nehme wahr . . .«) ihre Abhängigkeit von eigenen Stereotypen zu erkennen (z. B. »Partner wahrnehmen«), ihre Funktion für die unbewußte Beziehungsdefinition zu durchschauen (z. B. »Erster Eindruck«), den Überstrahlungseffekt eines als besonders dominant erlebten Merkmals zu sehen (z. B. »Peter und Hans«) usw. – Die einfache Tatsache, daß mit dem ganzen Körper wahrgenommen und reagiert wird (wir bekommen feuchte Hände bei Anspannung, haben einen »Kloß im Hals« bei Angst, haben »Wut im Bauch« usw.), daß Gefühle einen »Sitz« im Körper haben und daß für eine differenzierte Selbst- und Fremdwahrnehmung der Kontakt zum eigenen Körper und zur »inneren Welt« eine unabdingbare Notwendigkeit ist, droht heute einer falsch verstandenen »Rationalität« zum Opfer zu fallen. Einige Übungen trainieren darum ganz bewußt diese Körper- und Gefühlswahrnehmung. Entscheidend ist dabei auch, daß die kommunikative Vermittlung, Rückmeldung und Kontrolle von Wahrnehmungen – sowohl sprachlich als auch nicht-verbal – geübt wird.

Das Anliegen der nächsten Kategorie, sich selbst kennenzulernen, ist nicht nur eine zentrale philosophische Strebung des Menschen zu aller Zeit (vom griechischen: »Erkenne dich selbst!« – bis zur Psychoanalyse und zur Meditation), sondern ganz konkret auch ein Grundfaktor für das Gelingen menschlicher Interaktion (Argyle). Allerdings ist für eine Stärkung des Ich (dem bewußten Subjekt und dem Agens im Verhalten) eine Voraussetzung, sich mit dem Selbst (auf das andere in bestimmter Weise reagieren und das darauf aufbauend ein Selbst-Bild und Selbst-Wertgefühl entwickelt) auseinanderzusetzen. Dazu gibt es zum einen den Weg der kritischen Besinnung auf das Selbst, z. B. durch Übungen wie »Dialog mit dem Spiegelbild«, »Wer bin ich« u. a., zum andern die Möglichkeit der Analyse der Beziehungen und Bedingungen, in denen das Selbst steht. Dem dienen Übungen, die den Lebenskontext des Menschen, auch zur Planung des eigenen Lebens, mit heranziehen. – Schließlich geht es in dieser Kategorie ganz einfach auch um konkrete Verhaltensweisen, die ein Teilnehmer abbauen möchte, weil sie ihn oder andere stören, oder verstärken möchte, weil sie ihm wertvoll erscheinen.

Zur Kategorie »Vertrauen, Offenheit, Echtheit« ist grundsätzlich zu bemerken, daß es keine Tricks gibt, um Vertrauen zu schaffen. Wer sich von einigen »Vertrauensspielen« eine Steigerung der Gruppenkohäsion erhofft, begibt sich auf einen nicht tragfähigen Boden. Vertrauen entsteht durch offene Kommunikation, durch oft mühsame Klärung von Beziehungen, durch ehrliche Konfrontation und durch Begegnung ohne Maske. Dazu geben die Übungen konkrete Hilfen. Einerseits müssen wir sehen, daß sich nach empirischen Untersuchungen die Gruppenkohäsion »als der wichtigste Umständefaktor zur Erhöhung der Eigenaktivität des Einzelnen« gezeigt hat, andererseits ist zu berücksichtigen, daß bei zu hoher Kohäsion die Leistung der Gruppe auch zurückgehen kann: »Die Mitglieder haben sich einen Kaffee gekocht, spielen Skat und finden sich wahnsinnig nett.«[50] – Nach Rogers ist auch Offenheit in der Kommunikation an sich kein Ziel, sondern ein Mittel zum Zweck der Echtheit im mitmenschlichen Kontakt. Kein Mensch kann und soll ständig sein gesamtes Selbst andern vorführen. R. Cohn spricht in diesem Zusammenhang von »selektiver Authentizität.«[51] – Gelegentlich braucht eine Gruppe aber auch Auflockerung und Entspannung auf diesem nicht leichten Weg der Bearbeitung der affektiven Ebene des Gruppenprozesses; aus zahllosen Möglichkeiten wurden hier nur einzelne Beispiele ausgewählt.

Feedback wird in jeder Gruppe gegeben, in dem Sinn, daß auf gezeigtes Verhalten unabsichtlich oder absichtlich von andern reagiert wird, was wiederum Rückwirkungen auf Stabilisierung oder Änderung dieses Verhaltens hat. Dies gilt für das Verhalten des Einzelnen genauso wie für die Gruppeninteraktion. Ziel müßte es sein, den Charakter des feedback so zu gestalten, daß der Informationswert der Reaktionen durch offene und direkte Form deutlich wird, damit eine rationale Entscheidung über mögliche Konsequenzen gezogen werden kann. Indirektes, verstecktes feedback wirkt destruktiv, es löst zwar auch Reaktionen aus, aber diese sind oft unkontrolliert und nicht rational gesteuert. Trotz berechtigter Kritik an der Isolierung von »feedback-Schleifen« durch den starken Bezug auf einzelne Interaktionen (Sader[52]) und der Notwendigkeit, feedback komplexer für die ganze Gruppe zu geben, ist es doch zunächst einmal notwendig, auf Personen bezogenes, nicht verletzendes, auf Wahrnehmung und Reaktion (nicht auf Spekulation, Phantasie und Wunsch) gegründetes feedback-Geben zu lernen. Hier sind unbedingt spielerische Vorformen nötig, damit die Gruppenmitglieder langsam an die Selbstregulierung der Gruppe durch ein feedback-System herangeführt werden. Ein Akzent wurde auch auf das positive feedback gelegt, – denn Kritik geht meist schneller von der Zunge als die Mitteilung eigener positiver Eindrücke und Empfindungen.

Unter der Kategorie der Metakommunikation werden Verfahren zur intendierten und expliziten Kommunikation *über* Kommunikation verstanden. In diesem Sinn ist feedback ein Teil der Metakommunikation, der einen Einblick in das Kräftefeld der Gruppe und ihren Arbeits- und Entwicklungsprozeß gibt. Das Problem liegt darin, hier Verfahren zu entwickeln, die einerseits das Erlebnishafte und den Handlungsaspekt nicht zugunsten von Strichlisten und Tabellen verkürzen (vgl. z. B. Spiele wie »Promenade«, »Gruppe als Zielscheibe«, »Motorinspektion«), und andererseits doch hinreichend breites Datenmaterial zur Analyse des Gruppenprozesses produzieren (»Prozeßanalyse«, »Gruppenspiegel« u.a.m.). Eine explizite Metakommunikation ist das entscheidende Instrument zum Lernen und zur Realisierung der Selbststeuerung durch die Gruppe. Wir haben uns bemüht, hier nur wirklich handhabbare Hilfen zu entwickeln, um nicht durch zu komplizierte und aufwendige Vehikel das eigentliche wichtige Anliegen wieder zu unterlaufen.

Über die Bedeutung von Rollen und Normen ist inzwischen soviel bekannt, daß uns hier der Hinweis auf die Notwendigkeit einer gezielten Analyse und eines mehrfachen Trainings von Rollenverhalten durch geplante und strukturierte Situationen genügen soll. Wenn heute vielfach von Rollenflexibilität als einem Lernziel der Sozialerziehung gesprochen wird, so darf dabei nicht übersehen werden, daß einmal in der kritischen Unterscheidung ich-naher Rollen und der eigenen Identität angemessener Rollen von aufgezwungenen und ich-fremden Rollen ein gewisses Gegengewicht zur affirmativen Tendenz dieses Begriffes liegt, daß zum andern aber auch die Wirksamkeit des

Rollenspiels zur Verhaltensänderung bei Kindern und Jugendlichen wegen der Übermächtigkeit und Stabilität der sozialen Umwelt auch skeptisch beurteilt wird. – Wesentliches Ziel der Interaktionserziehung ist es ferner, einmal etablierten Normen (die meist auf Konformität gerichtet sind) nicht blind zu gehorchen, sondern den Prozeß der Normenentwicklung beim Einzelnen und in der Gruppe kritisch zu reflektieren und planvoll zu beeinflussen.

Die in den nächsten Kategorien genannten Bereiche Kooperation, Entscheidungen und Konflikte gehören zu den »klassischen« Gebieten des Interaktionstrainings. Wie stark Wettbewerbsverhalten innerhalb einer Gruppe (gegenüber der Konkurrenz *zwischen* Gruppen) dem Klima und auf die Dauer auch der Leistung abträglich ist, hat M. Deutsch[53] in seinen bekannten Experimenten eindrucksvoll demonstriert. Aber auch hier nützt ein Lehrbuchwissen wenig, darum ist es sinnvoller, diese Probleme durch Simulationsspiele selbst zu erleben und zu analysieren. Auch die Kompetenz, Entscheidungsprozesse zu optimieren, kann durch Stärkung der subjektiven Entscheidungsfähigkeit verbessert werden. Natürlich haben Entscheidungen in der Regel auch eine sachlogische Seite, (vgl. »Entscheidungsraster«), aber niemals können demokratische Entscheidungsprozesse zufriedenstellend verlaufen, wenn ihnen nicht auch eine psychische Entscheidungsfähigkeit und -willigkeit der Beteiligten zugrunde liegt. Bei konkreten Entscheidungen (und solche werden, genau betrachtet, ununterbrochen in der Gruppe getroffen) spielen vor allem auch Probleme der Rivalität untereinander, des Einflusses und der Auseinandersetzung mit dem Leiter eine entscheidende Rolle. Die vorgeschlagenen Spiele und Übungen wollen gerade diese Thematik an's Licht heben und nicht der Ebene eines blinden bellum omnium contra omnes überlassen. –

Die Kategorien »Kreativität« und »partnerzentriertes Gesprächsverhalten« sprechen Bereiche an, die heute für durchaus lern- und trainierbar gehalten werden. Wir müssen uns trotz ihrer Bedeutung für das Leben jeder Gruppe hier auf einige beispielhafte Vorschläge beschränken.

Die letzte Kategorie »Selbstkontrolle des Leiters« sollte zu den Pflicht-Übungen *jedes* Pädagogen gehören. Sie soll ausführlicher erläutert werden.

1.3 Gruppenleitung

Während beispielsweise in der Psychoanalyse gezielt mit dem Phänomen der unbewußten Übertragung des Analysanden auf den Therapeuten und der Gegenübertragung des Therapeuten auf den Analysanden gearbeitet wird, hat die Selbstkontrolle des Leiters in der Interaktionserziehung vor allem die Funktion, unkontrollierte und vom Lernziel her disfunktionale Prozesse, Störungen und Beeinflussungen zu reduzieren. Der Leiter muß sich nämlich klar machen, daß er unbewußt z. B. dazu neigt,

Übungen und Spiele so ablaufen zu lassen, »daß sie seine eigenen verheilten Wunden nicht wieder öffnen.« (Krappmann, in: Daublebsky, S. 225). Eigene Manipulationsversuche sind also nicht Resultat schlechter Absichten, sondern Ergebnis unbewußter Tendenzen, sich selbst vor Angst zu schützen. Insbesondere Menschen in sog. helfenden Berufen (Lehrer, Ärzte, Sozialarbeiter, Psychologen u.a.m.) sind besonders »gefährdet«, sich selbst auf den Leim zu gehen, indem sie mit einem Verband für andere herbei eilen und damit die Bekundung *eigener* schmerzhafter Empfindungen unterbinden. Vielfach hilft sich der Helfer unbewußt selber, wenn er andern Menschen hilft. Nur wer sich seine eigenen Impulse der Hilflosigkeit zugesteht und sich selbst darin bewußt akzeptiert, kann anderen wirklich helfen und ist un»eigen«nützig. – Wir werden noch zeigen, welches hervorragende Instrument zu dieser Selbstkontrolle in der Fallbesprechungsgruppe als Chance zur professionellen Supervision liegt.

Abschließend werden nun noch einige praktische Regeln für die Durchführung (Moderation) von Interaktionsspielen genannt. Daß Spiele und Übungen Werkzeuge sind, die auch ungeschickt, uneffektiv und bisweilen mit schädlichen Folgen eingesetzt werden können, weiß jeder, der einige Zeit des Trainings in unterschiedlichen Gruppen hinter sich hat. *Darum ist eben diese gruppendynamische Selbsterfahrung eine entscheidende Voraussetzung für den Umgang mit Interaktionsspielen.* Zumindest sollte der Leiter, wenn er die Struktur einer Übung noch garnicht kennt, diese in einer privaten o. ä. Gruppe vorher erproben. Ebenso ist es nützlich, die Erfahrungen mit Übungen und Spielen festzuhalten und in mögliche Modifikationen einfließen zu lassen. – Neben der bereits genannten permanenten (selbst-)kritischen Reflexion der eigenen Rolle und Person muß vor der Arbeit mit Interaktionsspielen geprüft werden, auf welchem Niveau die Gruppe steht, ob der Leiter mit einfachen Spielen auf natürliche Weise – etwa in einer Schulklasse – beginnen sollte, welchen Grad von Bereitschaft er vorfinden wird und wieweit eine personnahe Auswertung bereits möglich ist. Durch eine sorgfältige vorherige Analyse der Gruppe (Teilnehmerzusammensetzung, Vorerfahrungen, Lernbereitschaft, Bekanntschaftsgrad usw.) kann er vermeiden, daß die Gruppe am Anfang bereits überfordert wird. Eine solche Analyse der Situation ist aber auch später immer wieder nötig als erster Schritt vor der Verwendung einer Übung (Welches Ziel wird mit der Intervention angestrebt? Welches Problem wird fokussiert? Welche Tiefe soll das Spiel oder die Übung haben? Welche Belastungen können auftreten? u.a.m.). – Wenn dann eine Übung konkret eingeführt wird, ist es günstig, den Teilnehmern zu erklären, was mit dieser Intervention bezweckt wird, welches die Ziele sind und wie sie sich vom bisherigen Verlauf her begründen lassen. – Auch der Ablauf muß vorher in einem Überblick bekannt gemacht werden, die Freiwilligkeit der Teilnehmer respektiert und der experimentelle Charakter einer Übung als besonderer Lernsituation verdeutlicht werden. – Die Moderation der Übung selbst muß klar in der Führung sein und kann durchaus Anweisungen für das Verhalten einschließen. – Während der Übung selbst sollten evtl. auftretende Unklarheiten und Mißverständnisse durch kurze, präzise Anleitungen geklärt werden. Spielregeln sollen eingehalten werden. Der Moderator muß auch entscheiden, wann er mitspielt und aus welchen Gründen er nicht teilnehmen will. – Auf die Notwendigkeit der Auswertung und kognitiven Verarbeitung ist bereits hingewiesen worden.

Daß jeder Gruppenleiter einer interaktionellen Gruppe auch über theoretische Kenntnisse zur Gruppendynamik und -psychologie sowie zu den Grundlagen der individuellen Psychodynamik verfügen sollte, außerdem über Spezialkenntnisse des jeweiligen Sachgebietes, soweit es sich um eine Arbeitsgruppe handelt, ist selbstverständlich. Aber der beste Weg dazu, sich diese Kenntnisse zu erwerben, führt nicht allein über das Lesen von Büchern sondern über die eigene Erfahrung unter Integration von Theorie und Praxis.

Ein hervorragendes Instrument dazu ist die Fallbesprechungsgruppe.[55]

1.4 Berufsbezogene Selbsterfahrung durch Fallbesprechungen in Gruppen (mit einem Leitfaden)

1.4.1 Theoretische Elemente des Konzeptes[56]

Vier Elemente charakterisieren das hier vorgestellte Konzept. *Erstens: Berufsbezug.* Im Unterschied zur strengen Ausrichtung klassischer gruppendynamischer Arbeit auf die »Hier- und Jetzt-Situation« der Gruppe und die Thematisierung/Analyse des laufenden Gruppenprozesses setzt die Fallbesprechungsgruppe bei den – außerhalb der Gruppe liegenden – beruflichen Alltagsproblemen der Mitglieder an. Die »Backhome-Situation« ist nicht mehr mühsames Transfer-Ziel für das in einem »reinen« Selbsterfahrungsseminar Gelernte, sondern liefert selbst die Themen zur Arbeit in der Gruppe. Thema der Gruppenarbeit können alle Interaktions-, Beziehungs-, Persönlichkeits- und Institutionsprobleme sein, die das Berufsfeld eines Teilnehmers bestimmen.

Dieser Ansatzpunkt könnte nun allerdings auch zu einem sach- und theorieorientierten akademischen Seminar oder schlimmstenfalls zu einem intellektualisierenden Debattierzirkel führen. Darum liegt im *zweiten* Element ein notwendiges Korrektiv: *Selbsterfahrung.* Gemeint ist damit einmal die persönliche Betroffenheit des Teilnehmers, der einen Fall vorträgt. Es geht also z. B. nicht um »Problemschüler an sich«, sondern um »Problemschüler für mich«. – Zum anderen meint Selbsterfahrung auch die Ebene der Bearbeitung des Falles in der Gruppe, wobei der vom Berichtenden ausgelöste Gruppen-Interaktionsprozeß für ihn das zentrale Erfahrungsfeld sein wird. Jeder lernt also auch etwas über sich selbst (bezogen auf das eingebrachte Problem) durch die Art und Weise, wie er in der Gruppe und wie die übrigen Teilnehmer mit ihm und untereinander agieren.

Das *dritte* Element markiert gleichsam das »Herzstück« des Konzeptes: *Fallbesprechung.* Die berufsbezogenen Probleme werden nicht als ein für alle Teilnehmer gleich formuliertes Thema bearbeitet, sondern durch das Berichten und Bearbeiten eines Falles, den ein Teilnehmer einbringt. Damit rückt die Gruppenarbeit von der Konzeption her in die Nähe der in Sozialarbeit, Psychotherapie und im Beratungsbereich praktizierten Supervisionspraxis. Jede Sitzung nimmt ihren Ausgang von der subjektiven Betroffenheit eines Mitgliedes durch eine Situation aus dem beruflichen Alltagsgeschehen, die – als Fallbericht eingebracht – Thema und Interaktion der Gruppe bestimmen.

Schließlich kennzeichnet das *vierte* Stichwort – *Gruppe* – zugleich Adressatenkreis und Sozialreform. Die Teilnahme an einer Fallbesprechungsgruppe setzt Berufserfahrung voraus, zumindest aber (bei Studenten) Mitarbeit in der Praxis. – Die *Gruppe* als Sozialform ermöglicht – gegenüber dem Einzelgepräch – stärkeren Rückhalt, größere Solidarität durch gemeinsame Betroffenheit und reichere methodische Möglichkeiten in der Fallbearbeitung.

Mit der Persönlichkeitsentwicklung allein ist es allerdings nicht getan. So wichtig sie für den Pädagogen als Basis für die Verbesserung seiner Kompetenz ist, so wenig kann der Gipfel der Selbsterfahrung für Pädagogen die Flucht nach Poona sein. Selbsterfahrung durch Fallbearbeitung in Gruppen soll der Bewältigung und Veränderung des Alltagslebens in einer Institution dienen, die mancher heute gar nicht mehr für veränderbar hält. Dieser Bezug der Arbeit zur Wirklichkeit erfordert vor allem auch einen theoretischen Bezugsrahmen zum Verständnis, zur Analyse und zur Bearbeitung der eingebrachten Probleme, der psychologische, soziologische und pädagogische Ansätze integrierend aufnimmt.

Nach einem solchen Vorverständnis sind nämlich unbewußte Handlungsstrategien des Pädagogen immer auch psychischer Niederschlag der *äußeren Bedingungen* seines Berufsfeldes und seiner berufsspezifischen Rolle und Funktion, z. B. als *Lehrer*. Wollte man etwa Beziehungsschwierigkeiten in der Schule ausschließlich psychologisch, also zum Beispiel als Resultat biographischer Psychodynamik bearbeiten, so würde man sie einseitig als individuell-persönliche Unzulänglichkeiten dem einzelnen Lehrer anlasten. Für die Bearbeitung von Ängsten zum Beispiel ist eine hilfreiche Analyse nur im Kontext der Funktionen des Erziehungssystems (z. B. Qualifikations-, Selektions-, Integrationsfunktion) sowie der widersprüchlichen Anforderungsstrukturen des Berufsfeldes möglich (z. B. extensive Zielformulierungen bei minimalen praktischen Annäherungschancen).

Für die selbsterfahrungsorientierte Gruppenarbeit hat dieses zur Folge, daß sie Handlungsprobleme des Pädagogen immer auch im Zusammenhang mit der Institution und nie allein bezogen auf das Selbstkonzept des einzelnen Pädagogen reflektieren muß. Natürlich soll jeder durch die Selbsterfahrung in einer Gruppe und durch permanente Reflexion seiner pädagogischen Tätigkeit seine persönlichen Eigenheiten, seine Stärken, Schwächen, Wünsche, Ängste usw. genauer kennenlernen. Aber er muß darüber hinaus individuelle Eigenschaften von den an seine Rolle gerichteten Erwartungen unterscheiden können. Eine Klasse z. B., die den Unterricht einer neuen Lehrerin sabotiert, die Vorschläge der Lehrerin ablehnt und mit Disziplinlosigkeit beantwortet, nimmt die »Neue« zunächst primär als Rollenträgerin und damit auch als institutionalisierte Autorität wahr. Diese Wahrnehmung ist an Vorerfahrungen der Schüler gebunden, sie drückt eine Beziehungsdefinition aus, deren latent konflikthafter Charakter mit der bisherigen Sozialisation durch die Institution Schule zusammenhängt. Wenn nun die Lehrerin dieses Schülerverhalten nur als persönliche Kränkung und Bedrohung erlebt und ausschließlich auf dem Hintergrund ihrer persönlichkeitsspezifischen Defizite deutet (»Ich kann mich eben nicht durchsetzen«), so werden damit die komplexen Bedingungsebenen in der Entstehung von Konflikten, Störungen und Schwierigkeiten bedenklich reduziert.

Mit diesem generellen Verständnis der Gesellschaftlichkeit psychologischer Strukturen grenzt sich das Konzept der Fallbesprechungen auch theoretisch von der Balint-Gruppe und von dem ihr zugrundeliegenden Deutungsansatz ab. Ohne diese hier im einzelnen ausführen zu können, sei hier lediglich darauf hingewiesen, daß sich die Fallgruppenarbeit durchaus an unterschiedlichen Bezugstheorien orientiert; Elemente der Psychoanalyse (z. B. Übertragung, Widerstand, Spiegelphänomen, unbewußte Anteile in Interaktionen, Ich-Entwicklung usw.), der Kommunikationstheorie, der Rollen- und Handlungstheorie, aber auch der kognitiven Lerntheorie werden aufgenommen. Ebenso Methoden und Techniken praktischer Verfahren, insbesondere aus dem breiten Spektrum der humanistischen Psychologie: von der Gestalttherapie (z. B. in der Phase des »Durcharbeitens« eines Falles), der TZI (z. B. bei der Regel- und Normenbildung besonders am Anfang einer Gruppe), der Gesprächstherapie (z. B. im einfühlenden Reverbalisieren emotionaler Erlebnisinhalte) bis hin zur Bioenergetik (z. B. in der Sensibilisierung für körperliche Symptome und Signale). Insbesondere die methodischen Schritte der Balint-Gruppe (z. B. Fallbericht, Assoziation, Phantasien, Deutungen, Arbeit mit dem Spiegelphänomen, Analyse der »Wiederaufführung« des Falles in der Gruppeninteraktion) und die Stufen der Supervisionstechnik (Heigl-Evers 1975) bestimmen den praktischen Ablauf der Gruppenarbeit.

Welcher theoretische Deutungsansatz am fruchtbarsten für eine Problematik ist und welche methodischen Interventionen am ehesten Klärung und Hilfe erlauben, hängt konkret von der Person des Berichtenden, von der Eigenart des berichteten Falles und nicht zuletzt von der Kompetenz der Gruppe ab. Gerade diese Offenheit und Beweglichkeit in theoretischer und methodischer Hinsicht macht die Lebendigkeit der Gruppe aus, erfordert andererseits aber eine minimale formale Strukturierung durch einen Leitfaden zur Bearbeitung eines Falles in der Gruppe.

1.4.2 Ziele

Aus den Bemerkungen zum theoretischen Vorverständnis schulischer Interaktionsprobleme ergibt sich die Notwendigkeit, die generelle Zielformulierung nicht zu eng auf das Persönlichkeitswachstum des Einzelnen zuzuspitzen. Die zu verbessernde

Fähigkeit zur emotionalen Bewältigung und zur kognitiven Analyse von Interaktions- und Beziehungsschwierigkeiten muß eingelagert sein in die Absicht, auch den Mut und strategische Kompetenz zur Veränderung institutioneller (und letztlich politischer) Bedingungen pädagogischer Arbeit zu steigern. Es kommt bei jeder einzelnen Fallbearbeitung entscheidend darauf an, die Schwelle zwischen individuellen und institutionellen Lösungsmöglichkeiten zu erkennen und auf der Grundlage persönlicher Reifung zum solidarischen, gemeinsamen Engagement zur Veränderung der Rahmenbedingungen zu befähigen.

Konkret zielt die Fallarbeit auf eine differenziertere Wahrnehmung des eigenen Verhaltens, eigener und fremder Gefühle, Impulse, Reaktionen, Phantasien, der unbewußten Anteile in einer Problemsituation (und damit auf das Bewußtmachen verborgener Erwartungen, Ziele, Beweggründe etc.). Eine realitätsgerechtere Einschätzung des eigenen Verhaltens und der eigenen Möglichkeiten ist Voraussetzung für die Entwicklung eines umfangreicheren Verhaltensrepertoires, das einer Problemlösung in unterschiedlichen Fällen angemessen ist.

1.4.3 Institutioneller Rahmen

Das Konzept einer Fallbesprechungsgruppe für Pädagogen soll ein Verfahren entwickeln, das im Rahmen einer basisnahen Fortbildung Pädagogen helfen kann, in Gruppen ihre Weiterqualifizierung in die eigene Hand zu nehmen. Die Adressaten dieses Konzeptes sind deshalb professionelle Pädagogen, die sich zur gegenseitigen »Peer-Supervision« zusammenfinden. Damit sind vor allem die Gleichberechtigung aller Gruppenmitglieder und die gegenseitige Beratung – ohne »Belehrung oder Führung« durch einen Gruppenleiter – gemeint, was nicht ausschließt, daß besonders in der Anfangsphase ein erfahrener Leiter der Gruppe auf die Sprünge hilft. Die Entwicklung eines Leitfadens für Fallbesprechungsgruppen hat aber eher die Gründung von »Pädagogen-Selbsthilfe-Gruppen« zum Ziel.

Unter diesem Aspekt erscheint an der Balint-Gruppe vor allem problematisch, daß ihre qualifizierte Durchführung von einem ausgebildeten Psychoanalytiker abhängig ist, der in der Regel für selbstorganisierte Gruppen nicht zur Verfügung stehen dürfte. Auch die Dominanz der Arbeitshypothese des Balint-Gruppenleiters für die Interpretation des Geschehens und die Abhängigkeit seiner Interventionen von diesem anspruchsvollen theoretischen Konstrukt verstärken die Leiterabhängigkeit der Gruppe und schränken die Übertragung dieser Methodik auf Selbsthilfe-Gruppen ein.

Als günstig hat sich nach unserer Erfahrung eine bunte Mischung erwiesen, eine Gruppengröße von 10–12 Teilnehmern, ein wöchentliches Treffen für etwa zwei Stunden und die feste Vereinbarung von zunächst 10 Sitzungen. Eine Verlängerung wird dann meist von der Gruppe selbst gewünscht.

1.4.4 Der Leitfaden: Arbeitskonzept und Gruppenpraxis

Das hier vorzustellende Konzept ist kein abgeschlossenes Modell. Gerade die jahrelange praktische Erprobung, die Anwendung in sehr unterschiedlichen Gruppen und das Anliegen, einen praktikablen und leicht erlernbaren Leitfaden zur Arbeit in selbstorganisierten Gruppen zu entwickeln, führten zu ständigen Konkretisierungen, Vereinfachungen und Präzisierungen des ursprünglichen Konzeptes. Die verschiedenen Phasen des Leitfadens sind nur bedingt im Sinne einer zeitlichen Reihenfolge gemeint, eher als Elemente, die in unterschiedlicher Akzentuierung in jeder Gruppensitzung vorkommen sollen. Aber eine Struktur ist nötig, um ein zielloses Hin- und Herspringen zu vermeiden und um nicht in »Lehrer-Folklore« (ein gegenseitiges Wehklagen und Bestätigen des grauen Schulalltages) abzugleiten. Die von uns gegenwärtig praktizierte Form des Leitfadens ist in Abb. 1 als Übersichtsschema abgedruckt und wird im folgenden Teil erläutert, wobei Beispiele aus der Praxis die Prinzipien erläutern.

Erläuterungen zum Leitfaden

1. Phase: Fallbericht. – Was ist ein Fall? Nach unserer Erfahrung ist es von entscheidender Bedeutung, daß mit dem Begriff »Fall« nicht die Norm: »besonders gravierend, dramatisch, problematisch« verbunden wird, sondern daß unter »Fall« eine Szene, eine Situation, eine Erfahrung, ein Stückchen Ablauf aus dem normalen Alltag verstanden wird. Nichts ist zu unbedeutend, um als Fall berichtet zu werden! Inhaltlich können sich Fälle auf alle Probleme und Personen beziehen, die im Alltag vorkommen.
Die Darstellung des Falles soll spontan, ohne Vorbereitung, assoziativ, ohne Unterbrechung durch Fragen erfolgen.
Ein Beispiel: Reinhard B. berichtet von einer Szene, die er vorgestern erlebt hat und die ihm »irgendwie unangenehm nachgegangen ist«. Er kommt in die Klasse zum Deutschunterricht und wird laufend mit Störungen konfrontiert.
R. schildert, was in ihm vorgeht, wenn Schüler ungeniert die Füße auf den Tisch legen, essen, Karten spielen und ihm auf seine vorsichtige Bitte um Disziplin vorhalten, daß nur er so pingelig sei, während andere Lehrer sich nicht daran stoßen würden. Seine Ängste, als Außenseiter zu gelten, als reaktionär in seinem scheinliberalen Kollegium angesehen zu werden usw., kommen zur Sprache. Der Berichtende erzählt, was ihm einfällt: unstrukturiert, weniger »objektive« Ereignisse, vielmehr die eigene emotionale Beteiligung und die subjektive Erlebnisweise. – Lücken, Widersprüche oder Unklarheiten sind dabei zugelassen, ja werden wichtig, weil sie nicht selten unbewußte Anteile am Erlebnis enthalten, die dem Berichtenden unangenehm sind, die er nicht wahrnimmt, verdrängt, »vergißt«.

Abb. 1: *Leitfaden für Fallbesprechungen in Gruppen*

---

1. Phase: *Fallbericht* (spontan, unvorbereitet, ungeordnet, assoziativ). *Aufgabe der Gruppe:* aktiv zuhören, genau beobachten, eigene Reaktionen registrieren.
2. Phase: *»Blitzlicht«* (= kurze Runde): *Was hat der Fall in mir ausgelöst, wie fühle ich mich jetzt?* (Keine Rückfragen, Gefühle ausdrücken, subjektiv bei der eigenen Befindlichkeit bleiben, sehr kurze Äußerungen).
   Knappe Stellungnahme des Berichtenden dazu.
3. Phase: *Äußere Wahrnehmungen und Beobachtungen zum Fallbericht* (keine Ratschläge und Deutungen; *Leitfrage:* Was ist mir an der Falldarstellung und am -darstellenden aufgefallen?).
4. Phase: *Innere Wahrnehmungen* (Phantasien – auch angeleitet –, Gefühle, Bilder, Identifizierungen – auch angeleitet – mit den am Fallgeschehen beteiligten Personen).
   Thema: Der Fall im Spiegel der Reaktionen der Gruppe.
5. Phase: *Durcharbeiten* (Vertiefung von Einzelaspekten, theorieorientierte Deutungen, diagnostische Schlüsse, institutionelle, gesellschaftliche, politische Zusammenhänge. – Interpretation der Gruppenreaktion in Hinsicht auf den Fall).
6. Phase: *Lösungsmöglichkeiten* (Ideensammlung, Verhaltensvorschläge, Handlungsalternativen, Rollenspiel, Handlungsplan etc.)

---

2. Phase: Blitzlicht (= kurze Runde) zur Frage: Was hat der Fallbericht in mir ausgelöst, wie fühle ich mich jetzt?

An den Fallbericht schließt sich – besonders in ungeübten Gruppen – allzu leicht eine Frageflut an, oft bohrend, manchmal belehrend oder vorwurfsvoll, bisweilen auch Detektivarbeit in der Erforschung von Details. Manchmal kommen auch schnelle Ratschläge. All dies ist aber am Anfang völlig fehl am Platz, weil es die subjektive Brechung der Ereignisse in der perspektivischen Wahrnehmung des Berichtenden zu schnell durch das Bemühen um scheinbare Objektivität verwischt. Außerdem fördert eine Verhörsituation nicht das Gefühl, verstanden zu werden. Es kann auch sein, daß Engagement nur vorgetäuscht wird, um ein wirkliches »Sich-Selbst-Einlassen« auf den Fall abzuwehren.
Wertvolles Material ergibt hingegen das sich anschließende »Blitzlicht«, bei dem jeder Teilnehmer ganz kurz – mit einem Satz, manchmal nur mit 2–3 Wörtern – sagt, wie er sich nach dem Bericht fühlt, wie es ihm im Moment gerade emotional geht.

Dies hat folgenden Sinn: Einmal wird die Beteiligung aller sichergestellt, Konsumverhalten und Voyeurismus wird vorgebeugt, der Fall wird zum *emotionalen* Problem der Beteiligung. Vor allem aber spüren die Teilnehmer oft etwas von dem, was der Berichtende an Gefühlen bei sich unterdrückt, verdrängt oder nur begrenzt zuläßt oder was die (in der Fall-Szene) Betroffenen auch fühlen, was aber der Berichtende nicht wahrnimmt. Auch wenn die Gefühle »negativ« sind, z. B. Langeweile aufkommt, ist dies von Bedeutung: Es kann ein Zeichen dafür sein, daß Gefühle in der Fallsituation abgespalten werden, daß dort rationalisiert und distanziert wird, daß auch dort eine geheime Strategie der »Nicht-Beteiligung« existiert. »Es ist ungeheuer spannend herauszufinden, mit welcher Technik ein Mensch den andern langweilen kann.« (Knoepfel 1979, S. 213) – Natürlich sind diese Äußerungen über die eigenen Gefühle durchsetzt mit Projektionen und Eigenanteilen jedes Mitgliedes. Dies kann in den Auswirkungen aber dadurch kontrolliert werden, daß der Berichtende am Schluß der Runde kurz sagt, welche Äußerung für ihn wichtig, neu, überraschend etc., ist, was ihm zu denken gibt, wo es bei ihm »geklingelt« hat . . .

3. Phase: Äußere Wahrnehmungen und Beobachtungen zum Fallbericht

Im Gegensatz zur persönlichen, mehr emotionalen Reaktion der vorhergehenden Phase wird nun von den Mitgliedern beschreibend wiedergegeben, was sie am Berichtenden selbst und an der Art seiner Darstellung während der Fallschilderung wahrgenommen und beobachtet haben. Jetzt ist auch einleuchtend, warum die Fallschilderung spontan erfolgen soll: Eine Fülle wichtigen Materials ergibt sich aus Rückmeldungen über das *Wie* des Berichtens, über Akzentuierungen, Auslassungen, Unklarheiten, Widersprüche, Tonfall, Sprechtempo usw., aber auch unbewußt mit dem Körper ausgedrückte Signale (z. B. Diskrepanzen zwischen Inhalt und Ausdrucksweise: lächelnd über Wut reden, mit nervös spielenden Fingern die eigene Gelassenheit schildern). Die Falldarstellung soll *nicht bewertet* oder *gedeutet* werden. Vielen Teilnehmern fällt es sehr schwer, genau zu unterscheiden zwischen Beobachtung und Beurteilung. Diese Arbeitsphase hilft dem Berichtenden, die o. a. subjektive Brechung des erlebten Geschehens durch seine perspektivische Wahrnehmung besser zu begreifen und sich selbst darin genauer wahrzunehmen. Die Blickrichtung der Gruppenteilnehmer gilt dem Berichtenden und seinem Fall (»äußere Wahrnehmung«). Das Thema dieser Phase ist der Fall im Spiegel des Berichtenden.

4. Phase: Innere Wahrnehmungen

Die Teilnehmer haben während des Erzählens des Falles nicht nur mit-denkend und beobachtend zugehört, sondern sich auch unbewußt emotional in die Szene hineinversetzt. Sie haben sich mit den in der Szene Beteiligten auf die eine oder andere Weise positiv oder negativ identifiziert, haben mit eigenen Gefühlen subjektiv reagiert. Was die Szenenschilderung bei den einzelnen emotional ausgelöst hat, z. B. an Phantasien, Bildern, Gefühlen, Identifizierungen etc. ist Gesprächsthema dieser Phase; die Blickrichtung geht nach innen (»innere Wahrnehmung«).

Einerseits stehen diese jetzt geäußerten Rückmeldungen im Zusammenhang mit der jeweils subjektiven Innenwelt jedes Teilnehmers, andererseits sind sie gebunden an die affektive Beteiligung (bewußt oder unbewußt) am Fall und den dort agierenden Personen. Zu Reinhard B. äußern Gruppenmitglieder u. a.: »Während deiner Erzählung habe ich mich stark auf der Seite des Schülers erlebt. Ich hatte richtig Lust, dich fertigzumachen, jedenfalls dich herauszufordern zur Auseinandersetzung«. Oder: »Ich wurde ungeheuer wütend auf die Störer, ich hätte sie am liebsten rausgeworfen.« – »Je mehr Verständnis du gezeigt hast, desto mehr wuchs mein Verlangen, dich zu provozieren.«

Der Berichtende kann so Aufschluß gewinnen über mögliche Gefühle, Strategien, Absichten *anderer* an der Szene beteiligter Personen, denen er bisher blind gegenüberstand. Reinhard B. fällt zum Beispiel erst jetzt auf, daß seine Angst in der Situation die Wahrnehmung möglicher Schülerintentionen in Richtung: »Stell dich zur Auseinandersetzung!«, oder »Nicht immer so scheinfreundlich alles akzeptieren!«. usw., verhindert hat. Seine Ängste vor den »fortschrittlichen« Kollegen blockierten eine Initiative zur Auseinandersetzung oder Konfrontation mit den Schülern. (Er zieht daraus später die praktische Konsequenz, daß er das Schüler- und Lehrerverhalten gemeinsam mit anderen öffentlich im Kollegium zur Sprache bringt.)

Diese Identifikationen und Phantasien können vom Gruppenleiter auch gezielt angeregt werden, z. B. indem er die Teilnehmer auffordert, sich in die Schüler einzufühlen und in der Ich-Form zu verbalisieren, was sie dabei denken und empfinden. – Bisweilen bilden sich auch Untergruppen, die sich mit verschiedenen Partnern eines Konfliktes identifizieren.

Außerordentlich treffend sind gelegentlich auch Bilder, die sich bei Teilnehmern einstellen. Ein Beispiel: Als ein Kollege von seinen anstrengenden, aber erfolglosen Aktivitäten erzählte, auf jede Unmutsäußerung von Schülern partnerschaftlich, geduldig, verständnisvoll einzugehen und lieber auf Unterricht zu verzichten, um auch die kleinsten Konflikte erst zu bearbeiten, platzte eine Teilnehmerin mit einem Bildvergleich dazwischen: »Ich sehe dich da immer vor einer Wand mit lauter Löchern stehen, aus denen Wasser herausspritzt. Du läufst von einem zum andern, immer wenn du eines gestopft hast, ist schon wieder ein neues da, du zappelst dich ab, aber du schaffst es nicht.« – Der Kollege äußert darauf spontan, daß er sich genau so empfindet. Bei allen freundschaftlichen Disziplinierungsversuchen (und als solche erkennt er die Absicht seiner Interventionen) ist das die Schwierigkeit: keinen Mut zur Durchsetzung eigener Ansprüche zu haben, statt dessen sich für andere zu verzehren ohne das Gefühl, damit Erfolg zu haben.

Oft ist das Bild, das sich vom Fallgeschehen bei der Gruppe einstellt, durchaus nicht

45

das, was der Berichtende hat oder vermitteln wollte. Diese Diskrepanz hat sich oft als fruchtbarer Fageansatz herausgestellt, weil die Gruppenteilnehmer in der Wahrnehmung und Phantasie oft mehr »zulassen« als der Berichtende. Dies gilt besonders für die Ängste, die als höchstes Berufstrauma gefürchtet werden: massive Bedrohung der eigenen Autorität (eine lächerliche Figur abzugeben, nicht ernstgenommen zu werden, als Schwächling dazustehen), aber auch erdrückende Hilflosigkeit gegenüber Anforderungen und persönlichen Möglichkeiten bis hin zu der immer wieder bohrenden Frage: Was habe ich als Pädagoge wirklich erreicht, habe ich versagt, hätte ich mehr tun können?

In dieser Phase spitzt sich eine – die gesamte Sitzung durchziehende »Wiederaufführung« der ursprünglichen Szene in der Gegenwart der Gruppe zu. Sie wird natürlich gebrochen durch die Wahrnehmung im Hier- und-Jetzt und durch die Subjektivität und Selektivität der beteiligten Gruppenmitglieder, ihren Problemhorizont, ihre Interpretationen, Gedanken und Gefühle. Dieses »Wiederholungsspiel« wird also auf einer metakommunikativen Ebene (im Unterschied zur »Originalaufführung« der Szene in der Schule) mit Hilfe der reflektorischen (-widerspiegelnden) Fähigkeiten der Gruppenmitglieder begleitet (Münch 1979). Bei diesem Bemühen um die affektive, jetzt aber metakommunikative »Wiederbelebung« der Ursprünglichen Szene durch die Gruppenarbeit sind Identifizierung *und* Distanz gleichermaßen wichtige »Beteiligungsformen«, um nicht in ein allgemeines und nutzloses Bemitleiden abzugleiten. – Notwendig ist in dieser »Runde«, daß der Berichtende offen ist für die Rückmeldungen, sich nicht rechtfertigt, verteidigt, entschuldigt oder zur vermeintlich »sachlichen« Gegenargumentation verleiten läßt. – Thema dieser Phase ist der Fall im Spiegel der Reaktionen und Aktionen der Gruppe. –

Oft beobachtet haben wir auch, daß zwischen Inhalt einer Berichtszene und unserer aktuellen Gruppensituation ein unbewußter Zusammenhang besteht, so zum Beispiel, als eine Teilnehmerin von ihrer Trauer und Angst berichtete, innerlich Abschied nehmen zu müssen von einer Gruppe, an der sie außerordentlich hing (und umgekehrt auch die Kinder an ihr), weil sie sich versetzen lassen wollte; die Fall-Gruppe traf sich zu ihrer vorletzten Sitzung und sollte beendet werden ... –

5. Phase: Durcharbeiten

Diese Runde dient vor allem der – entweder auf die Person des Berichtenden oder auf sachliche Aspekte des Falles bezogenen – Vertiefung von Einzelaspekten. Dies können diagnostische Schlüsse aus der bisherigen Fallbearbeitung sein; hier haben aber auch theorieorientierte Deutungen ihren Platz. Wir stellen sie allerdings bewußt an das Ende, damit die Gefahr verringert wird, daß sie als intellektualisierende Form von Widerstand die Gruppe von einer personnahen Fallbearbeitung abbringen. Die vierte und fünfte Phase überschneiden sich oft, vor allem wenn jetzt die Deutung der bisherigen Gruppenreaktion in Hinsicht auf den Fall präzisiert wird. Durcharbeiten kann aber auch bedeuten, daß z. B. mit Hilfe von Rollenspielen bereits nach möglichen Lösungen gesucht, d. h. die letzte Phase eröffnet wird.

Eine breite Platte von Möglichkeiten bietet sich für das Durcharbeiten an: von der vertiefenden Selbstexploration des Berichtenden über die Abklärung rechtlicher Fragen einer speziellen Situation bis zur »Trauerarbeit« über die Grenzen der eigenen Entwicklungsmöglichkeiten. – Die Phase des Durcharbeitens soll methodisch und inhaltlich bewußt offen gehalten und zeitlich flexibel gehandhabt werden. Obwohl sie hier am kürzesten beschrieben wird, dauert sie manchmal am längsten . . .

6. Phase: Lösungsmöglichkeiten

Erst gegen Ende geht es um praktikable Lösungen für ein Problem. Zu schnell gegebene Ratschläge und Handlungsanweisungen decken oft nur zu, verhindern einen Blick hinter die Kulissen. Die Aspekte der bisherigen Arbeitsabschnitte fließen hier zusammen, denn Lösungsschritte schließen sowohl Veränderungen im persönlichen Verhalten als auch auf die Institution bezogenes, möglicherweise politisches Handeln ein. Eine Kollegin z. B., die gegen ihren Willen durch dienstliche Anweisung des Schulleiters zur Weitergabe eines umstrittenen Rundschreibens gezwungen werden sollte, suchte sich zunächst Verbündete im Kollegium, schaltete den Personalrat, dann die Gewerkschaft ein: zweifellos eine politisch orientierte Strategie. Aber ist damit das Zittern in den Knien bei der Auseinandersetzung mit dem Vorgesetzten verschwunden? Ist damit die Schlaflosigkeit bereitende Angst vor dem Versagen im Konfliktgespräch beseitigt? – Der Anspruch des Konzeptes zielt auf Lösungen, welche Hilfen zur Bewältigung des ganz persönlichen Anteiles, aber auch Möglichkeiten auf strategischer Ebene und theoriegeleitete Einsichten von Zusammenhängen enthalten.

Im eben genannten Fall hat das antizipierende Durchspielen erwarteter Situationen mit Gruppenfeedback und das Erproben von angemessenem Verhalten geholfen (Rollenspiel). Für andere Teilnehmer ist das gemeinsame Suchen und Diskutieren praktischer, unmittelbar am nächsten Morgen realisierbarer »Überlebenshilfen« nötig. Wieder andere entdecken Zusammenhänge in ihrer Persönlichkeitsstruktur – mit der Konsequenz einer langfristigen Notwendigkeit zur Änderung von Einstellungen, Prägungen, Attitüden.

Ganz sicher können in der Regel keine Rezepte vermittelt werden. Aber auch wenn sich am Ende einer Sitzung keine perfekte oder überhaupt keine Lösung abzeichnete, ist doch der Eindruck lebendig, daß es sich gelohnt hat, mit seinen Schwierigkeiten nicht mehr nur allein zu bleiben.

Ein spezifischer Vorteil der Gruppenarbeit zeigt sich darin, daß mehr oder weniger *alle* Teilnehmer sich mit den meisten geschilderten Problemen identifizieren. So berichten die Gruppenmitglieder immer wieder am Ende einer Sitzung, daß sie vom Gruppengeschehen profitiert hätten, auch wenn sie selbst nicht mit einem Fall »dran« waren. – Die emotionale Solidarität der Gruppe, das Sich-Einfühlen in die Probleme des anderen, das Aussprechen und Zulassen der ganz persönlichen Ängste und Erfahrungen, das Erleben kollegialer Betroffenheit geben dieser berufsorientierten Selbsterfahrung in der Gruppe eine hohe psychohygienische Qualität.

Daneben gibt es selbstverständlich eine Fülle ungelöster Probleme und Fragen, von denen hier nur fünf abschließend erwähnt seien. Einmal liegt in der Heterogenität der Teilnehmer bezüglich ihrer Fähigkeit und Bereitschaft zum »personnahen Arbeiten« eine große Schwierigkeit: Teilnehmer mit gründlicher gruppendynamischer Vorerfahrung haben Probleme mit Kollegen, die z. B. unfähig sind, ein persönliches Gefühl zu äußern, – und umgekehrt. – Zum andern ist die Vermittlung des Konzeptes am Anfang der Gruppenarbeit nicht einfach: Zu starke Fixierung auf die Führung anhand des Leitfadens macht die Gruppe unselbständig, zu große Laxheit in seiner Handhabung endet in uneffektivem Arbeiten. – Drittens: Neben der Fallarbeit bedarf die gruppendynamische Ebene bewußter Pflege: Vertrauen muß entwickelt, Kohäsion erreicht, Offenheit ermöglicht werden etc., – für besonders »sachorientierte« Teilnehmer sind metakommunikative Gespräche oft »reiner Zeitverlust« ... – Viertens müßte im einzelnen genauer abgeklärt werden, welche Methoden sich möglicherweise widersprechen bzw. zueinander passen, um der Gefahr eines blinden Eklektizismus zu entgehen. – Fünftens schließlich müssen langfristig die Bezugswissenschaften und die Gruppenpraxis genauer auf die theoretische Stringenz ihres Zusammenhanges untersucht werden. – Vorerst aber sind die Teilnehmer der Meinung, daß ihnen die Gruppenarbeit in der Praxis entscheidend geholfen hat ...

2. Teil
Materialien zur Interaktionserziehung: Übungen und Spiele

2.1 Vorstellen, Kennenlernen, »Warming up«

Ziele: Erwartungen an die Gruppenarbeit klären; eigene Ziele definieren; Angst vor den »unbekannten anderen« abbauen; persönliche Daten vermitteln; Anonymität verringern, ermuntern zur aktiven Gestaltung erster Gruppenbeziehungen – Wir-Ebene –; sich selbst im Gruppenverhalten bewußter wahrnehmen – Ich-Ebene –; Möglichkeit zur gemeinsamen Aktion geben.

Innerhalb dieser Kategorie sind auch folgende Spiele und Übungen möglich:
Partner vorstellen (S. 81)
Persönlichkeitsräder (S. 103)
Lebensraum (S. 99)
Familienbaum (S. 107)
Die Mümmels (S. 135)
Bazar (S. 117)
Zukunftsmusik (S. 153)
Jägerspiel (S. 182)
Wie ich gesehen werde (S. 107)
Verknotete Schlange (S. 136)
Puzzle (S. 181)
Pantomimen raten (S. 213)
Lebensalter und Erfolg (S. 112)

Vorstellung

1. Ziel
Erste Begegnung, ein erstes Kennenlernen in ungewöhnlicher Form.

2. Durchführung
2.1 Die Teilnehmer beantworten auf einem DIN A4-Blatt folgende Fragen:
1. Wie möchte ich angeredet werden (Name, ggf. Sie, Du)
2. Welche 3–5 Aussagen (in Satzform oder stichwortartig) geben Auskunft über mein momentanes Empfinden, die Erwartungen und Befürchtungen?
Auf der Rückseite des Blattes werden die Gefühle beschrieben, die der Teilnehmer den anderen *nicht* mitteilen möchte. Dieser Teil ist nur für ihn selbst bestimmt, darüber wird im Spielverlauf nicht ausgetauscht.
2.2 Der Zettel wird mit einer Stecknadel an der Vorderseite befestigt, gut lesbar für die anderen.

Die Teilnehmer gehen nun umher, lesen die Zettel der anderen, können Fragen stellen, um Erklärungen bitten usw.
Zeit: 5–10 Minuten. Gruppengröße beliebig.

3. Auswertungshilfen
Wer hat mein Interesse geweckt? Wen möchte ich näher kennenlernen? Wie offen konnte ich sein (Vorderseite/Rückseite)?

4. Materialien
Schreibmaschinenpapier, Schreibzeug, Stecknadeln oder Sicherheitsnadeln.

5. Hinweise
keine

Zeitungs-Collage =⟩ Namensbilder

1. Ziel
Kennenlernen durch Selbstdarstellung in einer Collage. Verringerung sozialer Distanz.

2. Durchführung
Der Gruppe wird ein Stapel alter Zeitschriften (Illustrierte) vorgelegt. Jeder erhält einen Pappbogen (Mindestgröße DIN A4). Mittels Schere, Klebe und Karton soll sich jeder Teilnehmer aus Überschriften, Titelzeilen, Fotos und Inseraten usw. ein Bild anfertigen, das ihn in seiner gegenwärtigen Verfassung darstellt. Mögliche Gesichtspunkte:
– Meine momentanen Sorgen, meine momentanen Probleme
– Was ich konkret anstrebe
– Meine Hoffnungen und Träume
Anschließend (evtl. in Vierer- oder Sechsergruppen, falls die Gesamtgruppe zu groß ist) gehen die Teilnehmer mit vorgehängtem Karton durch den Raum. Jeder erläutert seine Collage und beantwortet Fragen.
Zeit: 15–20 Minuten

3. Auswertungshilfen
keine

4. Materialien
Ein Stoß alter Zeitschriften, Karton, Scheren, Klebe, Filzstifte

5. Hinweise
Zum ersten Kennenlernen geeignet, aber auch als Zwischenresumée einer Arbeits- oder Selbsterfahrungsphase (Kat. 2.6).

WTT (»Würstchenteller-Test«)

1. Ziel
Kennenlernen der Teilnehmer untereinander. Erste Selbsterkundung und Selbstdarstellung.

2. Durchführung
2.1 Jeder Gruppenteilnehmer erhält einen Würstchenteller (oder ein Stück Pappe oder Papier) und einen nicht zu dünnen Filzstift. Nacheinander werden jetzt folgende Fragen beantwortet und die Ergebnisse aufgeschrieben bzw. aufgemalt:
1. Wie will ich angeredet werden? (Name)
2. Was liegt mir mehr: Auge (sehen, beobachten), Ohr (hören, aufnehmen), Mund (sprechen, mitteilen). Das entsprechende Symbol wird aufgemalt.
3. Womit kann ich mich am ehesten selbst beschreiben: Dreieck, Kreis, Pfeil? (Aufzeichnen)
4. Welches Tier paßt zu meiner Eigenart? (Aufschreiben)
5. In welches Land würde ich am liebsten reisen: Japan, Hawai, Kuba? (Aufschreiben)
6. Was liegt mir mehr: Der Einzelne, das Paar, eine Gruppe? (Durch Strichmännchen andeuten)
7. Welches Werkzeug paßt am besten zu mir: Hammer, Zange, Feile, Amboß? (Aufzeichnen)
8. Welches wäre mein Traumberuf: Pilot, Professor, Staatsmann, Höhlenforscher? (Aufschreiben)

2.2 Die Teilnehmer heften sich ihr Schild vor die Brust, gehen umher, betrachten die Schilder, stellen sich Fragen usw. –
Zeit: ca. 15–20 Minuten. Gruppengröße beliebig.

3. Auswertungshilfen
Habe ich mich ehrlich dargestellt? Welche Teilnehmer habe ich besser kennengelernt, warum? Über wen war ich überrascht? Bei welchen Teilnehmern haben sich Vermutungen oder Voreinschätzungen bestätigt? Wie fühle ich mich jetzt den Teilnehmern gegenüber?

4. Materialien
Pappschilder oder Zettel in DIN A 4-Größe, Sicherheitsnadeln, Schreibgerät (Filzstifte).

5. Hinweise
Auch als Hinführung zur Selbstreflexion geeignet (Kat. 2.3)

Erwartungen und Befürchtungen

1. Ziel
Bewußtmachen und Austauschen von Erwartungen und Befürchtungen am Anfang einer Gruppenarbeit (oder eines Arbeitsabschnittes). Entscheidungen über die eigene

Mitteilungsbereitschaft fällen. – Konsequenzen für die Planung der Gruppenarbeit vorbereiten.

2. Durchführung

2.1 Jeder Teilnehmer erhält ein Blatt Papier (DIN A4) und Schreibzeug. Der Moderator bittet, über die Vorderseite zu schreiben: »Ich möchte mitteilen . . .« und auf die Rückseite: »Ich möchte nicht mitteilen . . .«. Jede Seite wird durch einen senkrechten Strich in zwei Hälften geteilt. Links werden nun Erwartungen, rechts Befürchtungen notiert. Die Teilnehmer sollen möglichst konkret aufschreiben, was sie lernen möchten, was sie von den anderen Teilnehmern erwarten, welches Verhalten sie einüben und zeigen möchten, was sie wünschen usw.; ebenfalls sollen sie ihre Ängste und Befürchtungen (in der rechten Spalte) so konkret wie möglich aufschreiben. Bei jedem Gedanken entscheidet der Teilnehmer, ob er ihn der Gruppe offen mitteilen möchte (Vorderseite) oder ob er ihn (vielleicht zunächst noch) lieber für sich behalten möchte (Rückseite). *Zeit:* ca. 10 Minuten.

2.2 Jeder Teilnehmer wird nun gebeten, für sich eine Rangfolge zu erstellen: Welches sind die wichtigsten Erwartungen/Befürchtungen der Reihenfolge nach? *Zeit:* ca. 3–5 Minuten.

2.3 Die Gesamtgruppe teilt sich in Vierergruppen auf. Jede Gruppe erhält eine Wandzeitung und Filzstifte. Aus den Listen der einzelnen Teilnehmer wird jetzt eine Gruppenliste von Erwartungen und Befürchtungen erstellt, wobei die einzelnen Prioritätenlisten berücksichtigt werden sollen. Es sollen nur die wirklich wichtigen Punkte, die im Laufe des Gruppengespräches erarbeitet und diskutiert wurden, notiert werden. Wenn ein Teilnehmer möchte, kann er jetzt auch Mitteilungen von der Rückseite seines Papiers machen. –
Die Wandzeitungen werden aufgehängt, andere Teilnehmer lesen sie und diskutieren sie. Die Wandzeitungen können während eines Kursus hängenbleiben. *Zeit:* ca. 30 Minuten. Gruppengröße beliebig.

3. Auswertungshilfen

Wieweit decken sich Erwartungen, wieweit Befürchtungen? Welche Konsequenzen müssen für die Gruppenarbeit gezogen werden? Wie offen ist die Gruppe?

4. Materialien

Papier, Wandzeitungen, Schreibzeug.

5. Hinweise

Keine.

Lernziel – Wandzeitung

1. Ziel

Lernziele jedes Teilnehmers während eines Kursus verfolgen. Arbeitsinstrument zur permanenten Kommunikation über die persönliche Entwicklung erstellen.

2. Durchführung

Eine große Wandzeitung (je nach Größe einer Wand) wird aufgehängt. Jeder Teilnehmer erhält ein gleich großes Feld (nicht kleiner als 50 cm × 50 cm) und trägt seinen Namen ein. Nach einigen Minuten des Nachdenkens (evtl. auf einem Zettel Notizen machen) schreibt jeder, möglichst mit Filzstift, auf, was er in dieser Gruppe oder in diesem Kurs lernen, erreichen, bei sich verändern will. Je konkreter die Angaben sind, desto eher können später andere Teilnehmer darauf eingehen. Es soll auch notiert werden, was sich jeder an Unterstützung, Hilfe oder Korrektur durch die Gruppe wünscht (z. B. Ich will lernen, Spannungen auszuhalten. Mein Wunsch: Ihr sollt mich darauf aufmerksam machen, wenn ich in die Versöhner-Rolle rutsche. Oder: Hemmungen abbauen. Wunsch: Mich zum Kontaktnehmen, zum Äußern und Aktivwerden auffordern, usw.) – Jeder kann sich die Felder anderer Teilnehmer ansehen, auch Fragen stellen, Bemerkungen äußern usw. – Die Wandzeitung bleibt hängen. Jeder kann im Verlauf der nächsten Stunden und Tage Kommentare, Beobachtungen, Konkretisierungen, Ergänzungen usw. bei sich und anderen (mit Absenderangabe) eintragen. Die Wandzeitung wird so zu einem permanenten Kommunikationsinstrument über die persönliche Entwicklung jedes Teilnehmers.
Zeit: 30–45 Minuten. Gruppengröße 8–12 Teilnehmer.

3. Auswertungshilfen

s. o.

4. Materialien

Wandzeitungspapier, Filzstifte

5. Hinweise

keine

Transparentes Selbst

1. Ziel

Erstes Kennenlernen durch Austausch einiger persönlicher Einstellungen, »Eisbrecher«.

2. Durchführung

2.1 Jeder Teilnehmer beantwortet folgende Fragen:
– Welches ist dein liebster Monat im Jahr – und warum?
– Welches ist deine liebste Tageszeit – und warum?
– Welches ist dein liebster Platz im Haus – und warum?
2.2 In Vierergruppen wird zunächst Frage 1 ausgetauscht, dann Frage 2 und Frage 3.
2.3 Jeder Teilnehmer beantwortet dann folgende Fragen:
– Was verstehst du unter einem Freund?
– Welche Art von Menschen helfen dir, aus dem Schneckenhaus zu kommen?
– Welche Art von Menschen veranlassen dich zum Rückzug in dein Schneckenhaus?

2.4 In Vierergruppen werden alle drei Fragen von jedem Teilnehmer zusammenhängend beantwortet.

Zeit: 20–30 Minuten. Gruppengröße bei Unterteilung in Vierergruppen beliebig.

Varianten: Die Fragen können je nach Problemlage der Gruppe und der angestrebten Ebene des Kennenlernens vielfältig verändert werden, z. B.

– Welches sind für dich die augenblicklich größten Sorgen, welches die Freuden?
– Welches sind deine drei Hauptinteressen?
– Welches war dein liebstes Spiel in der Kindheit?
– Welches sind außer deinen Eltern die für dich wichtigsten Personen gewesen? usw.

3. Auswertungshilfen

Über welchen Teilnehmer bin ich am meisten überrascht? Wer ist mir am ähnlichsten, am unähnlichsten? Wer hat meine Neugierde geweckt? Welchen Teilnehmer verstehe ich am wenigsten, welchen am besten?

4. Materialien

Schreibzeug, Papier

5. Hinweise

keine

Lebensstil – Symbole

1. Ziel

Selbstbesinnung über den eigenen Lebensstil. Kennenlernen eines Partners auf dieser Grundlage.

2. Durchführung

2.1 Jeder Teilnehmer sucht sich einen Partner, den er möglichst wenig kennt, und setzt sich mit diesem zusammen. Jeder Teilnehmer hat nun 3 Minuten Zeit, schaut auf sich, was er trägt, bei sich hat oder im Raum rasch besorgen kann, und er wählt 3 Dinge aus, die (symbolisch für etwas) ihm sehr wichtig sind (z. B. Sandalen: Freiheit im Lebensstil; ein Schlüssel: Geborgenheit eines Zuhause). Die drei symbolischen Gegenstände werden nun dem Partner erläutert, vor allem wird die Wahl begründet. Der Partner tut dasselbe. –

2.2 Nachdem sich die Partner einige Minuten unterhalten haben, bittet der Moderator jeden, die drei Gegenstände in eine Reihenfolge nach ihrer Wichtigkeit zu bringen unter der Leitfrage: Worauf könnte ich am schwersten verzichten? Jeder hat dafür wieder drei Minuten Zeit.

2.3 Die Partner tauschen sich über die Ergebnisse aus und begründen sie.

3. Auswertungshilfen

s. o.

4. Materialien
keine

5. Hinweise
Diese Übung ist auch sehr gut geeignet, um von der Selbstbesinnung auf den eigenen Lebensstil und eigene Werte her eine weiterführende thematische Bearbeitung in der Gruppe anzuschließen, z. B. zu Themen wie: »Arm und reich«, »Dritte Welt und heile Welt« o. ä. –

Szenen eines Lebens

1. Ziel
Selbstbesinnung über entscheidende Wendepunkte des persönlichen Lebens. Möglichkeit zum Abbau sozialer Anonymität durch Einbeziehung von Daten aus der Biographie der Teilnehmer.

2. Durchführung
2.1 Jeder Teilnehmer denkt über seinen bisherigen Lebensverlauf nach und wählt vier bis fünf Ereignisse oder Begebenheiten aus, die entscheidende Bedeutung für ihn (z. B. als Wendepunkt, Weichenstellung usw.) hatten. Zu jeder Szene wird auf einem in vier bis fünf Abschnitte unterteilten Blatt mit farbigen Filzstiften etwas Typisches gezeichnet, wobei Farben insbesondere die Stimmung ausdrücken sollen. Symbole, Strichmännchen und Situationen sollen diese Szene veranschaulichen. Eine Hilfsvorstellung kann sein, die wichtigsten Szenen für das Drehbuch eines Filmes über das eigene Leben zu markieren.
2.2 Mit einem Partner (oder in einer kleinen Untergruppe) wird im Gespräch ausgetauscht und erklärt, inwiefern die Szenen für das eigene Leben wichtig sind.
2.3 Zur Vorstellung in der Gruppe kann jeder Partner die Bilder des *anderen* in der Gruppe erklären. – (Hier ist ein Ende des Spieles möglich.)
2.4 Die Gruppe kann Vorschläge machen, welcher Filmschauspieler diese Person in einem Film über deren Leben darstellen könnte.
Zeit: 10 Minuten für das Anfertigen der Bilder, 10 Minuten für den Austausch mit dem Partner, 20–25 Minuten für die Vorstellung in einer Gruppe von 8 Teilnehmern.

3. Auswertungshilfen
Welche Ähnlichkeiten, welche bedeutenden Unterschiede gibt es in der Biographie der Gruppe? – Welche Rolle spielen die »Umstände« für die Selbstverantwortlichkeit? Wie sind die Grundtendenzen der Farben und Stimmungen der Lebensszenen?

4. Materialien
Schreibzeug (farbige Filzstifte), Papier

5. Hinweise

Auch geeignet zur Reflexion des eigenen Lebenslaufes mit dem Ziel, das weitere Leben bewußter zu planen (Kat. 2.3).

Vergangenheit – Gegenwart – Zukunft

1. Ziel

Austausch persönlicher Informationen. Erste Selbstreflexion unter dem Aspekt des eigenen Lebenslaufes. Kennenlernen fremder Teilnehmer.

Durchführung

2.1 Jeder Teilnehmer erhält einen Zettel mit folgenden Fragen, die er für sich beantwortet:

a) Als ich 16 war:
   Ein Hauptinteresse . . .
   Ein Problem, eine Schwierigkeit . . .
   Eine Hoffnung, ein Wunsch . . .
b) Jetzt in meinem Leben: Ein Hauptinteresse . . .
   Ein Problem, eine Schwierigkeit . . .
   Eine Hoffnung, ein Wunsch . . .
c) In 10 Jahren:
   Ein Hauptinteresse . . .
   Ein Problem, eine Schwierigkeit . . .
   Eine Hoffnung, ein Wunsch . . .

Zu jedem Komplex (a, b, c) wird eine Farbe aufgemalt, die die »Grundstimmung« dieser Zeit wiedergibt. Verschiedene Wachsfarbenstifte oder Filzstifte liegen in der Mitte auf dem Boden.

2.2 Die Gruppe bildet Untergruppen zu vier Teilnehmern. Jeder Teilnehmer berichtet über seine Antworten, die andern können nachfragen, um Erklärungen bitten usw.
Zeit: 30 Minuten. Gruppengröße bei Unterteilung in Vierergruppen beliebig.

3. Auswertungshilfen

Wie offen konnten die Teilnehmer sein, auf welchen Ebenen bewegten sich die Informationen? Wie wurden die Farben gedeutet? In welcher Richtung prägt sich die Zukunftsperspektive aus? Welche Gefühle begleiten sie? Wie ist die »Grundstimmung« des Lebens? Gab es tiefgreifende Wandlungsprozesse? Wie hängen für jeden die Vergangenheit, die Gegenwart und die Zukunft zusammen?

4. Materialien

Zettel mit abgezogenen Fragen, Schreibzeug, Farbstifte.

5. Hinweise

Auch geeignet für den Schwerpunkt der Reflexion persönlicher Lebenszusammenhänge (Kat. 2.3).

Freies Paarinterview

1. Ziel
Kennenlernen eines Partners, Reflexion der Kontaktebenen im Gespräch. Abbau des Gefühls, allein und fremd in der Gruppe zu sein.

2. Durchführung
Die Gesamtgruppe teilt sich auf in Paare, wobei der leitende Gesichtspunkt ist, jemanden zu wählen, den man noch wenig kennt, aber näher kennenlernen möchte. Die Aufgabe lautet, in acht bis zehn Minuten durch Fragen möglichst viel über den Partner zu erfahren. Wie dies geschieht, bleibt absichtlich offen in der Moderation. – Nach 8–10 Minuten werden die Rollen getauscht.

Nach den beiden Interviews tauschen die Partner aus, *was* jedem vom anderen wissenswert erschien (Wie nehme ich Kontakt auf?), auf welchen Ebenen sich die Fragen bewegten, was jeder vom andern noch behalten hat, welches die überraschendste Information war, welche Fragen schwer fielen, welche eigentlich noch gewünscht, aber nicht ausgesprochen wurden usw.

Zeit: 30 Minuten. Gruppengröße beliebig.

Variante: Nach dem Interview stellen sich die Partner gegenseitig der Gruppe vor.

3. Auswertungshilfen
s. o.

4. Materialien
keine

5. Hinweise
Diese Übung verbindet Kennenlernen eines andern mit Selbsterfahrung in einer Gesprächssituation. Sie ist gut geeignet, um in der Gruppe ein themenzentriertes Gespräch anzuschließen zu Fragen wie: »Wie versuche ich Hemmungen im Erstkontakt mit Menschen zu überwinden?« – »Meine Wünsche nach Kontakt und meine Unsicherheit« u.a.m.

Doppelkreis

1. Ziel
Kennenlernen im »Hier + Jetzt«. – Erfahren verschiedener Ebenen von Kommunikation (Offenheit, Direktheit, Emotionen, Körperlichkeit u.a.m.). – Erste Wahrnehmung von eigener und fremder Befindlichkeit.

2. Durchführung
2.1 Jeder Teilnehmer sucht sich einen Partner. Die Gruppe wird gebeten, sich in einem Doppelkreis aufzustellen: Partner A steht außen, Partner B innen (mit dem Rücken zur

Mitte). Beide Partner sehen sich an. – Nach jedem Schritt (Nr. 2.2 – 2.8) wechselt der Außenkreispartner um eine Person weiter nach rechts.

2.2 Die Partner tauschen sich aus über ihre Wahrnehmung des andern: »Ich nehme an dir wahr . . .«

2.3 Jeder setzt für sich selbst still den Satz fort: »Im Augenblick empfinde ich . . .« (Spontane Gefühle, keine Reflexion!) – Austausch. –

2.4 Die Partner sprechen zueinander über die Fragen:
a) »Was gefällt mir an meinem Auftreten, Verhalten und meiner Erscheinung gut?« – Austausch. –
b) »Was gefällt mir an meinem Auftreten, Verhalten und meiner Erscheinung nicht gut?« – Austausch. –

2.5 Jeder überlegt eine »Kürzestcharakterisierung« seiner selbst, die in einer zweizeiligen Zeitungsannonce Platz hätte. – Austausch. –

2.6 Jeder setzt für sich den Satz fort: »Für diesen Kurs (Gruppe, Seminar o. ä.) gebe ich mir selbst folgenden Rat: . . . .«. – Austausch. –

2.7 Die Partner nehmen, ohne zu sprechen, Blickkontakt auf miteinander und versuchen sich auf eine Entscheidung hin zu verständigen (Kniebeuge machen, aufeinander zugehen, Abstand suchen etc.), ca. 30–60 Sekunden. – Austausch. –

2.8 Die Außenkreispartner schließen die Augen. Der jeweilige Partner im Innenkreis reicht sein Gegenüber an den Nebenmann nach links weiter. Dies geschieht ohne Sprechen so lange, bis jeder Außenkreispartner wieder vor seinem Innenkreispartner angekommen ist. Moderatoranweisung: »Bitte achtet auf eure Gefühle beim Geführtwerden, aber auch beim Führen!« – Danach evtl. Wechsel: Innenkreispartner treten nach außen und werden blind geführt. – Austausch. –

2.9 Kurzer Austausch in der Gesamtgruppe.

Zeit: ca. 30–45 Minuten. Gruppengröße: 6–20 Teilnehmer. – Für die Ankündigung der Übungsschritte empfiehlt sich eine kleine Glocke o. ä.

3. Auswertungshilfen
Wie erlebten die Teilnehmer diese ungewohnte Art der Kommunikation? Welche Erfahrungen wurden mit verschiedenen Partnern gemacht? – Wo traten Spannungen im Körper auf? – Welche Schritte fielen schwer und was hat das mit meiner Person zu tun? – Wie erlebe ich Körperkontakt?

4. Materialien
keine

5. Hinweise
keine

Glauben und Wissen

1. Ziel
Erkennen der Möglichkeit, aber auch Irrationalität von Urteilen, die sich nach dem ersten Eindruck von Personen gebildet haben. – Erstes feedback in der Gruppe.

2. Durchführung
Alle Teilnehmer erhalten gleiche Zettel und gleiches Schreibgerät, damit sie nicht unterscheidbar sind. Jeder vervollständigt nun für sich allein schriftlich (z. B.) folgende Sätze:

»Als eines meiner größten Vorbilder würde ich nennen: . . . .«
»Ich halte mich für einen Menschen, der . . .«
»Wenn ich DM 100 000 gewinnen würde, würde ich . . .«
»Als letztes Buch habe ich gelesen: . . .«
»Menschen, mit denen ich gerne umgehe, müssen . . . sein.«

Anschließend faltet jeder seinen Zettel und legt ihn in die Mitte, wo alle Zettel gut gemischt werden. Jeder Teilnehmer zieht nun einen Zettel (falls er seinen eigenen erwischt, tauscht er ihn wieder ein). Einer liest den Zettel vor, und die Gruppe rät, von wem er stammt. Die Vermutungen sollen begründet werden, z. B. warum eine Antwort besonders gut zum vermuteteten Autor passen könnte. Erst wenn sich alle Gruppenmitglieder geäußert haben, gibt sich derjenige zu erkennen, der den Zettel geschrieben hat und begründet kurz seine Antworten. Nun schließt sich das nächste Gruppenmitglied in der gleichen Weise an, bis alle erraten sind.

Zeit: 30–45 Minuten. Gruppengröße max. 8–10 Teilnehmer. Größere Gruppen können entsprechend unterteilt werden.

3. Auswertungshilfen
Welche Eigenarten, Verhaltensweisen, äußeren Merkmale usw. einer Person geben Anlaß, bestimmte Antworten auf die Fragen zu vermuten? Wie wurden Vor-Urteile über die Teilnehmer begründet? Welche Personen wurden schnell erraten (signalisieren sie ein »klares« Bild ihrer selbst?), bei welchen hat es lange gedauert (»sind schwer einzuordnen«)?

4. Materialien
Schreibzeug, Papier

5. Hinweise
Dieses Spiel kann nicht nur in Gruppen gespielt werden, deren Teilnehmer einander nicht kennen, sondern bei entsprechender Abwandlung der Fragen auch als feedback-Einführung in anderen Gruppen dienen (Kat. 2.5).

Lügendetektor

1. Ziel

Kennenlernen durch einige persönliche Informationen. Erstes feedback durch die Gruppe aufgrund erster Eindrücke. Aufgelockerte Atmosphäre.

2. Durchführung

2.1 Die Gesamtgruppe wird – falls erforderlich – in Untergruppen zu max. acht Teilnehmern aufgeteilt. Jeder braucht Zettel und Schreibgerät. Der Moderator bittet die Teilnehmer, folgende vier Fragen zu beantworten, eine allerdings soll nicht wahrheitsgemäß, sondern mit einer »Lüge« beantwortet werden (es ist gleich, welche Frage sich jeder dazu auswählt):

1. Welches ist meine liebste Fernsehsendung?
2. Welches war mit etwa 15–16 Jahren mein Idol?
   (*Variante:* Welches war mein liebstes Spiel, als ich noch klein war?)
3. Mit welcher Art von Haus würde ich mich am ehesten vergleichen?
4. Welches ist mein liebster Zeitvertreib?

2.2 Nacheinander liest nun jeder die Fragen und seine Antworten langsam vor. Die Gruppe soll raten, welche Antwort gelogen ist. Jede Vermutung muß begründet werden, z. B. warum diese oder jene Aussage nicht zum eigenen Eindruck paßt. Nachdem sich alle Teilnehmer geäußert haben, wird die erlogene Antwort bekanntgegeben.

2.3 Die anderen Teilnehmer schließen sich in der gleichen Weise an.

2.4 Am Schluß beantwortet jeder folgende Sätze:

»Die Person oder Antwort, die mich am meisten überraschte, ist . . .«
»Die Person, die ich am besten kennengelernt habe, ist . . .«
»Die Person, die mir am meisten ähnelt, ist . . .«
»Die Antwort der Person, die mich am neugierigsten macht, ist . . .«

Die Gruppenteilnehmer tauschen sich nacheinander zu allen vier Fragen aus (jeweils einer nennt alle vier Antworten, Rückfragen, Äußerung von Eindrücken dazu usw. sind erlaubt).

Zeit: in Gruppen zu acht Teilnehmern: 40–60 Minuten. Gruppengröße bei Unterteilung (s. o.) beliebig.

3. Auswertungshilfen

s. o.

4. Materialien

Papier und Schreibzeug.

5. Hinweise

Die Fragen können je nach Gruppen auf die Teilnehmer zugeschnitten werden. Auch geeignet als erste feedback-Übung (Kat. 2.5).

Erster Eindruck

1. Ziel

Bewußtmachen der Problematik, Menschen nach dem ersten Eindruck (unwissentlich) zu beurteilen. – Feedback über den ersten Eindruck, den Teilnehmer vermitteln.

2. Durchführung

Die Gruppe sitzt im Kreis, in der Mitte steht ein leerer Stuhl. Der Moderator bittet einen Freiwilligen, sich auf den Stuhl zu setzen. Reihum äußert sich nun jeder Teilnehmer zu dem ersten Eindruck, den der in der Mitte Sitzende auf ihn macht. Äußere Erscheinung, Kleidung, Frisur, Augenausdruck, Gesichtszüge, Körperstatur und Körperhaltung, alle Details sollen bewußt wahrgenommen werden. (Jeder stellt für sich die Frage: »Wie wirkt der Teilnehmer auf mich, was löst er bei mir aus?«) – Am Schluß setzt der Teilnehmer in der Mitte den Satz fort: »Normalerweise ist der erste Eindruck, den Menschen von mir haben, . . .« –
Er äußert sich dann kurz zu den einzelnen geäußerten Eindrücken der Teilnehmer. Allerdings braucht er sich nicht zu rechtfertigen oder zu verteidigen. – Weitere Teilnehmer können sich anschließen.
Zeit: 15–20 Minuten, Gruppengröße 8–12 Teilnehmer.
Varianten:
1. Die Teilnehmer dürfen zu den Freiwilligen hingehen, ihn anfassen, ziehen, seine Haut prüfen, ihn schubsen und prüfen, ob und wie er zurückstößt, ihm in die Augen sehen, ihn riechen u.a.m.; die Wahrnehmungen sollen in Äußerungen über den ersten Eindruck einfließen.
2. Es wird erlaubt, auch zu spekulieren: Wie alt der Teilnehmer wirkt, welchen Beruf er haben könnte, welchen Lebensssstil er liebt, bei Erwachsenen, ob er Partner oder Kinder hat, welches Auto er fährt usw. –
Dabei werden viele, z. T. lustige Fehleinschätzungen vorkommen. Das anschließende Auswertungsgespräch muß deshalb die Problematik solcher oft blitzartig ablaufenden Phantasien thematisieren, die helfen sollen, den andern einigermaßen sicher »einzuordnen«, um für die Kommunikation eine vorläufige Basis zu gewinnen, die aber andererseits zu selektiven Wahrnehmungsrastern werden und die Kommunikation einengen.

3. Auswertungshilfen

Welche Äußerungen waren Vermutungen und Spekulationen, enthielten deutlich projektive Anteile? Wie genau wurde beobachtet? Gibt es Diskrepanzen zwischen Selbsteinschätzung und Rückmeldungen der Gruppe?

4. Materialien

keine

5. Hinweise

Als feedback-Übung (Kat. 2.5) ist folgende Variante geeignet: Der Teilnehmer in der

Mitte beschreibt, wie er glaubt, daß er nach außen wirkt. Die Gruppe bestätigt, ergänzt oder korrigiert diese Äußerungen von ihren Eindrücken her.

Imaginäres Ballspiel

1. Ziel
Erstes Kennenlernen, Vorbereitung nonverbaler Kontakte, Entspannung und Auflockerung. Abbau von Fremdheitsgefühlen.

2. Durchführung
Die Gruppe steht im Kreis (bei Großgruppen mehrere Untergruppen mit 8 Teilnehmern), der Moderator wirft einem Teilnehmer einen imaginären Ball zu (etwa in der vorgestellten Größe eines Fußballs), dieser fängt ihn und gestaltet ihn durch nonverbalen Ausdruck zu einem größeren, kleineren, schwereren oder leichteren Ball, wirft diesen mit entsprechender Bewegung einem andern Teilnehmer zu, der ihn wieder umformt und weiterspielt. Nach einer Weile gibt der Moderator an, daß dasselbe nun mit einem heißen Ball geschehen soll, der sehr schnell weitergespielt werden muß. (Ballarten: Fußball, Handball, Medizinball, Tennisball, Tischtennisball, Kindergummiball, Schlagball u. a. können als Anregung evtl. vorher genannt werden.) –
Zeit: Wenige Minuten.
Variante: Ein imaginiertes Handballspiel.

3. Auswertungshilfen
Wie sensibel gingen die Teilnehmer aufeinander ein? Wurden die »Botschaften« bei der Ballverformung richtig gedeutet?

4. Materialien
keine

5. Hinweise
Auch als Kreativitätsspiel (Kat. 2.10) möglich, ebenso als Hinführung zur nonverbalen Kommunikation (Kat. 2.6).

Künstlernamen

1. Ziel
Erstes Kennenlernen einander fremder Teilnehmer durch gemeinsame Aktion. Auflockerung und Entspannung.

2. Durchführung
Der Moderator hat für jeden Teilnehmer einen fiktiven Namensstreifen (auf Tesakrepp-Klebeband) vorbereitet (Beispiele: Muhammed Ali, Romeo und Julia, Tagesschauspre-

cher Köpcke, die Beatles, Herbert von Karajan, Picasso, HSV, Dick und Doof usw.) und heftet einem Teilnehmer seinen Streifen auf den Rücken. Die andern Gruppenmitglieder lesen den Namen und versuchen durch Gestik, Mimik und pantomimische Aktion deutlich zu machen, um wen es sich handelt. Es darf dabei nicht gesprochen werden! Wenn der Namensträger erraten hat, was auf seinem Rücken steht, kommt der nächste Teilnehmer an die Reihe.

Zeit: 10–15 Minuten für Gruppen mit je 8 Teilnehmern.

3. Auswertungshilfen
keine

4. Materialien
Vorbereitete Namensstreifen auf Klebe-Krepp.

5. Hinweise
Es empfiehlt sich, einige Namensstreifen in Reserve zu halten, falls ein Name sehr schnell erraten wird. – Auch geeignet zur Entspannung nach anstrengenden Arbeitsphasen.

Namen lernen => gute Auflockerung

1. Ziel
Kennenlernen und einprägen der Namen der Gruppenmitglieder in spielerischer Form

2. Durchführung
Die Gruppe sitzt im Kreis. In der Mitte steht ein Teilnehmer mit einem Ball. Dieser Ball wird nun zu einem Sitzenden geworfen, der ganz schnell den Namen des rechten und dann den des linken Nachbarn sagen muß. Kann er dies nicht, muß er in die Mitte, kann er es, darf er den Ball zurückwerfen. Wenn der Spieler in der Mitte den Ball hochwirft, müssen alle ihre Plätze wechseln, wobei der Spieler in der Mitte auch einen Platz ergattern kann, so daß ein anderer weitermacht.

Zeit: 5 Minuten, max. 20–30 Teilnehmer

3. Auswertungshilfen
keine

4. Materialien
Ball (oder ein anderer Gegenstand, den man werfen kann)

5. Hinweise
Variante: Jeder fügt seinem Namen ein Adjektiv hinzu, das mit dem gleichen Buchstaben wie der Name beginnt (sagenhafte Sabine, müder Michael etc.)

Zwei – Vier – Acht (Gruppen bilden)

1. Ziel
Aufteilung einer Großgruppe, Bewußtmachen von Gefühlen beim Wählen und Gewählt-Werden

2. Durchführung
Alle Teilnehmer stehen auf und gehen durch den Raum, jeder sucht sich einen ihm möglichst wenig bekannten Partner. Mit diesem wird das Suchen und Finden besprochen: Welche Aktivitäten, welche Gefühle? – Anschließend sucht sich jedes Paar ein anderes. In den Vierergruppen wird wiederum über Gefühle und Beobachtungen beim Suchen und Finden gesprochen. Schließlich sucht sich jede Vierergruppe eine weitere, wobei in den Achtergruppen wieder ausgetauscht wird wie bisher.

3. Auswertungshilfen
Wie verliefen die Entscheidungsprozesse? Wie gingen die Teilnehmer mit Wünschen um, die sich nicht erfüllten? Wie mit Ängsten? Wie mit »aufgezwungenen« Personen?

4. Materialien
keine

5. Hinweise
keine

Idole

1. Ziel
Kennenlernen durch Mitteilung über Vorbilder und Werte, Selbstbesinnung auf diese.

2. Durchführung
Jeder Teilnehmer denkt einige Minuten über sein Leben nach und beantwortet dabei folgende Fragen für sich selbst (Fragen evtl. auf einer Tafel oder Wandzeitung notieren):
Welches waren meine Vorbilder/Idole als ich 7–12 Jahre alt war, als ich 13–17 Jahre alt war, 17–21 Jahre und heute?
Welches waren entscheidende Werte für mich, als ich 7–12, 13–17, 17–21 Jahre alt war, heute?
(Je nach Alter der Teilnehmer zu variieren)
In Gruppen zu 4 Teilnehmern wird nun jede Frage der Reihe nach besprochen, wobei jeder seine Antworten mitteilt und kurz begründet. Das Gespräch soll auch den Wandel von Wertvorstellungen einschließen.
Zeit: ca. 30 Minuten. Gruppengröße bei Einteilung in Vierergruppen beliebig.

3. Auswertungshilfen
Wer ist mir am nächsten in der Gruppe, wer am fernsten? Gibt es »Typisches«?

4. Materialien
Schreibzeug

5. Hinweise
Auch geeignet zur Einführung in die Kat. 2.3: Sich selbst kennenlernen.

Ankommen

1. Ziel
Sich in einer neuen Umgebung, einem neuen Raum, mit einer neuen Situation vertraut machen. Sich entspannen und auf den nächsten Schritt konzentrieren.

2. Durchführung
Der Leiter fordert die Teilnehmer auf, sich bequem und entspannt hinzusetzen und die Augen zu schließen. Nach einer Phase der Körperentspannung (auf tiefes Ein- und Ausatmen achten, den Körper auf Verspannungen vom Kopf bis zu den Füßen durchgehen, Zeit: 3–4 Minuten) werden die Teilnehmer gebeten, ihren Tageslauf (oder die Zeit zwischen dem letzten Gruppentreffen und heute) nochmal in Ruhe nachzuerleben: Wie bist du heute morgen aufgestanden ... Wem bist du begegnet ... was ging dir durch den Kopf ... was hast du empfunden ... wie ging es weiter (...) bis du diesen Raum betreten hast ... was ging in dir vor ... wem begegnetest du ... was hast du dabei empfunden ... – Entscheide dich, welche Gedanken, Sorgen, Probleme aus dem Alltag du jetzt für eine Weile beiseite tun willst ... Wenn du magst, stell dir vor, du legst sie in einen großen Korb, den jemand dann aus dem Raum herausträgt ... – (Zeit: ca. 5–8 Minuten)
Anschließend öffnen die Teilnehmer die Augen, schauen sich bewußt im Raum um, nehmen ihn wahr, werden sich bewußt, daß sie nun eine Weile hier miteinander arbeiten werden.
Wenn die Gruppe nicht über 8–10 Teilnehmer groß ist, folgt eine Runde, in der jeder mitteilt, was ihn eben beschäftigt hat. Man kann den Austausch auch in Untergruppen zu 4 Teilnehmern organisieren.
Zeit: ca. 30 Minuten (bei Einteilung in Vierergruppen)

3. Auswertungshilfen
Was würde mir helfen, mich wohler zu fühlen (z. B. in der Raumgestaltung), was wünsche ich mir von andern, um mitmachen zu können?

4. Materialien
keine

5. Hinweise
Eine vielfältig verwendbare Übung, die Ruhe und Konzentration ebenso fördert wie sie zur Mitteilung persönlicher Befindlichkeiten ermutigt.

2.2 Wahrnehmung, Beobachtung, Kommunikation

Ziele: Training der sinnlichen Wahrnehmung (Sehen, Hören, Tasten). Differenzierung der Selbst- und Fremdwahrnehmung. Wahrnehmung nicht-verbaler Signale. Körperwahrnehmung, Gefühlswahrnehmung. Einfühlung, Identifikation und Verbalisierung in der Kommunikation.

Innerhalb dieser Kategorie sind auch folgende Übungen und Spiele möglich:
Holz und Stein (S. 96)
Disputation mit vertauschten Rollen (S. 199)
Brückenbau (S. 183)
Imaginäres Ballspiel (S. 62)
Künstlernamen (S. 62)
Bazar (S. 117)
Blinde Begegnung (S. 130)
Advokatenspiel (S. 141)
Phantasie-Gemälde (S. 145)
Ballspielen ohne Ball (S. 187)
Pantomimen raten (S. 213)
2 – 4 – 8 (Gruppen bilden) (S. 64)

Peter und Hans

1. Ziel
Demonstration des Halo-Effektes (Überstrahlung einer als dominant wahrgenommenen Eigenschaft auf andere Eigenschaften). Erfahren, wie die Art einer Charakterisierung eines Menschen durch Hervorheben einer Eigenschaft zu entsprechenden sozialen Wertungen führt.

2. Durchführung
Die Gesamtgruppe wird in zwei Untergruppen aufgeteilt. Gruppe A erhält den Bogen »Peter«, Gruppe B den Bogen »Hans« (s. u.). Auf beiden Bögen steht die Charakterisierung eines Jugendlichen, außerdem finden sich einige Fragen zur Einschätzung dieses Jugendlichen. Die Teilnehmer wissen allerdings nicht, daß beide Bögen die gleichen Eigenschaftswörter enthalten, nur in verschiedener Reihenfolge. Die Teilnehmer beider Gruppen erhalten nur den Hinweis, daß dort zwei Personen charakterisiert seien, und sie werden gebeten, die Fragen auf den Bögen schriftlich zu beantworten (ca. 3–5 Minuten).
Anschließend wird an einer Wandzeitung oder Tafel jeweils zu Frage 1.–5. das Ergebnis jeder Gruppe aufgeschrieben. (Dazu werden einfach die Ja- und Nein-Stimmen ausgezählt, bei Frage 5 wird für jede Kategorie einfach die Zahl der Meldungen notiert).

Das Ergebnis ist in der Regel eine schlechtere Beurteilung von »Peter«, obwohl er die gleichen Bezeichnungen hat wie »Hans«, beginnend nur mit einer sozial negativ bewerteten Eigenschaft. – Im anschließenden Gespräch werden die Eigenschaften jetzt einmal von vorn nach hinten und einmal von hinten nach vorne gelesen, und es kann herausgearbeitet werden, wie jede Eigenschaft eine andere Nuance gewinnt, je nachdem ob mit »intelligent« oder mit »neidisch« begonnen wird. –

1. Bogen: Peter
Ein Jugendlicher, nennen wir ihn Peter, ist neidisch – hartnäckig – kritisch – impulsiv – fleißig – intelligent
1. Würdest Du ihn gern zum Freund haben?
2. Würdest Du ihn gern zum Arbeitskollegen haben?
3. Würdest Du ihn gern in der Jugendgruppe haben?
4. Handelt es sich um einen mehr »angenehmen« oder »unangenehmen« Zeitgenossen?
5. Stufe ihn auf Deiner Beliebtheitsskala ein:
   1 = sehr beliebt, 2 = ziemlich beliebt, 3 = weder beliebt noch unbeliebt, 4 = ziemlich unbeliebt, 5 = sehr unbeliebt.

2. Bogen: Hans
Ein Jugendlicher, nennen wir ihn Hans, ist intelligent – fleißig – impulsiv – kritisch – hartnäckig – neidisch.
1. Würdest du ihn gerne zum Freund haben?
2. Würdest Du ihn gerne zum Arbeitskollegen haben?
3. Würdest Du ihn gerne in der Jugendgruppe haben?
4. Handelt es sich um einen mehr »angenehmen« oder »unangenehmen« Zeitgenossen?
5. Stufe ihn auf Deiner Beliebtheitsskala ein:
   1 = sehr beliebt, 2 = ziemlich beliebt, 3 = weder beliebt noch unbeliebt, 4 = ziemlich unbeliebt, 5 = sehr unbeliebt.

3. Auswertungshilfen

s. o. – Wie wirkte sich der Halo-Effekt in der Dimension der emotionalen Einstellung aus (Freundschaft), wie auf die Dimension der Sacharbeit (Arbeitskollege), wie auf die Dimension der Gruppenfähigkeit (Jugendgruppe)? Welches war die heimliche Bewertung jeder Eigenschaft bei den verschiedenen Lesarten? Welche Eingangsinformationen über Menschen bewertet jeder Teilnehmer persönlich ziemlich hoch?

4. Materialien
Arbeitsbögen (s. o.)

5. Hinweise
Diese Übung ist ein ausgezeichneter Einstieg zur inhaltlich-thematischen Bearbeitung von Themen aus den Bereichen »Wahrnehmung«, »Kommunikation«, »Außenseiter« u.a.m.

Zeugen beschreiben

1. Ziel

Das äußere Erscheinungsbild eines Menschen genau beschreiben. Training der visuellen Wahrnehmung von Personen. Beobachtungen so in Worten formulieren, daß der Beobachtete erkennbar wird.

2. Durchführung

Jeweils zwei Partner einer Gruppe setzen sich zusammen. Der Kreis der Gruppe bleibt aber erhalten, so daß die übrigen Teilnehmer jeweils das Paar sehen können. Ein Partner (A) beginnt nun, sein Gegenüber (B) zu beschreiben. Dies soll sehr genau geschehen, je mehr Details beschrieben werden, desto besser. Als Hilfsvorstellung kann dienen, daß nach der Beschreibung ein Bild gemalt werden soll oder daß die Person unter vielen ähnlich aussehenden als Zeuge herausgesucht werden soll. – Auch Einzelheiten wie z. B. Haarwuchs, Haut des Gesichtes, Beschaffenheit der Hände usw., die üblicherweise »übersehen« werden, sind zu beachten. Anschließend werden die Rollen gewechselt, B beschreibt jetzt A. Die Gruppe gibt jedem Paar feedback über die Genauigkeit der Beobachtung und den Ausdruck in Worten. Einige weitere Paare können sich anschließen.

Zeit: ca. 10–20 Minuten, abhängig davon, wieviele Paare sich beteiligen. Gruppengröße: 15–20 Teilnehmer.

Varianten:

1. Ein Teilnehmer beschreibt mit geschlossenen Augen ein anderes Gruppenmitglied aus der Erinnerung, während alle die Augen geschlossen haben. Wenn er fertig ist, rät die Gruppe, um wen es sich handelt, und überprüft jetzt durch Anschauen des Teilnehmers die Genauigkeit der Beschreibung.

2. Jeder betrachtet ein anderes Gruppenmitglied etwa eine halbe bis eine Minute lang. Ein Teilnehmer beginnt dann mit geschlossenen Augen die Beschreibung, während alle seine Beschreibung durch eigene Beobachtung laufend kontrollieren können. – Weitere Teilnehmer schließen sich in der gleichen Weise an. Gegen Ende wird die Übung für jeden Teilnehmer zunehmend schwieriger, weil immer mehr Zeit und mehr Eindrücke zwischen seiner Anfangsbeobachtung und seiner Beschreibung liegen. Trotzdem soll sich die Gruppe zu jeder Beschreibung äußern.

3. Auswertungshilfen

s. o.

4. Materialien

keine

5. Hinweise

keine

Ich nehme wahr . . .

1. Ziel

Konzentration der Wahrnehmung auf das Hier-und-Jetzt. Sich selbst bewußt werden über den Vorgang der Wahrnehmung. Training in der Steuerung der Wahrnehmung. Unterscheiden lernen zwischen Wahrnehmung äußerer und innerer Realität.

2. Durchführung

2.1 Jeder Gruppenteilnehmer sucht sich einen beliebigen Platz im Raum. Der Moderator bittet jeden, sich jetzt für eine Weile ganz auf sich selbst zu konzentrieren. – Nach etwa einer Minute gibt er folgende Anweisungen: »Laß jetzt deine Aufmerksamkeit durch den Raum schweifen. Beobachte dich selbst dabei, was du wahrnimmst: Gegenstände, Menschen, Geräusche, dich selbst. – Sprich bitte für dich selbst in Gedanken mehrmals den Satz: ›Jetzt nehme ich war, . . .‹ und beobachte, wohin dich deine Wahrnehmung führt. Ist es etwas Äußeres, etwas in dir selbst, eine Phantasie?« (Etwa drei Minuten Zeit geben.) Die Wahrnehmungen sollen dabei den Teilnehmern in Ruhe bewußt werden.

2.2 Der Moderator bittet jetzt die Teilnehmer, sich vorzustellen, ihre Wahrnehmung wäre ein Scheinwerfer. Sie soll sich jetzt auf bestimmte Dinge richten, auch auf innere Vorgänge. Die Teilnehmer machen sich dabei bewußt, wie gleichzeitig andere Dinge in der Wahrnehmung verblassen. Die Aufmerksamkeit soll bewußt gesteuert werden und kann mehrfach wechseln zwischen Dingen der Außenwelt oder der Innenwelt. Wichtig ist aber, die Wahrnehmung auf einen Aspekt jeweils scharf einzustellen. (Etwa drei Minuten Zeit geben.) –

2.3 Die Teilnehmer werden jetzt gebeten, sich bewußt zu machen, *welche* Art von Gegenständen und Vorgängen sie wahrnehmen. Die Moderationsanweisung kann etwa so lauten: »Bitte beachtet jetzt, welche Art von Dingen und Vorgängen in das Wahrnehmungsfeld treten. Aus der Unzahl möglicher Eindrücke wählt jeder aus. Was sind das für Auswahlen?« (Etwa 3 Minuten Zeit geben.) Eine Hilfe kann sein, für sich mehrmals den Satz zu sprechen: »Meine (selektive) Wahrnehmung wählt jetzt aus . . .« – Abschließend werden die Teilnehmer gebeten, sich klarzumachen, welche Vorgänge und Dinge *nicht* in ihr Wahrnehmungsfeld gelangt sind. (Etwa 2 Minuten Zeit geben.)

2.4 Der Moderator bittet jetzt die Teilnehmer, sich Wahrnehmung, Auswahl (Selektion) und Übergangenes zugleich bewußt zu machen. Dazu gibt er etwa folgende Anweisung: »Bitte sprecht jetzt für euch selbst mehrfach hintereinander den Satz: ›Ich nehme jetzt wahr . . . – Und übergangen habe ich . . . .‹ Verweilt bitte einen Augenblick bei dem, was ihr übergangen habt. Wiederholt diesen Vorgang jetzt mehrmals!« (Etwa 3 Minuten Zeit geben.) »Nun sagt ganz bewußt den Satz: ›In diesem Moment vermeide ich . . .‹ und nehmt bewußt wahr, was ihr vorher ausgeklammert habt. Bleibt eine Weile dabei stehen und achtet darauf, ob ihr etwas erfahrt darüber, *was* ihr vermieden habt.« (Etwa 3 Minuten Zeit geben.)

2.5 Abschließend bittet der Moderator die Teilnehmer, die Wahrnehmung noch einmal schweifen zu lassen und dabei im eigenen Körper zu spüren, ob die Wahrnehmung eher Behagen oder Unbehagen, angenehme oder unangenehme Empfindungen verursacht. Er bittet die Teilnehmer auch, eine Weile bei den unangenehmen Reaktionen zu bleiben.

Was löst das unangenehme Empfinden aus? Was soll mit dem schnellen »Weitergehen« vermieden werden? (Etwa 3–4 Minuten Zeit geben.) –

2.6 Die Teilnehmer tauschen ihre Erfahrungen mit einem Partner aus. –

Gesamtzeit: ca. 30–50 Minuten. Gruppengröße beliebig.

3. Auswertungshilfen

s. o. – Wie genau konnten die Teilnehmer unterscheiden zwischen Wahrnehmen (was sehe, höre, fühle ich?) und Phantasien (was hoffe, befürchte, erwarte, wünsche ich?)?

4. Materialien

keine

5. Hinweise

Variante: Zwei Partner betrachten einander, ohne zu sprechen, wobei jeder wiederum unterscheiden soll, was er sieht, hört etc. und was er dazu »phantasiert«, vermutet, befürchtet, hofft etc. – Anschließend tauschen sich beide aus, wobei die sich laufend verändernde Wahrnehmung während des Gespräches zusätzlich mit eingebracht werden soll. Wichtig ist dabei auch das Achten auf die eigenen Körperempfindungen.

Diese Übungen erfordern eine gewisse Konzentrationsfähigkeit, die evtl. durch Vorübungen wie Bilderbetrachten, Geräuscheraten etc. angebahnt werden kann. – Erst wenn diese Übungen mehrfach wiederholt werden, kann man ihren sensibilisierenden Effekt spüren.

Schrumpfendes Bild

1. Ziel

Informationen sprachlich präzise vermitteln lernen. Erfahren, wie sich Informationen im Prozeß des Weitergebens durch selektive Wahrnehmung verändern können.

2. Durchführung

Die Gruppe wird gebeten, sich auf etwa fünf bis sieben Teilnehmer zu einigen, die den Raum verlassen und nacheinander hereingerufen werden. Der erste, der hereingerufen wird, schaut sich etwa eine Minute lang ein Bild an, das in der Mitte der Gruppe liegt (möglichst ein gut beschreibbares gegenständliches Bild wie Stilleben, Landschaft oder Portrait). Nun wird das Bild verdeckt, und der zweite Teilnehmer wird hereingeholt. Der erste beschreibt dem zweiten jetzt möglichst genau das Bild. Während dies geschieht, notieren die übrigen Gruppenteilnehmer möglichst genau, welche Akzente gesetzt werden, welche Details verlorengingen, welche Veränderungen, Ungenauigkeiten usw. vorkommen. Der zweite beschreibt dem dritten Teilnehmer das Bild usw., bis die

Gruppe schließlich die Beschreibung des letzten Teilnehmers gehört hat. – Jetzt wird aufgrund der Notizen der Gruppe die zunehmende Veränderung der Informationen rekonstruiert. Es gibt auch die Möglichkeit, ein zweites Bild, das dem ersten sehr ähnlich, fast gleich ist, neben das ursprüngliche zu legen und den letzten Teilnehmer bestimmen zu lassen, welches das Ausgangsbild war. –

Variante:
s. u.
Zeit: 20–30 Minuten. Gruppengröße beliebig.

3. Auswertungshilfen

Wie haben sich die Informationen verändert? Welche Mechanismen selektiver Wahrnehmung sind evtl. deutlich geworden? Welches sind die Gründe für das Weglassen und Akzentuieren von Informationen? – Die Teilnehmer sollen nicht nach »Leistungsgesichtspunkten« bewertet werden!

4. Materialien

Ein (bis zwei einander sehr ähnliche) Bild(er). Papier und Schreibzeug. Evtl. Tonband.

5. Hinweise

Dieses harmlose Gruppenspiel kann auch als Einstiegsübung für gruppendynamisch völlig unerfahrene Gruppen dienen. Eine weitere Variante bietet sich dann an, nämlich die Charakterisierung eines (mit Namen nicht zu nennenden) Gruppenteilnehmers als Ausgangsinformation zu nehmen.

Gruppenbeobachtungstraining

1. Ziel

Genaue Beobachtung einer Gruppeninteraktionsphase lernen. Subjektive und selektive Wahrnehmung konfrontieren mit dem »objektiven« Verlauf. Beobachtung und Interpretation unterscheiden lernen. Feedback für die Gruppenteilnehmer.

2. Durchführung

2.1 Die Gesamtgruppe wird in zwei Untergruppen aufgeteilt, die etwa gleich groß sind. Eine Untergruppe setzt sich in die Mitte und bildet die Arbeitsgruppe, die andere die Beobachtergruppe. Es muß vorher entschieden werden, ob ein bestimmtes Sachthema bearbeitet werden soll (z. B. »Regeln für eine Wohngemeinschaft«; »Eine Anti-Raucher-Aktion in der Schule«; »Ein gemeinsamer Urlaub der Gruppe« u.a.m.) oder ob die Arbeitsgruppe über die bisherige Gruppenarbeit und Gruppenentwicklung diskutieren soll, oder aber ob das Thema absichtlich völlig offen bleiben soll (Themenfindung als erster Schritt der Gruppenarbeit). – Die Beobachtergruppe kann entweder Beobachtungskriterien (vgl. Kat. 2.6) erhalten, frei beobachten und protokollieren oder folgenden Bogen erhalten: Ein DIN A4-Blatt wird quer gelegt und in drei gleich große Spalten mit senkrechten Strichen eingeteilt; über die erste Spalte wird geschrieben: »Ich beob-

achte«, über die zweite: »Ich verstehe dies als . . .« und über die dritte: »Ich selbst empfinde dabei . . .«. Dieser Bogen ist außerordentlich hilfreich, wenn für jede Notiz nach
Beobachtung (1. Spalte), eigener Deutung und Interpretation (2. Spalte) und eigener
emotionaler Reaktion (3. Spalte) unterschieden wird. Die Beobachtungsgruppe muß in
diesem Fall kurz instruiert werden. –

2.2 Die Arbeitsgruppe hat nun zur Bearbeitung ihres Themas eine halbe bis dreiviertel
Stunde Zeit. Die Beobachter sollen nicht in den Prozeß eingreifen, sich nicht unterhalten und keine Kommentare geben.

2.3 Die Auswertung erfolgt bei größeren Gruppen (über 10 Teilnehmer) am besten so,
daß sowohl die Arbeitsgruppe als auch die Beobachtergruppe sich in Trios aufteilt und
jeweils ein kurzes Protokoll zusammenstellt.

(*Zeit:* etwa eine halbe Stunde.) – Anschließend werden die Protokolle in der Gesamtgruppe verlesen und diskutiert. Ergeben sich Unterschiede in der Selbstbeurteilung der
Arbeitsgruppe und den Beobachtungen der Außengruppe? Welche »Fakten« werden
festgestellt, wie werden sie (unterschiedlich) verstanden und gedeutet? Welche emotionalen Reaktionen gab es darauf jeweils bei den Mitgliedern der Arbeitsgruppe und
der Beobachtergruppe? Welche Rollen bildeten sich heraus? Wie erlebte die Arbeitsgruppe die Tatsache, daß sie beobachtet wurde (»Außendruck«)? –
Bei einer weiteren Phase können die beiden Gruppen ihre Funktionen tauschen.
Zeit: Insgesamt 90–120 Minuten. Gruppengröße max. 20–30 Teilnehmer.

3. Auswertungshilfen

s. o. – Vgl. die in Kat. 2.6 genannten Beobachtungskriterien.

4. Materialien

Papier, Schreibzeug.

5. Hinweise

Auch als Übung zur Selbstkontrolle der Gruppe (Kat. 2.6) zu verwenden.

Gegenstände tasten

1. Ziel

Sensibilisierung des Tastsinnes, Bewußtmachen von körperlichen Reaktionen im Gefühlsbereich. Erweiterung der sinnlichen Wahrnehmungsmöglichkeiten.

2. Durchführung

Jeder Teilnehmer wählt einen Gegenstand, den er bei sich trägt oder in der Nähe hat.
Die Augen werden geschlossen. Der Gegenstand wird zuerst mit den Fingerspitzen,
dann mit den Handflächen, dann mit dem Handrücken ganz langsam ertastet. Die Teilnehmer achten auch auf Empfindungen, die die Beschaffenheit des Gegenstandes bei
ihnen auslöst (angenehm/unangenehm, Neugier/Desinteresse u.a.m.) – Auch Gewicht,
Geruch und Geschmack des Gegenstandes können erkundet werden, ebenso kann er

mit der Hand gedrückt werden. Sehr gut geeignet ist ein Sortiment verschiedener Steine, auch Lehm, Ton oder Holzstücke. –
Nachdem jeder seinen Gegenstand erforscht hat, kann er sich auf einem Rundgang durch den Raum (mit geschlossenen Augen) weiteren Gegenständen zuwenden. –
Der Austausch über die Entdeckungen, die jeder gemacht hat, geschieht mit einem Partner oder in Vierergruppen.
Zeit: 5–15 Minuten. Gruppengröße beliebig.

3. Auswertungshilfen

Wie eng wurde der gefühlsmäßige »Kontakt« mit dem Gegenstand? Welche Eigenarten wurden bisher nie bewußt wahrgenommen? Wie empfindlich sind die Hände als Tastorgane gewesen?

4. Materialien

Verschiedene Gegenstände, evtl. ein Sortiment Steine, Lehm, Ton o. ä.

5. Hinweise

Eine Fülle von Übungen zur Sensibilisierung der Körperwahrnehmung finden sich bei Lewis/Streitfeld: Spiele, die glücklich machen. Bergisch Gladbach 1973

Blinde Beschreibung

1. Ziel

Sinnliche Wahrnehmungen (Tasten) in Worte kleiden und sprachlich kommunizieren.

2. Durchführung

Jeweils zwei Teilnehmer sitzen zusammen und bilden ein Paar. Die Teilnehmer haben die Augen geschlossen. Der Moderator gibt jeweils einem Teilnehmer der Paare einen Gegenstand, den beide ertasten und sich genau einprägen. (z. B. verschieden dicke Bücher mit glattem, rauhem, glänzendem Papier, oder verschiedene Stoffreste, verschiedene Kästen, Flaschen, Vasen o. ä., die sich alle sehr ähnlich sind). Der Moderator merkt sich die Verteilung genau. Nach einigen Minuten werden die Gegenstände wieder eingesammelt und in einer Plastiktüte versteckt. Die Teilnehmer öffnen die Augen und beschreiben den Gegenstand mit Worten auf einem Zettel, sie können sich dabei leise unterhalten, allerdings dürfen die anderen nichts verstehen. –
Anschließend liest ein Paar seine Beschreibung vor. Wenn einer der übrigen Teilnehmer meint, den Gegenstand genau identifizieren zu können, geht er zur Plastiktüte und sucht ihn heraus. Die beiden Partner äußern sich zunächst, ob dies der von ihnen ertastete Gegenstand sein könnte (Nachprüfen durch erneutes Berühren), dann gibt der Moderator bekannt, ob die Wahl stimmt oder nicht und zeigt ggf. den richtigen Gegenstand. – Jetzt schließt sich das zweite Paar in der gleichen Weise an, bis alle Paare an der Reihe waren.
Zeit: abhängig von der Gruppengröße, in einer Gruppe von 8 Teilnehmern ca.

20–30 Minuten. Größere Gruppen können in Untergruppen zu acht Teilnehmern aufgeteilt werden, jede Gruppe hat einen Moderator, der vorher mit dem Leiter den Spielverlauf durchspricht.

3. Auswertungshilfen

Woran hat man am genauesten die Gegenstände in der Beschreibung erkannt? Wie genau waren die Beschreibungen mit Worten? Welche Wörter fehlten, um Tasteindrücke wiederzugeben?

4. Materialien

Ein ausreichendes Sortiment verschiedener, aber doch einander sehr ähnlicher Gegenstände (einige mehr als an die Paare verteilt werden!).

5. Hinweise

keine

Farben und Empfindungen

1. Ziel

Farben erleben, ihre Wirkungen erfahren, Bewußtmachen von Gefühlen und Impulsen, die durch Farben ausgelöst werden.

2. Durchführung

Die Gruppe sitzt im Kreis, äußere Störungen und Ablenkungen sollten vermieden werden. Jeder Teilnehmer hat Papier und Schreibzeug vor sich. Der Moderator legt in die Mitte ein großes Tuch oder Papier, einfarbig, z. B. blau. Dieses Tuch oder Papier darf nicht zu klein sein, es soll nach Möglichkeit den Kreis in der Gruppe nahezu völlig ausfüllen, um z. B. eine Ablenkung durch die Farbe des Fußbodens zu vermeiden. Der Moderator kann entweder ein weißes Tuch bemalen, einfärben oder die Farbe auf das Papier malen. Jeder Teilnehmer läßt das Blau auf sich wirken, die Gruppe soll nicht sprechen. Alles, was den Teilnehmern an Einfällen in den Sinn kommt, wird aufgeschrieben. Eine Hilfe kann es sein, wenn vorher einige Bereiche genannt werden:
– »Was für Gegenstände o. ä. fallen euch bei dieser Farbe ein?«
– »Welche Gefühle und Stimmungen löst diese Farbe bei euch aus?«
– »Zu welchem Handeln, zu welchen Impulsen regt euch diese Farbe an?«
Anschließend werden die Eindrücke in der Gruppe ausgetauscht.
Zeit: 15–30 Minuten. Gruppengröße max. 8–15 Teilnehmer.

3. Auswertungshilfen

s. o.

4. Materialien

Papier, Schreibzeug, Tuch oder Papier mit Farbe.

5. Hinweise

Diese Übung kann mit verschiedenen Farben wiederholt werden.

Kerzenmeditation

1. Ziel

Eine brennende Kerze sinnlich bewußt wahrnehmen. Meditatives Erleben einer Atmosphäre durch Konzentration und Öffnung für Sinneseindrücke und Empfindungen.

2. Durchführung

2.1 In einem abgedunkelten Raum sitzt eine Gruppe um eine Kerze herum. Jeder Teilnehmer soll Papier und Schreibzeug vor sich haben. Die Teilnehmer beschreiben zunächst rein äußerlich, was sie sehen: Größe, Material, Farbe, Leuchter usw. –
Dann wird die Kerze ein erstes Mal angezündet, und zwar mit einem Streichholz. Auch dies sollen die Teilnehmer wieder bewußt wahrnehmen, aber auch sich bewußt machen, welche Empfindungen das Reiben des Holzes an der Schachtel, das Aufflammen des Streichholzes und das knisternde Brennen des Dochtes in ihnen auslöst. Nach einigen Sekunden wird die Kerze wieder ausgeblasen und mit einer zweiten Kerze, die draußen angezündet wurde, zum Leuchten gebracht. Wie wirkt dieses Weiterreichen des Lichtes? Ist ein Unterschied zu spüren zwischen dem »funktionalen Anzünden« durch ein Streichholz und dem »Weitergeben« von Licht? – Darüber wird kurz ausgetauscht.

2.2 Die Kerze brennt nun einige Minuten und die Teilnehmer sollen sie meditativ betrachten und auf sich wirken lassen, ohne zu sprechen.
Was geschieht, wenn die Kerze sich verzehrt? Wie wirken Licht und Wärme, Farbe und möglicherweise Geruch? Welche Gefühle entstehen im Betrachter? Wie sieht der Raum im Kerzenlicht aus, wie die Gesichter der Teilnehmer? Welche Phantasien entstehen beim Betrachten?
Die Teilnehmer schreiben alles, was ihnen in den Sinn kommt auf. Nach fünf bis zehn Minuten kann bei immer noch brennender Kerze ein Austausch darüber in der Gruppe erfolgen.
Zeit: 10–15 Minuten. Gruppengröße: 8–10 Teilnehmer.

3. Auswertungshilfen

s. o.

4. Materialien

Streichhölzer, zwei Kerzen, Papier, Schreibzeug.

5. Hinweise

Diese Übung eignet sich auch als Hinführung zu intensiveren Meditations- und Imaginationsübungen.

Stummer Kontakt

1. Ziel

Verständigung durch nonverbale Signale und Mitteilungen. Aufmerksamwerden auf Bereiche der nonverbalen Kommunikation. Überwindung von Unsicherheit in Anfangsphasen.

2. Durchführung

Der Moderator bittet die Gruppe, sich in Paare aufzuteilen. Jedes Paar hat nun die Aufgabe, ohne verbale (auch schriftliche) Verständigung etwas gemeinsam zu unternehmen. Dies kann z. B. mit einer Begrüßung ohne Worte beginnen. – Die Paare sollen fünf Minuten nonverbal kommunizieren. Sie können auch mit anderen Paaren etwas gemeinsam tun, die Verständigung wird dadurch schwieriger, aber interessanter. – Anschließend tauscht jeder Teilnehmer mit seinem Partner die Erfahrungen aus.
Zeit: ca. 10–15 Minuten. Gruppengröße beliebig.

3. Auswertungshilfen

Wie wurde diese ungewöhnliche Art der Verständigung erlebt? Welche nonverbalen Mitteilungen wurden falsch verstanden? Wie war die Rollenverteilung bei den Partnern? Wie sensibel waren die Partner im Erkennen begleitender Gefühle und Reaktionen?

4. Materialien
keine

5. Hinweise
keine

Skulpturen für Gefühle

1. Ziel

Aufmerksam werden für nonverbale emotionale Signale. Lernen, Gefühle durch Modellieren darzustellen. – Verringerung sozialer Ängste durch gemeinsame Aktion. Entspannung.

2. Durchführung

Vier Personen einer Gruppe sind für jeweils vier andere das »Material«, um eine Reihe von Gefühlen (Mißtrauen, Vertrauen, Furcht, Freude, Feierlichkeit, Gleichgültigkeit, Begeisterung) in Form einer Gruppenskulptur darzustellen und auszudrücken. Die vier »Materialpersonen« stehen dicht nebeneinander und werden von den »Bildhauern« so modelliert, daß sie zunächst das Gefühl »Mißtrauen« ausdrücken. Nach etwa einer Minute (oder falls die Bildhauer früher fertig sind, auch eher) treten die Bildhauer zurück und betrachten schweigend für eine Weile ihre Skulptur, um sie auf sich wirken zu las-

sen. Danach werden »Vertrauen«, »Furcht«, »Freude« dargestellt. Nun werden die Rollen gewechselt, die Bildhauer sind jetzt Material. Die übrigen Gefühle werden in der gleichen Weise dargestellt. –
Zeit: ca. 15 Minuten. Gruppengröße beliebig.

3. Auswertungshilfen
Wer hatte die Initiative in der Gestaltung? Wie wurde mit dem Material umgegangen? Welcher Art waren die Körperkontakte? Wie ausdrucksstark waren die Skulpturen? In welcher Rolle haben sich die Teilnehmer wohler gefühlt: als Material oder Bildhauer?

4. Materialien
keine

5. Hinweise
Auch als Paarübung spielbar. – Besonders geeignet zum Bekanntwerden mit nonverbalen Übungen, wenn während der Gestaltung nicht gesprochen werden darf.

Partner dirigieren

1. Ziel
Aufmerksam werden für mimischen Ausdruck. Sensibilisierung für nonverbale Kommunikation. Einen Partner durch Mimik lenken.

2. Durchführung
Jeweils zwei Partner einer Gruppe stellen sich gegenüber und zwar so, daß eine möglichst große räumliche Distanz zwischen ihnen entsteht. Die Partner an der einen Wand werden als A, die an der gegenüberliegenden Wand als B bezeichnet. Partner A hat jetzt die Aufgabe, auf Partner B im Zeitlupentempo zuzugehen, wobei Partner B ohne zu sprechen mit sehr sparsamer Mimik (nur das Gesicht soll einbezogen werden) ausdrükken soll, wie nahe er den auf ihn zukommenden Partner haben möchte, wie schnell er gehen soll, wann er eine Pause machen soll usw. – Partner B soll sich leiten lassen von seinen gefühlsmäßigen Eindrücken während der Annäherung, kommt also z. B. Partner A zu direkt oder rasch, muß er durch seinen Gesichtsausdruck zu zeigen versuchen, daß ihm dies unangenehm ist. Partner A muß deshalb sehr genau und feinfühlig auf das achten, was der andere mit seinem Gesicht ausdrückt. Blicke, Vermeidung von Blickkontakt, Lächeln, ernste Miene usw. müssen also jeweils genau beachtet werden. – Die Paare beginnen gleichzeitig, sollten aber ihr Tempo unabhängig voneinander finden. – Wenn die richtige Distanz bzw. Nähe gefunden ist, bleiben die Partner einige Augenblicke stehen und vergegenwärtigen sich nocheinmal den Ablauf. Anschließend werden die Rollen gewechselt.
Zeit: Etwa 10–15 Minuten. Gruppengröße max. 20 Teilnehmer.
Variante: Partner B teilt seinem Partner A etwa drei Minuten lang etwas mit, wobei er die Aufmerksamkeit von A möglichst hoch halten soll. Der angesprochene Partner A

nähert sich langsam dem Sprecher, aber nur solange er sich interessiert fühlt. Nimmt seine Aufmerksamkeit ab, so bleibt er stehen und versucht dies auch durch seinen Gesichtsausdruck zu signalisieren. Der zuhörende Partner A muß sehr genau auf sein zunehmendes oder abnehmendes Interesse achten und sich entsprechend verhalten. Er selbst darf sich aber verbal nicht äußern.

3. Auswertungshilfen
Gelang die Verständigung beim zweiten Mal besser als beim ersten? Welche nonverbalen Signale wurden richtig gedeutet, welche falsch, welche blieben unbeachtet? Was drückt der Ablauf der Annäherungen über die Beziehung der Partner aus?

4. Materialien
keine

5. Hinweise
keine

Pantomime der Gefühle

1. Ziel
Kontakt aufnehmen mit eigenen Gefühlen im Hier – und – Jetzt. Nonverbales Darstellen dieser Gefühle in der Gruppe. Sensibilisierung für nonverbalen Gefühlsausdruck.

2. Durchführung
Die Gesamtgruppe wird in Vierergruppen aufgeteilt. Die Teilnehmer schließen zur besseren Konzentration die Augen und werden sich bewußt, wie sie sich jetzt im Augenblick gerade fühlen. Nach einigen Minuten werden die Augen wieder geöffnet und einer der Teilnehmer beginnt, sein Gefühl ohne Worte durch eine bestimmte Sitz- oder Körperhaltung oder Bewegung auszudrücken. (Wenn sich z. B. einer unsicher fühlt, kann er auf dem Stuhl hin und her rutschen und die andern Teilnehmer ängstlich anschauen usw.) Die anderen Teilnehmer sollen sehr sensibel für diese Darstellung sein und durch Einfühlung herauszufinden suchen, was mitgeteilt werden soll. Jeder der anderen Teilnehmer soll kurz schildern, was er wahrnimmt und wie er es deutet und versteht. Abschließend erläutert der Teilnehmer, der sich dargestellt hat, was er ausdrücken wollte. – In dieser Art schließen sich die übrigen Teilnehmer an.
Zeit: ca. 10 Minuten. Gruppengröße bei Unterteilung in Vierergruppen beliebig.

3. Auswertungshilfen
Ein kurzes anschließendes Gespräch in den Vierergruppen kann folgende Fragen aufnehmen: Wieweit gelang es mir, Kontakt zu meinen eigenen Gefühlen aufzunehmen? Wieweit war ich ehrlich? Fühlte ich mich von den anderen verstanden? Wieweit gelang mir die Einfühlung in das, was die andern ausdrücken wollten? Welche Gefühle drücke ich in der Regel offen aus, welche suche ich für mich zu behalten?

4. Materialien
keine

5. Hinweise
Auch als Paarübung möglich.

Unterhaltung mit Händen

1. Ziel
Hände als Ausdrucksmittel für Mitteilungen gebrauchen. Nicht-verbale Ausdrucks-möglichkeiten erweitern. Kontaktaufnahmen durch Spiel mit den Händen.

2. Durchführung
2.1 Jeder Teilnehmer sucht sich einen Partner, mit dem er dieses nonverbale Kommu-nikationsspiel machen möchte. Am einfachsten ist es, wenn sich beide auf den Boden setzen. – Jeder Teilnehmer beschäftigt sich zunächst nur mit sich selbst. Die Teilneh-mer werden gebeten, die Augen zu schließen und sich auf ihre Hände zu konzentrieren. Die Hände sollen ganz bewußt wahrgenommen werden, Haut, Muskeln, Knochen, Seh-nen, Nägel. (Etwa eine Minute Zeit geben.) Jetzt erforschen sich die eigenen Hände ge-genseitig vorsichtig, so als wären sie einander fremd. Wie fühlen sie sich an, wie bewe-gen sie sich? Welche Hand ist die aktive? Welches Gefühl entsteht in dieser Hand, welches in der anderen? (Zwei Minuten Zeit.) – Nun sollen die Hände beieinander aus-ruhen, sich anschmiegen und zur Ruhe kommen. (Etwa eine Minute Zeit.)
2.2 Die Teilnehmer werden gebeten, die Augen wieder zu öffnen und ganz vorsichtig, ohne zu sprechen, Kontakt zu den Händen des Partners aufzunehmen. Die Hände be-grüßen einander und lernen sich langsam kennen. Dabei sollen die Teilnehmer ganz »Hände« sein, so wie sie im Normalfall auch unbewußt Ausdruck von Gefühlen über die Hand realisieren. (Etwa zwei Minuten Zeit geben.) Wie fühlen sich die Hände des Part-ners an, wie bewegen sie sich, wer sind sie? – Nun werden die Teilnehmer gebeten, mit den Händen gemeinsam ein Spiel zu spielen (Zwei Minuten Zeit geben.). In der nächsten Begegnung sollen die Hände einen Kampf ausdrücken (eine Minute Zeit geben). – Nun bringen die Hände in ihrer Begegnung nacheinander eine Reihe von verschiedenen Empfindungen und Verhaltensweisen zum Ausdruck (Jeweils eine halbe Minute Zeit geben): Zuerst drücken die Hände Fröhlichkeit und Ausgelassenheit aus . . . dann sind sie fürsorglich und zärtlich . . . dann herrschsüchtig . . . danach unterwürfig und ent-schuldigend . . . dann lebhaft und aktiv . . . danach abgestorben und passiv . . . dann arrogant und eingebildet . . . danach schüchtern und zurückgezogen . . . dann freudig und glücklich . . . danach traurig und niedergeschlagen . . . dann drücken sie Trost und Zuneigung aus . . . danach Ablehnung und Abweisung . . . –
Nach dem Einüben dieses nonverbalen »Vokabulars« für die Hände können die Teil-nehmer sich jetzt selbst eine Weile mit den Händen unterhalten, ohne daß dazu Anwei-sungen gegeben werden. (Etwa zwei Minuten Zeit geben.) – Welche Bedürfnisse wer-

den durch die Hände ausgedrückt? Kommt es eher zu Wettstreit und Kampf oder zu Harmonie oder zu Kooperation? – Nach zwei Minuten werden die Partner gebeten, die Hände voneinander Abschied nehmen zu lassen. Am Ende besinnt sich jeder Partner schweigend etwa eine bis zwei Minuten auf sich selbst, seine Gefühle und Erfahrungen.

2.3 Die Teilnehmer tauschen nun etwa fünf Minuten lang ihre Erfahrungen mit dem Partner aus.

Zeit: Etwa 25 Minuten. Gruppengröße für die Paarübung beliebig.

Varianten:

1. Die Teilnehmer bilden Vierergruppen und schließen bei Schritt 2.2 ebenfalls die Augen. Die Eindrücke sind jetzt intensiver und vielseitiger, aber auch schwieriger, weil mit jeder Hand zu einem anderen Partner Kontakt aufgenommen wird.

2. Nach dem Schritt 2.1 setzen sich die Teilnehmer in Vierergruppen zusammen. Einer beginnt und läßt seine rechte oder linke Hand zur andern sprechen, so daß etwas von zwei Seiten seiner Persönlichkeit und ihrem Verhältnis zueinander deutlich wird. Dies geschieht in der Ich-Form und der Gegenwart (also z. B.: »Ich, linke Hand, will mich immer von dir, rechte Hand, beschützen lassen. Ich bin zärtlich und weich, aber du hältst mich eher gefangen, als daß du mich schützt.« u.a.m.). Die andern Teilnehmer schließen sich der Reihe nach an. – Abschließend wird ausgetauscht, wie sich die Teilnehmer gegenseitig bei diesen Äußerungen erlebt haben. Schritt 2.2 entfällt. – Um die Unterschiedlichkeit in der Empfindung der Hände stärker zu spüren, können auch folgende Übungen noch vorher im Stehen gemacht werden:

a) beide Hände boxen kräftig in die Luft,

b) die rechte Hand boxt, die linke führt streichelnde Bewegungen aus,

c) die rechte streichelt, die linke boxt,

d) beide Hände streicheln,

e) die rechte schlägt scharf wie ein Schwert durch die Luft, die linke trägt und hebt etwas,

f) die linke schlägt und die rechte trägt.

Bei allen Bewegungen halten die Teilnehmer intensiv Kontakt zu ihren Händen und versuchen zu spüren, was ihnen mit welcher Hand angenehmer in der Ausführung ist.

3. Auswertungshilfen

Welche Hemmungen und Ängste traten bei dieser ungewöhnlichen Form der Kommunikation auf? Wie fühlen sich die Teilnehmer jetzt in der Beziehung zum Partner? Was hat jeder über sich und Seiten seines Wesens entdeckt?

4. Materialien

keine

5. Hinweise

Diese Übung wurde entwickelt nach J. Stevens, a.a.O. S. 213 ff. – Sie sollte erst verwendet werden, wenn die Gruppe sich gut kennt und Mut zum Experimentieren hat. Bei Mann/Frau-Begegnungen aktualisiert sie auch die erotische Ebene.

Partner vorstellen

1. Ziel

Einem Partner so gut zuhören, daß man sich mit ihm identifizieren kann. Verbesserung des Einfühlungsvermögens. Abbau von Fremdheitsgefühlen.

2. Durchführung

Jeder Gruppenteilnehmer sucht sich einen Partner, den er möglichst wenig kennt. Beide setzen sich zusammen. Der Moderator bittet sie, sich über ein persönliches Thema zu unterhalten, z. B.: »Wie habe ich die letzte Woche erlebt? Meine Sorgen, Probleme und Freuden.« Dazu erzählt zunächst der eine Partner, während der andere möglichst gut zuhört und ab und zu wiederholt, was gesagt wurde, um sich zu vergewissern, daß er es richtig verstanden hat. Er sollte mit Fragen zurückhaltend sein. Nach etwa vier bis fünf Minuten wird gewechselt, nun erzählt der andere Partner. Er hat dazu die gleiche Zeit zur Verfügung. –

Die Partner kehren anschließend in den Kreis der Gruppe zurück. Jeder stellt nun seinen Partner der Gruppe aufgrund des Gespräches vor, wobei er die Rolle seines Partners einnimmt und in der Ich-Form erzählt, also z. B.: »Ich, Peter, habe mich in der letzten Woche mit meiner Freundin verkracht« usw.. Wenn er mit dieser Vorstellung seines Partners fertig ist, äußert sich dieser kurz dazu, ob er sich richtig verstanden und wiedergegeben fühlt. Dann berichtet er in der gleichen Weise von seinem Partner, der ebenfalls am Ende wieder kurz Stellung nimmt. Die weiteren Paare in der Gruppe schließen sich an.

Zeit: ca. 30–50 Minuten in einer Gruppe von 10 Teilnehmern. In größeren Gruppen treten leicht Ermüdungserscheinungen beim Berichten auf.

3. Auswertungshilfen

Wie gut gelang das Zuhören? Welches Gefühl hatten die Teilnehmer, als ihnen jemand nur zuhörte und sich dann in ihre Rolle versetzte? Wieweit gelang eine Einfühlung in den emotionellen Hintergrund von Schilderungen, wieweit blieb es bei einem bloßen Wiedergeben äußerer Dinge?

4. Materialien

keine

5. Hinweise

Auch als Übung zum Kennenlernen (Kat. 2.1) gut geeignet. Das Thema des Gespräches kann auf die jeweilige Situation der Teilnehmer zugeschnitten werden. Ein Übungseffekt ergibt sich besonders bei mehrfacher Wiederholung dieses settings in der Gruppe. Geeignet auch als einführende Übung in das nicht-direktive Gesprächsverhalten (Kat. 2.11).

Double

1. Ziel

Wahrnehmung nonverbaler Signale eines Partners, Einfühlung in eine durch Körperhaltung ausgedrückte Stimmungslage. Nachempfinden von ausgedrückten Gefühlen
durch Imitation und Identifikation.

2. Durchführung

Jeweils zwei Partner einer Gruppe setzen sich gegenüber, alle Paare verteilen sich frei
im Raum. Der eine Partner beginnt. Er soll sich einige Augenblicke auf sich selbst konzentrieren und sich seine augenblickliche Gefühlslage bewußt machen. Dann setzt er
sich so auf seinen Stuhl, daß die Haltung seines Körpers, seiner Arme, Füße, Beine,
Hände, des Kopfes usw. möglichst genau ausdrückt, wie er sich fühlt. Um dies zu erreichen, ist es nötig, daß sich der Teilnehmer viel Zeit läßt, wiederholt seinen Körper überprüft, ob wirklich das ausgedrückt wird, was er fühlt, ggf. seine Haltung korrigiert und
zwar so lange, bis er eine angemessene Übereinstimmung zwischen Gefühlslage und
Körperhaltung feststellt. – Der zweite Partner nimmt sich nun Zeit und Ruhe dafür, sein
Gegenüber bewußt wahrzunehmen und auf sich wirken zu lassen. Er soll sich keine
»Gedanken« darüber machen, was der andere wohl ausdrücken will. – Nach einiger Zeit
beginnt er seinen eigenen Körper in eine Kopie seines Gegenübers zu formen, und zwar
so exakt wie möglich, bis er genauso dasitzt wie sein Gegenüber. Nun versucht er, sich
in seine eigene Körperposition einzufühlen, wahrzunehmen, was diese Körperhaltung
aussagt. Auch dafür soll er sich Zeit nehmen und nicht zu oberflächlich sein. – Wenn
er genügende Klarheit in dieser Nachempfindung hat, beginnt er, seinem Partner mitzuteilen, was er in sich wahrnimmt und wie er sein Gegenüber verstanden hat. Der andere Partner hört zunächst nur zu und nimmt dann Stellung. Dabei kann er besonders
auf einzelne Körperteile (z. B. verkrampfte Hände, angezogene Schultern usw.) bei sich
hinweisen. –
Anschließend werden die Rollen gewechselt.
Zeit: 10–15 Minuten. Gruppengröße beliebig.
Variante: Der Moderator gibt einige Gefühlslagen an, die vom einen Partner dargestellt
werden sollen und vom andern imitiert werden (z. B. Gelassenheit, Schüchternheit,
Wut, Ärger, Teilnahmslosigkeit u.a.m.).

3. Auswertungshilfen

Welche Signale senden die Partner normalerweise aus? Wie »anschaulich« war der
körperliche Ausdruck? Gelang das Einfühlen über die identifikatorische Imitation der
Körperhaltung oder wirkten eigene andere Gefühle stark ein? – Welche Signale konnten leicht verstanden werden, welche blieben unklar?

4. Materialien

keine

5. Hinweise

Diese Empathieübung sollte öfter wiederholt werden, damit sich ein deutlicher Lerneffekt ergibt.

Distanz und Nähe im Raum

1. Ziel

Erfahrung von räumlich-physischer Distanz und Nähe im Gespräch. Erproben, welche Bedeutung eine Sitzordnung für die Kommunikationsstruktur und für die Beziehungen hat.

2. Durchführung

2.1 Jeweils zwei Partner einer Gruppe setzen sich in einem Abstand von zwei bis drei Metern gegenüber und führen eine Unterhaltung über ein vorher festgelegtes Thema (z. B. Urlaubspläne, Ferienerlebnisse, Schwierigkeiten bei Hausaufgaben, Veränderungswünsche für die Schule usw.). Allmählich rücken die Gesprächspartner immer enger zusammen, bis sie einander dicht gegenüber sitzen. Nach etwa fünf Minuten wird das Gespräch beendet und die ganze Gruppe tauscht Erfahrungen, Eindrücke und Gefühle während des Gespräches mit Veränderung der räumlichen Distanz aus.

Variante: Anfangs sollen die Partner aneinander vorbeisehen, wenn sie sich ca. einen Meter gegenüber sitzen, den Blickkontakt aufnehmen.

Zeit: ca. 10–15 Minuten. Gruppengröße beliebig.

2.2 Die Gruppe probt verschiedene Sitzordnungen, die jeweils einige Augenblicke schweigend eingenommen werden. Die Teilnehmer sollen die Sitzordnung auf sich wirken lassen, sich ihre Gefühle dabei bewußt machen und nachempfinden, welche Beziehung zu den anderen Gruppenmitgliedern dabei jeweils ausgedrückt wird.

a) Die Stühle werden in zwei langen geraden Reihen einander gegenübergestellt, Abstand ca. zwei Meter.

b) Die Stühle werden in einem geschlossenen Kreis aufgestellt.

c) Die Stühle werden in Reihen zu sechs bis acht hintereinander aufgestellt, alle sehen nach vorne.

d) Ein Hufeisen wird geformt.

e) Die Stühle werden wahllos im Raum aufgestellt, einmal sehr eng beieinander, zum andern sehr verstreut.

f) Es werden zwei lange Reihen gebildet, die voneinander wegschauen.

g) Die Stühle werden in zwei langen Reihen aufgestellt, so daß alle an eine Wand schauen.

Zeit: 20–30 Minuten

Anschließend werden in der Gruppe die Empfindungen bei den verschiedenen Sitzordnungen besprochen: Welche Beziehung wird dabei zueinander ausgedrückt? Empfinden alle die Sitzordnung gleich?

3. Auswertungshilfen
s. o.

4. Materialien
Stühle, ein nicht zu kleiner Raum.

5. Hinweise
Diese Übung wurde entwickelt nach N. Newberg/T. Borton: Emotionales und soziales Lernen in der Schule. München 1976, S. 99 f.

Verworrene Aussagen

1. Ziel
Erkennen der Schwierigkeiten, die sich aus Widersprüchen zwischen Inhalt einer Aussage und dazu widersprüchlichen nonverbalen Signalen für die Kommunikation ergeben.

2. Durchführung
Jeder sucht sich einen Partner, den er noch nicht gut kennt. Die Paare setzen sich (im Raum verteilt) zusammen. Während der nächsten fünf Minuten sollen die Paare eine Unterhaltung führen oder Mitteilungen austauschen. Jede inhaltliche Aussage soll durch eine nichtverbale Mitteilung (Geste, Gesichtsausdruck, Körperhaltung, Bewegung usw.) begleitet werden, die im Widerspruch steht zu dem, was seine Worte aussagen (z. B. wird die Aussage: »Ich fühle mich ruhig und gelassen« durch nervöses Spielen mit den Fingern wieder aufgehoben, usw.) – Beide Partner sollen genau und bewußt wahrnehmen, was sie tun und aussprechen. – Nach 5 Minuten tauschen sie ihre Erfahrungen aus.
Zeit: ca. 10–15 Minuten. Gruppengröße beliebig.

3. Auswertungshilfen
Welche nonverbalen Signale wurden vom Partner stärker wahrgenommen als die inhaltliche Aussage? Welche Bedingungen und Situationen verleiten dazu, Körpergefühle nicht entsprechend in Worten auszudrücken, sondern u. U. das Gegenteil zu formulieren?

4. Materialien
keine

5. Hinwieise
keine

Äußerungen abtasten

1. Ziel
Aussagen in ihrem inhaltlichen und emotionalen Kontext verstehen lernen, Abbau von Kommunikationsstörungen durch Abklärung von analogkommunikativen Anteilen einer verbalen Mitteilung. Genaues Zuhören lernen.

2. Durchführung
Jeder Teilnehmer sucht sich einen Partner und setzt sich mit diesem zusammen. Ein Partner (A) beginnt damit, eine Aussage über sich selbst zu machen, die z. B. in Beziehung steht zu seiner augenblicklichen Lebenssituation oder zu seinem Gefühl im Hier-und-Jetzt. Diese Aussage soll nur einen Satz umfassen. Der andere Partner (B) tastet nun den Kontext und die Hintergründe der Äußerung ab, indem er z. B. fragt:»Meinst du mit dem ›Müde‹, daß du nicht nur körperlich matt bist, sondern auch nicht mehr viel Lust zum Weiterarbeiten hast?« A bestätigt nur ganz kurz oder verwirft die Vermutung. Er soll nicht erklären! – B macht nun weitere Versuche, herauszufinden, was die Äußerung von A meinte und was in ihr mitschwang. Wenn A sich hinreichend verstanden fühlt, sagt er kurz: »Dankeschön!« – Jetzt macht B eine Äußerung und A tastet in der gleichen Weise den Kontext ab, wobei sich B wiederum nur ganz knapp jeweils äußert, ob A getroffen hat oder nicht. – Diese Form des Gespräches läuft etwa 10 Minuten, wobei das »Dankeschön« jeweils den Wechsel signalisiert. Anschließend tauschen sich die Partner über ihre Erfahrungen kurz aus.
Zeit: Etwa 15–20 Minuten. Gruppengröße beliebig.

3. Auswertungshilfen
Wo lag die Grenze zwischen falschem »Gedankenlesen-Wollen« und richtigem Erfassen mitschwingender Äußerungen? Wie stark schwangen in einer Äußerung weitere Mitteilungen mit? Woran wurde dies erkennbar (Lautstärke, Tonfall, Akzentuierung, Wortwahl usw.)? Wie genau konnten diese analogkommunikativen Anteile erkannt und zurückgemeldet werden?

4. Materialien
keine

5. Hinweise
Auch als Vorübung zum nicht-direktiven Gesprächsverhalten (Kat. 2.11) gut zu verwenden.

Ich-Aussagen

1. Ziel
Einführung und Einübung einer hilfreichen Kommunikationsregel: Statt sich hinter Pauschalaussagen und Fragen zu verstecken, persönliche Aussagen zu machen. Of-

fene und direkte Kommunikation erleichtern (vgl. »Lebendiges Lernen – TZI«, Kat. 2.8)

2. Durchführung

Jeder Teilnehmer sucht sich einen Partner nach dem Gesichtspunkt, wen er noch wenig kennt. Der Moderator leitet die einzelnen Übungsschritte jeweils ein.

2.1 Die Partner werden gebeten, sich drei Minuten über irgendetwas so zu unterhalten, wie sie dies normalerweise tun. (3 Minuten.) Anschließend wird kurz ausgetauscht, wie jeder diese kleine Unterhaltung erlebte, was ihm aufgefallen ist, wie der (Blick-)Kontakt war usw. (ca. 2 Minuten.)

2.2 Die Partner sollen sich jetzt unter Beachtung einer Vorgabe unterhalten: Sie gebrauchen nur Sätze, die mit »man« oder »wir« oder »alle« beginnen. Es sollen möglichst unverbindliche Pauschalaussagen sein. (3 Minuten) Anschließend wird wieder kurz ausgetauscht, wie sich die Partner fühlten, vor allem wieweit sie sich als Personen nahe waren und wie offen sie dies Gespräch fanden (ca. 2 Minuten).

2.3 Jetzt werden die Partner gebeten, sich nur Fragen zu stellen, aber nicht zu beantworten. Es werden also gegenseitig *nur* Fragen gestellt, die »Antworten« sind wiederum als Fragen formuliert oder sind andere Fragen. (3 Minuten) – Anschließend folgt wieder ein kurzer Austausch, wie die Partner die Atmosphäre dieser Runde empfunden haben, was die Fragen an Ferne oder Nähe ausdrückten usw. (ca. 2 Minuten)

2.4 In dieser letzten Runde werden nun die Fragen nochmal erinnert und in Ich-Aussagen umgeformt, die alle mit »ich« beginnen. Jeder sucht nach einer Möglichkeit, Fragen an den andern als Ich-Aussagen zu formulieren und das persönliche Motiv einer Frage zu entdecken. (Z. B. statt: »Warum grinst du so?«: »Ich sehe, daß du grinst, das macht mich etwas unsicher.«) (3 Minuten) – Der sich anschließende Austausch geht darum, wie sich vor allem der jeweils Gefragte gefühlt hat, als der andere seine Frage in eine Ich-Aussage umwandelte. Wie wurde dieses Gespräch erlebt hinsichtlich Offenheit und Nähe?

Abschließend werden die Erfahrungen der Paare in der Gesamtgruppe ausgewertet. Dabei werden die Unterschiede der Formulierungen, die »Lieblingsfragen«, welche jeder gern stellt, die Vorteile und Risiken einer offenen und direkten Kommunikation von Ich-Aussagen besprochen.

Zeit: 30–40 Minuten. Gruppengröße beliebig.

3. Auswertungshilfen

s. o.

4. Materialien

keine

5. Hinweise

nach J. Stevens, a.a.O. und K. Vopel, a.a.O. entwickelt.

Hindernislauf

1. Ziel
Lernen, sich in Handlungsanweisungen genau auszudrücken, genaues Zuhören lernen, (digitale Kommunikation« verbessern.)

2. Durchführung
Eine Strecke mit verschiedenen Hindernissen wird aufgebaut (z. B. mit Flaschen, Büchern, ausgebreiteten Zeitungen, die nicht betreten werden dürfen usw.). Jeweils 2 Teilnehmer bilden ein Paar. Einem Partner werden die Augen verbunden; er wird an den Anfang der Hindernisstrecke geführt. Der zweite Teilnehmer stellt sich neben ihn und bleibt dort stehen. Der blinde Partner soll nun die Hindernisstrecke durchlaufen, wobei der sehende Partner ihm so genaue Anweisungen gibt, daß möglichst kein Hindernis berührt wird. Für jedes berührte Hindernis gibt es einen Strafpunkt. – Anschließend wird gewechselt, wobei der blinde Partner die Hindernisstrecke jetzt von der anderen Seite aus beginnt. Der sehende Partner steht wieder anfangs neben ihm und bleibt dann dort stehen.
Variante: Mehrere Strecken werden nebeneinander aufgebaut und die Paare arbeiten nach Zeit bzw. um die Wette gleichzeitig. Die Erschwerung liegt dabei nicht nur im Zeitdruck, sondern auch in der Aufgabe, im Stimmengewirr nur den Anweisungen des eigenen Partners zu folgen, sich also genau auf seine Stimme einzustellen.
Zeit: je nach Umfang der Strecke und Zahl der Spieler verschieden. Gruppengröße beliebig.

3. Auswertungshilfen
Wie haben sich die Partner in der Rolle des »Befehlens« und des »Gehorchens« gefühlt? – Wie exakt war die Verständigung? – Wie wirkte der Zeitdruck?

4. Materialien
Eine Anzahl von kleineren (beim Umfallen ungefährlichen!) Gegenständen wie Flaschen, Bücher, Zeitungen, Papierkörbe, Stühle mit einer locker aufgelegten Zwischenverbindung (Bindfaden) u.a.m. –

5. Hinweise
Es dürfen keine gefährlichen (besonders hohe) Hindernisse aufgebaut werden, Hindernisse sollen nicht zum Stolpern führen.

Direkter und indirekter Ausdruck von Gefühlen

1. Ziel
An vorformulierten Beispielen soll das Grundprinzip der klaren und offenen Verbalisierung von Gefühlen gelernt werden im Unterschied zu versteckt angedeuteten Gefühlen

(»Digitalisierung analogkommunikativer Anteile einer sprachlichen Äußerung«). Direkter und indirekter Gefühlsausdruck soll unterschieden werden.

2. Durchführung

Jeder Teilnehmer erhält auf einem Zettel die folgenden Beispiele. Die Aufgabe besteht darin, für jedes Beispiel herauszufinden, ob es sich um direkt formulierte Gefühle oder indirekt, versteckt ausgedrückte handelt. Vor jedem Satz, der den emotionalen Zustand des Sprechers direkt formuliert, wird ein d (für direkt) geschrieben, jedes Beispiel, das zwar ein Gefühl mitklingen läßt, aber dieses nicht explizit verbalisiert, wird mit einem i (für indirekt) bezeichnet. – Jeder Teilnehmer arbeitet zunächst allein. – Anschließend werden die Ergebnisse diskutiert. Einige Beispiele sind nicht zweifelsfrei einzuordnen, hier sollte nach anderen Formulierungen für einen klaren direkten Gefühlsausdruck gesucht werden, um das Prinzip deutlich zu machen.

Beispiele:

1. (　) a) Kannst du denn nicht sehen, daß ich beschäftigt bin?
   (　) b) Jetzt bitte keine Störung!
   (　) c) Ich ärgere mich jetzt darüber, daß du hereinkommst und mich störst.
   (　) d) Du denkst überhaupt nicht an andere, du Egoist!
2. (　) a) Ich fühle mich entmutigt durch das, was heute passiert ist.
   (　) b) Das ist ein unangenehmer Tag gewesen!
3. (　) a) Du bist ein toller Typ!
   (　) b) Ich mag dich wirklich gern.
   (　) c) Ich fühle mich wohl und frei, wenn ich mit dir zusammen bin.
   (　) d) Wir fühlen alle, daß du ein toller Kerl bist!
   (　) e) Jeder mag dich!
4. (　) a) Mich ärgert die Art, wie Du mit anderen umgehst!
   (　) b) Du benimmst Dich wie ein Elefant im Prozellanladen!
   (　) c) Interessieren Dich die anderen nicht?
   (　) d) Man sollte wenigstens die Gebote der Höflichkeit beachten!
5. (　) a) Wenn sich die Zustände hier nicht ändern, suche ich mir einen neuen Job.
   (　) b) Hat man jemals von einem so schlechten Team gehört?
   (　) c) Ich fühle mich den andern unterlegen.
6. (　) a) Ich habe fast eine Stunde warten müssen!
   (　) b) Na endlich!
   (　) c) Das ärgert mich ziemlich, daß Du jetzt erst kommst!
   (　) d) Ich bin jetzt ganz durchgefroren!
7. (　) a) Dies ist eine schlechte Übung.
   (　) b) Ich fühle, daß dies eine schlechte Übung ist.
   (　) c) Ich bin verwirrt, frustriert und sauer durch diese Übung.
8. (　) a) Lach doch nicht so!
   (　) b) Dein Lachen verunsichert mich!
   (　) c) Du bist überheblich!
   (　) d) Ich bin wütend über dein Lachen!

9. (   ) a) Ich fühle mich einsam und isoliert in meiner Gruppe.
   (   ) b) Ich kriege hier so wenig Aufmerksamkeit, daß ich ebensogut woanders sein
          könnte.
   (   ) c) Ich fühle, daß niemand sich darum kümmert, ob ich da bin oder nicht.
10. (   ) a) Ich fühle mich unfähig, wenn ich dieses schwierige Thema bearbeite.
   (   ) b) Ich bin unfähig dieses schwierige Thema zu bearbeiten.
   (   ) c) Ich bin eine Niete. Ich werde nie irgend etwas erreichen.
   (   ) d) Ich fühle, daß dieses ein schwieriges Thema ist.
11. (   ) a) Eine peinliche Situation . . .!
   (   ) b) Ich empfinde, daß wir hier eine peinliche Frage berühren.
   (   ) c) Mir ist diese Situation peinlich!
   (   ) d) Ich werde jetzt zunehmend unsicher und hilflos.
   (   ) e) Schämt sich denn hier keiner?

3. Auswertungshilfen

Im Zweifelsfall sollten klarere Formulierungsalternativen überlegt werden. – Besonders kritisch müssen Änderungen geprüft werden, die mit: »Ich fühle . . .« oder »Ich empfinde . . .« beginnen. Wird darin wirklich ein Gefühl formuliert und benannt?

4. Materialien

Zettel mit o. a. Beispielen für jeden Teilnehmer.

5. Hinweise

Die Beispielsätze wurden z. T. in Anlehnung an die Vorlagen bei K. Vopel/R. Kirsten: Kommunikation und Kooperation, München 1974, S. 95 f., und Schwäbisch/Siems: Anleitung zum sozialen Lernen, S. 59 f., formuliert.

Kontrollierter Dialog

1. Ziel

Lernen, einem Partner genau zuzuhören. Kontrolle der Wahrnehmung durch Wiederholung von Gesprächsinhalten. Lernen, eigene Argumente erst nach korrekter Kenntnisnahme von Gegenargumenten zu äußern.

2. Durchführung

Die Gesamtgruppe teilt sich in Dreiergruppen auf und bestimmt formal, wer jeweils A, B und C ist. A und B führen während der nächsten fünf (in Jugendlichen- und Erwachsenengruppen zehn bis fünfzehn) Minuten ein Gespräch über ein selbstgewähltes oder gestelltes Thema. C ist Beobachter und Kontrolleur. Dabei gilt folgende Gesprächsregel: A beginnt mit einer Äußerung, einem Gedanken oder Argument, B wiederholt dies mit seinen eigenen Worten und fragt A kurz, ob er zutreffend wiederholt hat; dann antwortet B mit seinem Gesprächsbeitrag und A wiederholt, wobei A sich ebenfalls bei B vergewissert, ob er richtig wiederholt hat. Ist die Wiederholung unzutreffend oder verkürzt, muß sie nochmal formuliert werden. Erst wenn alles korrekt ist, folgt der nächste Gesprächsbeitrag. So wechseln A und B im Gespräch ab. – Nach der vereinbarten Zeit wird abgebrochen und C äußert seine Eindrücke. Anschließend rotieren die Rollen, jetzt läuft der kontrollierte Dialog zwischen B und C, während A beobachtet. In der letzten Runde führen A und C den Dialog, während B beobachtet.

Zeit: Bei fünfminütigen Dialogen ca. 20–30 Minuten. Gruppengröße beliebig.

Variante: Die ganze Gruppe diskutiert frei über ein möglichst kontroverses Thema. (Etwa 10 Minuten.) – Anschließend wird in der Gruppe das Thema weiterdiskutiert, aber in der Weise, daß jeder nur einen Beitrag leisten darf nach Wiederholung des vorhergehenden Beitrages und der Vergewisserung, ihn richtig wiedergegeben zu haben. (Weitere 10 Minuten.) – Abschließend werden von der Gruppe beide Gesprächsteile beurteilt, vor allem auch unter dem Aspekt der Gruppenatmosphäre.

3. Auswertungshilfen

Wie ernst nehmen wir die Äußerung eines Partners wirklich? Was hindert uns am genauen Zuhören? Führte diese Dialogform zu einer vorschnellen Harmonisierung oder wurden unterschiedliche Standpunkte klarer? Wie war das emotionale Klima?

4. Materialien

keine

5. Hinweise

Der kontrollierte Dialog kann zur Steuerung unsachlicher und hitziger Diskussionen immer wieder in der Gruppe verwendet werden. Er ist als Trainingsform nahezu beliebig oft wiederholbar. Auch sehr gut als Vorübung zum nondirektiven Gesprächsverhalten (Kat. 2.11) zu verwenden.

2.3 Sich selbst kennenlernen

Ziele: Selbstbild und Selbstideal genauer kennenlernen. Zusammenhänge von eigener Lebensgeschichte und gegenwärtiger Lebenssituation finden. Anregungen zur zukünftigen Lebensplanung. Abklären eigener Werte und Ziele. Selbstakzeptierung und Selbstverantwortung stärken, auch für Verhaltensänderungen und Persönlichkeitsentwicklung.

Innerhalb dieser Kategorie sind auch folgende Spiele und Übungen möglich:
Vergangenheit – Gegenwart – Zukunft (S. 56)
Szenen eines Lebens (S. 55)
Würstchenteller-Test (S. 51)
Musikmeditation (S. 211)
Transparentes Selbst (S. 53)
Lebensstil-Symbole (S. 54)
Ich-Aussagen (S. 85)
Gürtellinien (S. 122)
Selbstbild-Fremdbild (S. 144)
Familienszenen (S. 177)
Rollenzirkus (S. 179)
Phantasie-Duell (S. 207)
Nein sagen (S. 209)
Idole (S. 64)

Eine umfassende Anleitung zur biographischen Selbstreflexion (mit 200 Übungen) findet sich in: Gudjons, H. / Pieper, M. / Wagener, B.: Auf meinen Spuren. Das Entdecken der eigenen Lebensgeschichte. Reinbek 1986.

Wer bin ich?

1. Ziel
Eine bewußtere Selbstdarstellung eigener Persönlichkeitsmerkmale, Fähigkeiten, sozialer Rollen usw. – Ordnung der verschiedenen Ebenen der Selbstdarstellung in einer Prioritätenliste.

2. Durchführung
Jeder Teilnehmer fertigt sich 9 Zettel an, fragt sich neunmal: »Wer bin ich?« und notiert möglichst spontan jeweils die Antwort auf einem Zettel. Wenn die Teilnehmer damit fertig sind, gehen sie ihre Antworten durch und versehen sie mit folgenden Buchstaben und Zahlen:
A (3×): die drei zentralen Bestandteile meiner Person
B (3×): die nächstwichtigen
C (3×): die dann folgenden
Nun werden innerhalb von A (bzw. B und C) noch die Rangfolgen festgelegt: A1., A2., A3. usw. Anschließend wird jeder Zettel in Ruhe angeschaut und darüber nachge-

dacht, was ich *ohne* A1., A2. usw. wäre. Wie würde mein Leben dann aussehen? (Zeit: ca. 20 Minuten.)

Anschließend erfolgt ein Austausch in Vierergruppen (Zeit: ca. 25–45 Minuten.).

3. Auswertungshilfen

Wieweit ist das Selbstwertgefühl abhängig von sozialen Rollen? Wieweit vertrauen die Teilnehmer persönlichen Fähigkeiten? Was ist Fassade, was gehört zum Kern der Persönlichkeit?

4. Materialien

Papier, Schreibzeug.

5. Hinweise

keine

Papiertüten-Ich

1. Ziel

Kreative Darstellung der nach außen sichtbaren Persönlichkeitsanteile und »innen« verborgener Teile. Was wirkt nach außen? Was ist von außen nicht zu sehen?

2. Durchführung

2.1 Jeder Teilnehmer erhält Materialien (s. u.), öffnet seine Papiertüte und stellt sie vor sich auf. Der Moderator gibt als Hinweis: »Wir stellen uns vor, die Außenseite ist die Seite unseres Lebens und unserer Person, die anderen sichtbar ist, mit der wir uns anderen nähern. Die Innenseite stellt den nicht sichtbaren Teil unseres Lebens und unserer Person dar, den kaum jemand sieht und kennt.« – Mit Bildern, Worten, Überschriften, Farben etc. aus den Zeitschriften wird zunächst die Außenseite gestaltet, beklebt, bemalt, dekoriert: So sehen mich die Leute. – *In* die Tüte werden symbolische Dinge geklebt, gemalt etc., die meinem inneren Wesen, meinen verborgenen Seiten und Gefühlen entsprechen. Dabei kann auch die »Tiefe« der Tüte symbolisch für »tief und verborgen« liegende Dinge benutzt werden. Evtl. können Beispiele vom Leiter genannt werden, die er für sich selbst außen und innen wählen würde.

2.2 In Vierergruppen wird nacheinander die Tüte jedes Teilnehmers vorgestellt. Dabei gibt es zwei Möglichkeiten, die der Leiter vorher entscheiden muß: Entweder jeder erklärt seine Tüte selbst und beschreibt, was er mit den Dekorationen ausdrücken wollte, oder die Tüten werden mit Namensschildern versehen aufgestellt und zunächst im schweigenden Rundgang betrachtet. Danach werden dann Eindrücke und Vermutungen ausgetauscht, Fragen gestellt, wobei jeder zu seiner Tüte Stellung nimmt. –

Den Abschluß bildet ein Gespräch darüber, was die Teilnehmer entdeckt haben an Ähnlichkeiten (z. B. in der Fassade), und die Teilnehmer sagen sich gegenseitig, inwiefern sich ihr Bild von jedem andern verändert oder bestätigt hat.

Zeit: In Vierergruppen 45–60 Minuten. Auch mit größeren Gruppen spielbar.

3. Auswertungshilfen

s. o.

4. Materialien

Große (Einkaufs-)Papiertüten, reichlich bunte Zeitschriften und Illustrierte, Filzstifte, Klebstoff, Scheren.

5. Hinweise

Gut geeignet zur Bearbeitung von verborgenen Einstellungen, Ängsten usw. von Schülern einer Klasse im Verhältnis zur Schule oder untereinander. Das Thema muß dann entsprechend zugeschnitten werden: »So sieht man mich von außen – in der Schule; so sieht es *in* mir wirklich aus.« – Besonders für Schüler geeignet, die diese Problematik schwer verbalisieren können. Vorübung: Anfertigen von Collagen.

Tiere imaginieren

1. Ziel

Sich selbst entdecken in der Imagination und Identifikation anhand eines Tieres. Andere Teilnehmer kennenlernen, ohne Forderungen an deren Verhaltensqualitäten zu stellen.

2. Durchführung

Die Gruppenteilnehmer setzen oder legen sich bequem und entspannt hin und schließen die Augen. Etwa eine Minute lang konzentrieren sie sich auf sich, ihren Körper, atmen entspannt und tief und kommen zur Ruhe. Der Moderator bittet die Teilnehmer jetzt, sich vorzustellen, in einem dunklen Raum zu sitzen, an dessen Wand eine noch dunkle Leinwand hängt. Langsam wird die Leinwand heller, und es erscheint ein Tier darauf, das den Teilnehmer darstellt. Das Tier wird immer deutlicher, wie sieht es aus? Welche Gestalt hat es, wie verhält es sich? Welche Einzelheiten sind zu sehen? Nun werden die Teilnehmer gebeten, sich mit dem Tier zu identifizieren, selbst ganz dies Tier zu werden. Sie sprechen in der Vorstellung: »Ich bin«, »Ich habe«, »Um mich sehe ich«. Was tun sie jetzt als Tier? Welche Haltung haben sie als Tier? Wie reagiert das Tier auf Dinge und Menschen? Wie bewegt es sich? – Die Teilnehmer bleiben jetzt einige Minuten ohne Moderation ihrer Beschäftigung mit der Tierimagination überlassen. (Der Moderator soll zwischen den einzelnen Fragen ausreichende Pausen lassen. Wenn die Identifikation mit dem Tier zu große Schwierigkeiten macht, soll er es bei der Vorstellung eines Gegenübers belassen.) – Abschließend bittet der Moderator die Teilnehmer, dem Tier nun »Lebewohl« zu sagen, langsam wieder bewußt in die Gruppe zurückzukehren und die Augen zu öffnen. Jeder bleibt noch eine Weile mit seinem Erlebnis allein, bevor in der Gruppe darüber ausgetauscht wird. Die Gruppe sollte nicht größer als 8 Teilnehmer sein, andernfalls müssen Untergruppen gebildet werden. *Zeit:* ca. 20–40 Minuten.

3. Auswertungshilfen

Was sagt mir das Tiererlebnis über meine Eigenart und mein alltägliches Verhalten? Was bedeutet das Tier für meine aktuelle Situation hier und jetzt?

4. Materialien

keine

5. Hinweise

Die Übung wurde entwickelt nach J. Stevens, a.a.O., S. 200f. Sie ist auch möglich zur Überprüfung der eigenen Befindlichkeit in einer Gruppensituation (Kat. 2.6).

Dialog mit dem Spiegelbild

1. Ziel

Bewußtmachen von Forderungen an sich selbst. Kontaktaufnehmen zu abgespaltenen Elementen von Anforderungen an sich selbst. Realitätsgerechteres Selbst-Ideal anstreben.

2. Durchführung

Jeder Teilnehmer setzt oder legt sich möglichst entspannt auf einen Platz, an dem er sich wohlfühlt. Die Augen werden zur besseren Konzentration geschlossen. – Nach einer kurzen Phase der Körperentspannung (1–2 Minuten) bittet der Moderator die Teilnehmer, sich vorzustellen, daß sie sich selbst gegenübersäßen. Sie können sich dazu ein Bild in einem Spiegel vorstellen. Wie sitzt dieses »Bild«? Was für einen Gesichtsausdruck, welche Körperhaltung hat es? Welche Fähigkeiten, Schwierigkeiten und kritikwürdigen Punkte hat dieses Bild im Spiegel? – Der Moderator bittet jetzt die Teilnehmer, zu diesem Bild zu sprechen und es zu kritisieren, nicht laut, nur für sich, und zwar mit Sätzen:
»Du solltest . . .« und »Du solltest nicht . . .«. Die Teilnehmer sollen dabei auf ihre eigene Stimme achten, wie sie klingt, ob und wo sie zögert, unsicher ist, direkt und deutlich spricht usw. – (Etwa 3 Minuten Zeit geben.)
Jetzt werden die Plätze in der Vorstellung getauscht. Jeder wird sein Spiegelbild und beantwortet im stillen die kritisierten Punkte. Was wird geantwortet, wie klingt die Stimme, wie empfindet das Bild beim Antworten? (Etwa zwei Minuten Zeit geben.)
Anschließend werden wieder die Plätze getauscht, jeder nimmt wieder die Rolle des Kritikers ein. Wieder sollen der Klang der Stimme, die Körperempfindung usw. bewußt beachtet werden. Nun kann jeder in der beschriebenen Weise mehrfach die Plätze tauschen und den inneren Dialog führen. – Gibt es einen Unterschied zwischen den beiden Sprechern? Vermeiden sie den Konflikt oder suchen sie ihn bewußt? Ist einer der stärkere, der immer »sendet«, während der andere überwiegend »empfängt«? Wie sind die Sympathien verteilt? (Etwa vier bis fünf Minuten Zeit geben.) – Danach öffnen die Teilnehmer wieder die Augen und nehmen Kontakt zur Umwelt des Raumes auf. Entweder

tauscht sich jeder mit einem Partner aus, oder die Gruppe spricht gemeinsam über ihre Erfahrungen.

Zeit: Bei Partneraustausch etwa 15–20 Minuten, beim Gruppenaustausch (max. 8–12 Teilnehmer) entsprechend länger.

3. Auswertungshilfen

Welche Seiten gab es in dem Konflikt, wie lassen sie sich beschreiben? Welche Teile (beim Kritiker oder Kritisierten) werden gefühlsmäßig akzeptiert, welche abgelehnt? Erinnern die beiden Stimmen an bestimmte Personen, evtl. aus der Kindheit? Liegen eher Teile der eigenen Person im Konflikt – oder entsprechen den Forderungen z. B. irgendwelche Menschen des realen Alltags, die sie tatsächlich stellen? Welche Phantasien über diese Menschen bestimmten den inneren Dialog? (Ängste, vermutete Erwartungen, Katastrophenbefürchtungen u.a.m.)

4. Materialien
keine

5. Hinweise

Die Übung ist auch in Verbindung mit dem »Dialog auf zwei Stühlen« (Kat. 2.3) zu verwenden. – Ähnliche Übungen zur Selbstkommunikation finden sich bei J. Stevens, a.a.O.

Rosenbusch

1. Ziel

Tieferes Kennenlernen der eigenen Persönlichkeit, ihrer verschiedenen Seiten durch Identifikation mit einer Phantasie.

2. Durchführung

Die Teilnehmer werden gebeten, sich entspannt und bequem hinzusetzen oder hinzulegen. Sie schließen die Augen und entspannen zunächst den Körper: von Kopf und Gesicht ausgehend über Hals, Schultern, Arme, Hände, über die Brust, die Leibmitte und den Unterleib bis zu den Beinen und Füßen. Einige Atemzüge werden nach dem Rhythmus: Einatmen – Ausatmen – Pause ruhig und bewußt getan. Der Körper soll bewußt wahrgenommen werden, jede Spannung, Verkrampfung gelöst werden. Eine kleine Hilfsvorstellung erleichtert die Entspannung: Die aufkommenden Gedanken und Bilder können in der Phantasie in ein Glas getan werden, dies wird nach einiger Zeit ausgegossen, wird leer, die Gedanken kommen zur Ruhe.

Jetzt werden die Teilnehmer gebeten, sich vorzustellen, sie seien ein Rosenbusch. Zwischen jedem Satz macht der Moderator einige Sekunden Pause: »Werde jetzt zu einem Rosenbusch, erfahre und entdecke, wie es ist, wenn du ein Rosenbusch bist. Wo wächst er? – Wie stecken die Wurzeln im Boden? – Empfinde jetzt nach, wie die Wurzeln in den Boden hinunterreichen! – Wie ist der Stamm beschaffen, wie die Zweige? – Welche

Einzelheiten entdeckst du, wenn du ein Rosenbusch bist? – Versuche jetzt nachzuempfinden, wie der Rosenbusch lebt! – Wie ist die Umgebung des Rosenbusches? – Lebe jetzt eine Zeitlang als Rosenbusch, vielleicht im Herbst, Winter, Frühling und Sommer!
(Einige Minuten Zeit geben). – Kehre jetzt langsam in diesen Raum zurück! – Öffne die Augen, nimm wahr, daß du in diesem Raum bist! –«
Zeit: stark abhängig von der Fähigkeit der Gruppe zur Imagination, anfangs fünf Minuten, mit geübten Gruppen 10 Minuten und mehr. Gruppengröße möglichst nicht größer als 8–12 Teilnehmer.

3. Auswertungshilfen
Die Teilnehmer berichten in der ersten Person Präsens von ihrer Erfahrung: »Ich bin ein hoch rankender Rosenbusch . . . usw.« – Das auswertende Gespräch kann z. B. folgende Fragen einschließen: Wie ist das Grundgefühl des Strauches? Was sagt mir der Rosenbusch über mich selbst? Welche Bildteile haben besonders intensive Gefühle ausgelöst? Welche wurden bejaht, welche abgelehnt? Gibt es Entsprechungen von Seiten der eigenen Persönlichkeit? – Wie ist das Gefühl als Rosenbusch gegenüber der Umwelt, evtl. gegenüber Menschen? – Auftretende Unterschiede in den Erlebnissen dürfen nicht in eine Richtung hineingedrängt und harmonisiert werden. Es gibt auch keine feststehenden Symboldeutungen, jeder kann seine Erlebnisse nur subjektiv selbst deuten.

4. Materialien
keine

5. Hinweise
Diese Übung wurde dargestellt nach J. O. Stevens, a.a.O. Die Moderation von Phantasien muß anfangs gut vorbereitet werden, der Moderator sollte die Phantasie vorher selbst machen. Später entwickelt jeder mit einiger Erfahrung und Übung seinen eigenen Stil.

Holz und Stein

1. Ziel
Sensibilisierung der taktilen Wahrnehmung am Beispiel des Empfindens für die Struktur von Steinen und Holzstücken (Tastsinn). Stein und Holz zum Ausdruck eigener Persönlichkeitszüge benutzen. (Auch möglich: feedback an die Teilnehmer durch Zuordnung von Steinen und Holzstücken.)

2. Durchführung
2.1 Auf dem Tisch oder in der Gruppenmitte auf dem Boden liegt eine Anzahl verschiedener Steine und Holzstücke (möglichst etwa 3–4mal soviele wie Gruppenteilnehmer). Ohne zu sprechen nimmt jeder Teilnehmer einen Stein oder ein Stück Holz in die Hände,

schließt die Augen und ertastet die Struktur der Oberfläche, stellt den Geruch fest, prüft durch Klopfen den Klang und läßt das Gewicht in seiner Hand wirken. Auch die Handrücken, Fingerspitzen und Handflächen sollen benutzt werden, um den Gegenstand – bildhaft gesprochen in seiner »Persönlichkeit« – kennenzulernen. Die Gruppe soll dabei nicht reden. Nach einer Weile wird der Gegenstand abschließend mit den Augen betrachtet und zurückgelegt, um mit weiteren dasselbe zu tun. Nach 4–5 Steinen oder Holzstücken ist dieser erste Schritt beendet.

2.2 Jeder Teilnehmer sucht nun zwei Gegenstände heraus, einen, der seiner eigenen Persönlichkeit am ehesten nahekommt, einen anderen, der etwas davon ausdrückt, was der Teilnehmer sein *möchte*. Dazu können mehrere Gegenstände nach der oben beschriebenen Art (nur etwas kürzer) geprüft werden, bevor die Wahl getroffen wird.

2.3 In Vierergruppen wird nun die Bedeutung der Wahl der beiden Gegenstände von jedem Teilnehmer erklärt. Deteils sollen dabei sehr stark beachtet werden!

Zeit: 20–30 Minuten, Gruppengröße max. 10–12 Teilnehmer.

2.4 Erweiterung zum feedback: Die Steine werden zurückgelegt und jeder wählt für jedes Mitglied seiner Vierergruppe einen Stein oder ein Holzstück, welche etwas darüber ausdrücken, wie das betreffende Mitglied von ihm persönlich erlebt und gesehen wird. Reihum werden dann für jeden Teilnehmer nacheinander die Wahlen begründet und erklärt.

Zeit: 10–15 Minuten.

3. Auswertungshilfen
Wie habe ich das Material »erlebt«? Welche Phantasien hatte ich beim Tasten? Wie ehrlich konnte ich in meiner Wahl sein?

4. Materialien
Ein größeres Sortiment möglichst sehr verschiedenartiger Steine und von Holzstücken aller Art.

5. Hinweise
Auch als Wahrnehmungsübung (Kat. 2.2) zu verwenden.

Lebenslinie

1. Ziel
Bewußtmachen von Ereignissen, Erfahrungen und Lebensabschnitten, welche die individuelle Lebensentwicklung entscheidend beeinflußt und geprägt haben. – Datenaustausch zum Kennenlernen und zum besseren Verständnis der Lebenssituation von Teilnehmern in der Gruppe.

2. Durchführung
2.1 Jeder zeichnet für sich auf einem querliegenden Blatt (DIN A4) eine waagerechte

Linie, die seinen Lebenslauf symbolisiert. Die wichtigsten Perioden und Ereignisse, die die eigene Entwicklung geprägt haben, werden als Zeitabschnitte eingetragen. Darüber werden kleine Symbole, Skizzen, Situationsbilder u. ä. eingezeichnet, auch ein Motto kann jedem Ereignis beigefügt werden. Wichtig sind vor allem die Stationen, welche Wendepunkte, prägende Erlebnisse und für die heutige Lebenssituation sowie die heutigen Wertvorstellungen entscheidende Einflüsse bedeuteten.

2.2 Die Lebenslinien werden mit den Namen versehen und an die Wand gehängt. Die Teilnehmer gehen von einer zur andern und können die betreffende Person befragen und ihre Eindrücke mitteilen.

2.3 Die Gruppe schließt ein Gespräch über Ähnlichkeiten und Unterschiede an, die den Charakter der Gruppe von der Biographie der Teilnehmer her bestimmen.

Zeit: ca. 20 Minuten, Gruppengröße 8–10 Teilnehmer.

Varianten:

1. Die Teilnehmer zeichnen zusätzlich ein, wie sie sich in den einzelnen Ereignissen gefühlt haben, indem sie aufgrund einer links außen senkrecht gezeichneten Skala, die von -3 (ganz unten) bis $+3$ (ganz oben) reicht, bei jedem Ereignis einen entsprechenden dicken Punkt eintragen. Die Punkte können dann durch eine Linie verbunden werden und ergeben ein »Gefühlsbarometer«.

2. Die Teilnehmer markieren durch Benutzung von Farben (Filzstifte) bei den Skizzen, wie das jeweilige Ereignis auf sie wirkte (pechschwarz, grau in grau oder strahlend gelb usw.).

3. Die Lebenslinie wird für alle gleich in Abschnitte geteilt, je nach Alterszusammensetzung der Gruppe (z. B. 1.–7. Lebensjahr, 8.–12., 13.–17., 18.–25. usw.), die jeweils individuell gefüllt werden. Diese Variante ist vor allem als ein nicht allzu tiefgehendes Kennenlernspiel geeignet.

4. Auf einem angelegten zweiten Blatt kann die Lebenslinie in die Zukunft hinein verlängert werden, so wie sich der Teilnehmer sein weiteres Leben vorstellt.

5. Die Lebenslinie wird in Vierergruppen besprochen und gründlich ausgetauscht, wobei insbesondere die Entwicklung der Gefühle und Lebensgrundstimmung stärker thematisiert wird.

3. Auswertungshilfen

s. o.

4. Materialien

Papier und Schreibzeug, Tesafilm.

5. Hinweise

Die Lebenslinie gibt dem Leiter oft wichtigen Aufschluß über eine eventuell im Hintergrund stehende Einzelproblematik. Wird sie vertieft ausgewertet, ergibt sich manchmal ein schwer zu steuernder Sog in Richtung Einzeltherapie in der Gruppe.

Vorübung zu »Lebensraum«

1. Ziel
Mit gesprächs- und reflexionsungewohnten Gruppen eine Hinführung zum Nachdenken über Beziehungen erreichen.

2. Durchführung
Der Moderator macht den Vorschlag, jetzt einige Arbeitsschritte zum Thema: »Menschen, mit denen wir leben« in kleinen Gruppen zu dritt oder viert zu tun. – Jeder diskutiert kurz mit seinem Nachbarn, welche Art von Gruppenbildung er wünscht (Freunde, Gruppenmitglieder, mit denen man sich nicht so gut versteht o. ä.). Anschließend bilden sich die Kleingruppen und setzen sich zusammen. Der Moderator stellt jetzt die Frage: »Welches waren die ersten zwei Personen, denen wir heute morgen nach dem Aufstehen begegnet sind? Sprecht darüber einen Augenblick in der Gruppe!« – Anschließend werden die Personen von den Kleingruppen genannt. – Die nächste Frage lautet: »Welchen Personen, die für uns wichtig sind, sind wir heute vormittag begegnet?« – Wieder folgt eine kurze Kleingruppendiskussion und die Nennung der Ergebnisse. Der Moderator sollte die am häufigsten genannten Personen an einer Wandzeitung oder Tafel festhalten. Die nächste Frage kann – jetzt etwas allgemeiner – lauten: »Welche Leute, die wir normalerweise in einer Woche treffen, sind für uns besonders wichtig?« Wieder diskutieren die Kleingruppen und geben ihre Ergebnisse bekannt. – Der Moderator bittet jetzt: »Sprecht darüber, wie ihr die bisher genannten Personen unterschiedlich behandelt!« – Kleingruppendiskussion, Austausch und gemeinsames Gespräch über Unterschiede in den Beziehungen bilden den Abschluß.
Jetzt kann sich die Übung »Lebensraum« anschließen.
Zeit: 30–45 Minuten. Gruppengröße beliebig, aber nicht über 30–40 Teilnehmer.

3. Auswertungshilfen
s. o.

4. Materialien
keine. – Evtl. Wandzeitung, Filzstift.

5. Hinweise
Diese Übung wurde entwickelt nach L. Button: Gruppenarbeit mit Jugendlichen. München 1976, S. 159 ff.

Lebensraum

1. Ziel
Bewußtmachen der emotionalen Beziehung zu Menschen im alltäglichen Lebensraum.

2. Durchführung
Jeder Teilnehmer erhält ein Blatt Papier. In die Mitte des Blattes wird ein kleiner Kreis

gezeichnet und das Wort »Ich« hineingeschrieben. In verschiedenen Abständen werden nun die Namen der Menschen eingetragen, die zu mir in einer nahen oder fernen Beziehung stehen, mit denen ich im Alltag Kontakt habe (Familienmitglieder, Freunde, Kollegen, Schulkameraden, Vorgesetzte, Lehrer usw.). Mit einem kleinen Kreuz wird markiert, ob die Erinnerung an eine Person eher angenehme, mit einem Minuszeichen, ob sie eher unangenehme Gefühle auslöst. – Eine Erweiterung und Hilfe gegenüber dieser völlig freien Form besteht darin, um das Ich herum konzentrische Kreise zu ziehen, die verschiedene Lebenszonen angeben: familiärer Bereich, enger Freundeskreis, weiterer Freundeskreis, Arbeit oder Schule, Verein/Gruppen/Organisationen usw. – In diese Zonen werden dann ebenfalls mit verschiedenem Abstand zur Ich-Mitte die Namen eingetragen.

Varianten:

1. Die Leitfrage lautet: Welche Personen haben auf mich den größten Einfluß? Mit Plus und Minus wird wieder jeweils gekennzeichnet, ob mir dieser Einfluß angenehm ist oder unangenehm.

2. Die Leitfrage lautet: Auf welche Menschen übe ich den stärksten Einfluß aus? Ohne nähere Kennzeichnung. Eintragungen erfolgen so, daß die nächste Person die am meisten beeinflußte, die entfernteste die am wenigsten beeinflußte darstellt.

3. Die Leitfrage lautet: Welche Personen haben am meisten Macht über mich und meine Tätigkeit? Positive und negative Markierungen werden wieder dafür vergeben, ob diese Macht eher akzeptiert oder gefühlsmäßig abgelehnt wird.

4. Die Leitfrage lautet: Wie wünsche ich mir die Verbindung und Nähe zu den Personen meines alltäglichen Lebens? Plus und Minus markieren jetzt die Aussichten auf Erfolg oder Unmöglichkeit.

Zeit: Je nach Umfang 10–30 Minuten. Gruppengröße beliebig. Der Austausch erfolgt in Paaren oder Vierergruppen.

3. Auswertungshilfen

Wie erleben sich die Teilnehmer in ihren Alltagsbeziehungen? Wie aktiv arbeiten sie an der Gestaltung und Veränderung dieser Beziehungen? Verdeutlichen die Beziehungen eher eine soziale Isolation oder ein reiches Kontaktfeld? Welches sind die Wünsche für dieses Kontaktfeld?

4. Materialien

Papier, Schreibzeug

5. Hinweise

Auch sehr gut als Spiel zum Kennenlernen geeignet (Kat. 2.1). Diese oder ähnliche Fragen können auch auf die Gruppe bezogen werden und ergeben dann eine Form des Soziogramms.

Sollen und Wollen

1. Ziel

Lernen, eigene Ablehnungen, Widerstand, Unlust gegen Forderungen an sich selbst bewußter wahrzunehmen. Übung bewußter Entscheidung zwischen Anforderung und Erfüllung.

2. Durchführung

Jeweils zwei Partner sitzen einander gegenüber. Ein Partner spricht, während er den andern anschaut, drei Minuten lang nur Sätze, die mit: »Ich muß . . .« anfangen. Er zählt alles auf, was er tun und sein »muß«. Nach Möglichkeit prägt er sich die Dinge ein. – Wenn die drei Minuten vorbei sind, wiederholt er jeden einzelnen Satz, aber er beginnt jetzt mit: »Ich entscheide mich für . . .«. Beide Satzformulierungen sollen ganz bewußt und langsam gesprochen werden, wobei der Teilnehmer darauf achtet, was er empfindet, besonders wenn er die Formulierung: »Ich entscheide mich für . . .« wählt. Dann wird diese Satzformulierung nochmals wiederholt und etwas angefügt, was spontan an Empfindungen einfällt (z. B. »Ich entscheide mich, diese Diät einzuhalten – und ich fühle mich selbstbewußt und energisch.« u.a.m.) – Dies soll etwa vier bis fünf Minuten dauern. –
Der zweite Partner schließt sich dann in der gleichen Weise an. Abschließend tauschen sich beide etwa fünf Minuten lang über ihre Erfahrungen aus.
Zeit: 20–25 Minuten. Gruppengröße beliebig.
Varianten: Die Sätze lauten: »Ich kann nicht« – »Ich will nicht«; »Ich brauche« – »Ich hätte gern«.

3. Auswertungshilfen

Werden Kräfte für bewußtere Entscheidungen entdeckt? Welche Gefühle entstanden gegenber dem massiven Anstoß zur Selbstverantwortung? Als wie realistisch wurden die Alternativen erlebt?

4. Materialien

keine

5. Hinweise

Weitere Übungen ähnlicher Art finden sich bei J. Stevens, a.a.O.

Ziele setzen: Lebensplanung

1. Ziel

Auseinandersetzung mit persönlichen Zukunftsperspektiven, Abklärung realisierbarer und nicht realisierbarer Ziele. Entwicklung konkreter Handlungsschritte.

2. Durchführung

Diese Übung wird am Anfang vom Moderator gründlich erklärt. Jeder Teilnehmer arbeitet eine längere Phase für sich allein und diskutiert in einer zweiten Phase in einer Dreiergruppe die Ergebnisse.

2.1 Jeder Teilnehmer benötigt mehrere DIN A4-Blätter. Das erste Blatt erhält die Überschrift: »Meine Lebensziele«. Jeder schreibt nun im Brainstorming-Verfahren alle Ziele auf, die ihm einfallen: persönliche, berufliche, finanzielle, familiäre usw. Nach drei Minuten wird die Zielliste erneut, jetzt gründlich reflektierend durchgegangen unter der Frage: »Welche Ziele sind mit hoher Wahrscheinlichkeit für mich erreichbar, welche sind zweifelhaft, welche sind völlig irreal?« Die drei oder vier realitätsnächsten Ziele werden auf einen zweiten Bogen geschrieben. (Zeit: ca. 5–8 Minuten.)

2.2 Auf den zweiten Zettel wird als Überschrift geschrieben: »Meine nächsten drei Jahre«. Für jedes auf diesem Zettel notierte Ziel wird jetzt die Frage gestellt: »Was muß und kann ich in den nächsten drei Jahren zur Erreichung dieser Ziele tun?« Diese Frage wird für jedes Ziel gestellt und beantwortet. (Zeit: ca. 8–10 Minuten.)

2.3 Auf den dritten Zettel wird jetzt geschrieben: »Die nächsten 6 Monate«. Jeder Teilnehmer geht den zweiten Zettel nochmals durch und entscheidet, zu welchem Ziel (eins auswählen!) er in den nächsten 6 Monaten konkret am meisten tun kann und muß.

(Manchen Teilnehmern fällt es schwer, auf die anderen Ziele zu verzichten. Wenn aber praktische Realisierung angestrebt wird, ist *zunächst* diese Beschränkung nötig. Gleichwohl können die Teilnehmer die Übung später allein auch zu den anderen Zielbereichen fortsetzen.) – Jeder Punkt, der auf dem zweiten Zettel zum gewählten Ziel notiert wurde, wird jetzt einzeln auf den dritten Zettel geschrieben und jeweils unter der Frage konkretisiert: »Was kann und muß ich in den nächsten 6 Monaten zu diesem Punkt konkret tun?« (Zeit: ca. 5 Minuten.)

2.4 Auf den vierten Zettel wird jetzt als Überschrift geschrieben: »Aktivitätenliste«. Bogen drei wird nochmals durchgegangen und ggf. noch konkretisiert und ergänzt. Dann werden die dort genannten Handlungsmöglichkeiten und -notwendigkeiten in eine Prioritätenliste umgeformt, die auf dem vierten Blatt notiert wird. Leitfrage ist dabei: »Welche Aktivität ist die nächstliegende, muß zuerst angepackt werden, welche folgt dann usw.?« Auf diese Weise entsteht eine konkrete Aufgabenliste nach zeitlicher Priorität. (Zeit: ca. 4 Minuten.)

2.5 Auf den letzten Zettel wird schließlich geschrieben: »Handlungsplan«. Hier werden jetzt nach der Reihenfolge des vierten Blattes ganz praktische Handlungsschritte notiert, Termine, Gespräche, Entscheidungen, Zeiteinteilungen, ganz konkret zu erledigende Aufgaben notiert (bei Erwachsenen evtl. in Verbindung mit dem Terminkalender). (Zeit: ca. 5 Minuten.) – Anschließend können die Gesamtergebnisse in den Dreiergruppen besprochen werden.

Gesamtzeit: ohne Kleingruppengespräch ca. 35–40 Minuten. Gruppengröße beliebig.

3. Auswertungshilfen

Gibt es Widersprüche zwischen Zielbereichen? Aus welchen Motiven wurden Auswahlentscheidungen getroffen? Welche Gefühle entstehen gegenüber diesem Versuch der Lebensplanung? Welchen Verbindlichkeitsgrad haben die Entscheidungen? Wird der »Abstand« zwischen Lebenszielen und praktischen Handlungsschritten eher enttäuschend oder ermutigend empfunden?

4. Materialien

Mindestens fünf DIN A4-Bögen für jeden Teilnehmer. Schreibzeug.

5. Hinweise

Für diese Übung gibt es geeignete Vorübungen, z. B. »Wer bin ich«, »Sollen und Wollen«.

Persönlichkeitsräder

1. Ziel

Abklärung des Selbstbildes: Was bin ich? Warum bin ich das? Wie bin ich es?

2. Durchführung

2.1 Jeder Teilnehmer erhält einen Bogen Papier und Schreibzeug. Der Moderator bittet jeden, einen Kreis von ca. 5 cm Durchmesser oben auf das Blatt zu zeichnen und vom Mittelpunkt ausgehend 10 Speichen einzutragen. In eines der neun so entstandenen Felder soll nun ein Wort geschrieben werden, das den Teilnehmer zu einem großen Teil charakterisiert (ca. 2 Min. Zeit).

2.2 Die Teilnehmer bewegen sich jetzt einige Minuten so durch den Raum, als wären sie nur dies eine Wort und nichts anderes. Alle Handlungen und Gefühle sollen durch Vorstellung dieses Wortes geprägt sein (z. B. »scheu«).

2.3 Die Teilnehmer denken jetzt darüber nach, wie sie sich als »Ein-Wort-Mensch« empfunden haben. Sie werden gebeten, sich daran zu erinnern, daß ihre Person noch andere Seiten hat. Das Wagenrad soll jetzt mit acht weiteren Begriffen gefüllt werden, die die eigene Persönlichkeit ebenfalls beschreiben, Seiten, die zu der Person gehören (ca. 4–5 Minuten).

2.4 Jeder sucht sich einen Partner und tauscht mit ihm die Erfahrungen und die Begriffe im Rad aus (ca. 10 Minuten). Hier ist auch ein Abschluß der Übung möglich.

2.5 Jeder Teilnehmer wählt nun einen Begriff aus seinem Wagenrad, der ihm am ungenauesten scheint. Zu diesem Begriff wird eine Liste mit weiteren Wörtern angefertigt, die diesen Begriff genauer erläutern. Alle Wörter sollen aber in Beziehung zum ursprünglichen Begriff stehen und mit der eigenen Person zu tun haben. Evtl. kann dies auch mit einem Partner geschehen, der bei der Suche konkretisierender und erklärender Wörter hilft (ca. 5 Minuten). – Danach ist ebenfalls ein Abschluß oder eine Unterbrechung möglich.

2.6 Jeder Teilnehmer zeichnet nun ein zweites Rad in die Mitte des Blattes, wieder mit zehn Speichen von der Mitte aus zum Rand. Jetzt sucht jeder nach Personen, Ereignissen und Bedingungen, die erklären können, warum der Teilnehmer so ist, wie im ersten Rad beschrieben. In die Kreissektoren werden diese Angaben möglichst konkret eingetragen. Sie brauchen nicht zu dem jeweils im ersten Rad in einem Feld genannten Begriff zu passen, sondern sollen nur die Einfluß- und Prägefaktoren bezeichnen, die besondere Bedeutung hatten (haben) (ca. 4–5 Minuten).

2.7 Jeder setzt sich wieder mit seinem Partner zusammen und spricht mit ihm über die Ergebnisse. Wichtig sind dabei Erklärungen, *warum* eine Person oder ein Ereignis usw. Bedeutung für den Teilnehmer hat (ca. 10 Min.).

2.8 Die Teilnehmer zeichnen jetzt ein drittes Rad in den unteren Abschnitt des Blattes. Sie werden gebeten, sich neun Schlüsselverben (Tätigkeiten) zu überlegen, die typisch dafür sind, wie sich die im ersten Rad beschriebenen Eigenarten praktisch auswirken (z. B. ängstlich: Schweigen in Gruppen; energisch: mich durchsetzen; liebevoll: empfinden u.a.m. (ca. 5–7 Minuten).

2.9 Die Ergebnisse werden wieder mit einem Partner ausgetauscht, wobei der Partner aus seiner Sicht die genannten Tätigkeiten bestätigen oder korrigieren soll, je nachdem, wie *er* seinen Gesprächspartner erlebt (feedback) (ca. 10 Minuten).

Zeit: In dieser ausführlichen Form 45–60 Minuten. Gruppengröße beliebig.

3. Auswertungshilfen

s. o.

4. Materialien

Schreibzeug, Papier

5. Hinweise

Diese Übung wurde entwickelt nach N. Newberg/T. Borton: Emotionales und soziales Lernen in der Schule. München 1976, S. 54 ff. – Sie kann in einzelnen Elementen auch als Spiel zum Kennenlernen (Kat. 2.1) verwendet werden.

Einfache Anleitung zur Meditation

1. Ziel

Hinführung zu einer meditativen Haltung, körperliche Entspannung, innere Ruhe und Entspannung bei gleichzeitiger Konzentration.

2. Durchführung

Zur Vorbereitung von Meditationen verschiedener Inhalte, Formen, Verfahren gibt es ein relativ einfaches Grundmuster, das bei regelmäßiger Übung einen beachtlichen Effekt hat und als Vorstufe zu tieferen Möglichkeiten der Meditation anzusehen ist.

2.1 Die Teilnehmer werden gebeten, sich aufrecht und bequem hinzusetzen. Wer den Schneidersitz oder Lotussitz gewohnt ist, kann diese Haltung einnehmen, sonst sitzt man am besten auf einem festen Stuhl. Nach Möglichkeit sollten während der Meditation – jedenfalls in der Einübungsphase – äußere Störungen vermieden werden. – Die Teilnehmer werden gebeten, die Augen zu schließen.

2.2 Der Moderator spricht langsam und ruhig etwa folgenden Text: »Bitte spannt jetzt alle Muskeln eures Körpers zur gleichen Zeit fest an . . . noch fester . . . und noch fester. – Und nun laßt alle Muskeln gleichzeitig los. Fühlt die Entspannung und Schwere in eurem Körper . . . Spürt jetzt euren Körper und euren Atem, wie er ein- und ausfließt. Atmet einige Züge nach dem Rhythmus: Einatmen – Ausatmen – Pause . . . Die Ruhe des Atems durchströmt jetzt den ganzen Körper . . . Laß jetzt den Körper los, halte keine Spannung fest . . . Stirn und Denkzentrum loslassen . . . das Gesicht wird locker, Augenpartien, Mund und Kinn entspannen . . . Hals und Nacken werden locker . . . laß die Schultern los . . . beide Arme und Hände . . . den Rücken, den ganzen Körper bis in die Beine und Füße . . . Alle Muskeln sind locker und weich . . . Du kommst zur Ruhe . . . Stell dir vor, ein großer Korb steht vor dir . . . lege alles, was dir an Gedanken und Phantasien kommt, ganz ruhig hinein . . . laß dir Zeit . . . bis jemand einen Deckel auf den Korb legt und ihn fortträgt . . . Dich umfängt ein Gefühl der Wohligkeit und Geborgenheit . . . Wenn Gedanken kommen und Phantasien, laß sie zu und wehre sie nicht ab, aber laß sie wieder los und kehre zu dir zurück . . .« – Diese Moderation kann bis zu 5 oder 10 Minuten dauern, anschließend bleiben die Teilnehmer allein für weitere Minuten in der Meditation.

Entweder wird in »klassischer« Weise nach einem Mantra meditiert (eine ein- oder zweisilbige Lautbildung mit weichem, harmonischen Klang, z. B. Ohm, Eina, Luma o. ä.), das im Rhythmus des Atmens innerlich gedacht wird (z. B. beim Einatmen: OM, beim Ausatmen: AH, in der Atempause: HUM) und zur Tiefentspannung führt. Oder es wird ein mehr imaginatives Phantasiebild angeboten, das in der Meditation erlebt wird (z. B. eine Wiese, ein Strand, eine Hütte), es können sich aber auch mehr gelenkte Phantasiereisen anschließen, z. B. auf dem Rücken in einem Fluß treiben; eine Wiese mit einem Baum, indem eine Tür ist, dahinter liegt ein persönliches Paradies; oder auch identifikatorische Übungen, z. B. »Ich werde zu einem Baumstumpf auf einer Wiese oder an einem Fluß; zu einer Statue, die mich selbst darstellt; zu einem Motorrad, das sich in Bewegung setzt; zu einem Taucher in einer Unterwasserhöhle; zum Besucher eines weisen Mannes in einer einsamen Hütte« u.v.a. – Bei einiger Übung können auch Begriffe wie »Freude«, »Friede«, »Geborgenheit« u. a. meditiert werden.

2.3 Im allgemeinen dauert die Meditation nicht länger als 20, höchstens 30 Minuten. Zum Abschluß müssen die Teilnehmer angeleitet werden, um wieder in den Raum hier und jetzt zurückzukehren (Hilfsmittel: langsam kräftiger werdende Waschbewegungen mit den Händen machen, Strecken, Räkeln, Gähnen und Augen öffnen). – Ein Austausch der Erlebnisse in einer kleinen Gruppe soll sich in der Regel anschließen, um die Erfahrungen zu verarbeiten und nicht mit ihnen allein zu bleiben.

3. Auswertungshilfen

Welche Bilder entstanden in meiner Phantasie? Wie will *ich* sie verstehen? Was haben sie mit meinem Leben zu tun?

4. Materialien
keine

5. Hinweise
Eine gründliche Anleitung zur Meditation findet sich bei L. Schwäbisch/M. Siems: Selbstentfaltung durch Meditation. Reinbek 1976.

Meditation symbolischer Bilder

1. Ziel
Durch meditatives Erleben symbolischer Bildinhalte unbewußte Anteile der Persönlichkeit und des Verhaltens entdecken.

2. Durchführung
In einer Gruppe, die durch Imaginationsübungen, Bildmeditationen, Musikmeditationen o. ä. bereits mit dem meditativen Arbeiten vertraut ist, wird nach einer einstimmenden Phase der Körperentspannung das Thema der Meditation genannt, knapp und ohne Ausmalung, z. B. »Du bist jetzt auf einer Wiese. Wie sieht sie aus? Was tust du? Du hast jetzt fünf Minuten Zeit, Dich mit diesem Bild zu beschäftigen. Was erlebst du?« Es soll nicht gesprochen werden, äußere Ruhe im Raum ist Bedingung. Bei geübten Gruppen kann die Meditation auch länger dauern. Als symbolische Bildinhalte sind geeignet: die Wiese (als Möglichkeit, aktuelle Probleme und Stimmungen zu spiegeln), die Bergbesteigung (als Symbol für unbewußte Probleme beim Bewältigen von Schwierigkeiten, Höhe des Berges und eigenes Anspruchsniveau); Löwe in Freiheit, im Käfig, im Zirkus (eigene aggressive Impulse oder Einstellung gegenüber aggressiven Menschen); ein Bach (als Ausdruck fließender oder gestauter/gehemmter psychischer Dynamik); dunkler Wald (verborgene Ängste, geheime Wünsche) u.a.m.
Zeit: 10–15 Minuten. Gruppengröße möglichst nicht mehr als 8–12 Teilnehmer.

3. Auswertungshilfen
Meditationen von Bildern sollen gründlich besprochen werden, ohne sie zu »zerreden«. Der Moderator muß ein feines Gespür dafür haben, wann das Gespräch beendet werden soll. – Welche Gefühle entstanden in verschiedenen Situationen? Welche spontanen Einfälle und Assoziationen ergeben sich zu einzelnen Gegenständen, Szenen und Personen? Welche Einzelheiten sind wichtig? – Gibt es eine Beziehung von Bildinhalten zu eigenen Erlebnisweisen, Fähigkeiten und Schwierigkeiten? – Wurde irgendetwas als besonders belastend und angsterzeugend erlebt?

4. Materialien
keine

5. Hinweise
Eine gute Einführung in die praktische Meditation bieten L. Schwäbisch/M. Siems: Selbstentfaltung durch Meditation. Reinbek b. Hamburg 1976.

Wie ich gesehen werde

1. Ziel

Bewußtmachen verschiedener vermuteter Fremdbilder (wie einer meint, daß andere ihn sehen). – Austausch von Daten zum Selbstbild in der Gruppe. Miteinander bekannt werden und soziale Distanz verringern.

2. Durchführung

2.1 Jeder Teilnehmer beantwortet für sich selbst folgende Fragen:
– Wie ich mich selbst sehe . . . (max. 3–4 Punkte notieren)
– Wie meine Eltern mich sehen . . . (max. 3–4 Punkte notieren)
– Wie gute Freunde mich sehen . . . (max. 3–4 Punkte notieren)
2.2 In Vierergruppen wird jeweils eine Frage nach der andern besprochen, wobei vor allem auch Gründe genannt werden sollen. Wenn sich alle zu einer Frage geäußert haben, Rückfragen gestellt haben usw., kann zur nächsten übergegangen werden.
2.3 Ein Gespräch darüber, wie jeder Teilnehmer von der Vierergruppe gesehen wird, kann sich anschließen.
Zeit: 20 Minuten. Gruppengröße beliebig bei Unterteilung in Vierergruppen.

3. Auswertungshilfen

Wieweit decken sich meine Vermutungen darüber, wie ich von verschiedenen Menschen gesehen werde, mit dem, was die Gruppe an feedback gibt? Variiert mein vermutetes Fremdbild stark bei verschiedenen Personenkreisen? Wie offen konnte jeder in seinen Mitteilungen sein?

4. Materialien

Schreibzeug, Papier

5. Hinweise

Der Schritt 2.3 (Gruppenfeedback) setzt einen mittleren Bekanntheitsgrad voraus. – Auch als Übung zum Kennenlernen (Kat. 2.1) geeignet, ebenso als feedback-Übung (Kat. 2.5)

Familienbaum

1. Ziel

Bewußtmachen der persönlichen Familiensituation in der Kindheit und ihres Einflusses auf das gegenwärtige Leben. – Verringerung sozialer Distanz durch Datenaustausch über den Hintergrund der Kindheitsfamilie.

2. Durchführung

2.1 Jeder Teilnehmer malt auf einem großen Blatt Papier einen symbolischen Baum seiner Kindheitsfamilie. Dabei soll bedacht werden, welcher Pflanzentyp die Familie am besten repräsentiert, welche Farben die eigenen Gefühle über die Kindheit am besten ausdrücken, welche Stärken und Schwächen der Baum hat usw. – Der einfachste Weg ist, sich nicht rational einen Zeichenplan zurechtzulegen, sondern in der Imagination sich in die Kindheit zurückzuversetzen. Bei geschlossenen Augen meditiert jeder Teilnehmer eine Weile und läßt einen Baum als Bild vor sich entstehen. Wenn er möchte, öffnet er die Augen und läßt das Malen seines Bildes von seinen Gefühlen zu Personen und Eigenarten der Kindheitsfamilie leiten. – Auch der Hintergrund kann farbig gestaltet werden und das Gefühl bei der Wahrnehmung der Familienumwelt ausdrücken.

2.2 Jeder Teilnehmer sucht sich einen möglichst noch wenig bekannten Partner und erklärt zunächst nichts, sondern läßt den andern seine Eindrücke beim Betrachten des Baumes sagen. Erst danach soll das eigene Bild erklärt werden. Ebenso verfährt der zweite Gesprächspartner.

2.3 Jeweils zwei Paare schließen sich zu einer Vierergruppe zusammen und diskutieren anhand ihrer Bilder die Frage, wie für sie Kindheitsfamilie und gegenwärtiges Leben zusammenhängen. Thema: »Das Kind ist der Vater des Mannes«.

3. Auswertungshilfen
s. o.

4. Materialien
Zeichenpapier, bunte Filzstifte.

5. Hinweise
Auf oberflächlicher Ebene auch als Möglichkeit zum Kennenlernen (Kat. 2.1) verwendbar.

Gruppenzentriertes Psychodrama

1. Ziel
Konflikt- und Problembearbeitung von gruppenbezogenen Verhaltensschwierigkeiten durch Nachspielen, emotionale und kognitive Verarbeitung, gezieltes Verhaltenstraining.

2. Durchführung
Ein Problem, das einen einzelnen, aber auch die Gruppe (z. B. durch ähnliche Problemlagen vieler Teilnehmer) betrifft, wird in den Mittelpunkt gestellt und vom Teilnehmer kurz beschrieben. – Dann verläuft das psychodramatische Rollenspiel in vier Phasen:

2.1 Diagnostische Phase.
Der Raum wird so umgebaut, daß eine konkrete Schlüsselszene des Problems symbolisch dargestellt werden kann (Stühle, Tische, Möbel). Der Teilnehmer beschreibt, was in dieser Szene abläuft. Der Moderator kann ihn z. B. bitten, aus der »Sicht« eines im

Raum üblichen Gegenstandes, der das Problem gleichsam ständig »miterlebt«, zu schildern, was üblicherweise dort passiert (z. B. ein Bild, eine Lampe, ein Plattenspieler u.a.m.), und zwar so genau und detailliert wie möglich. Dann werden aus der Gruppe Mitspieler ausgewählt, die die beteiligten Personen repräsentieren, und für das darzustellende Verhalten instruiert.

2.2 Psychokathartische Phase.

Die Konfliktsituation wird nun konkret und direkt ausgespielt. Dabei ist es wichtig, daß sich die Spieler gut in ihre darzustellenden Personen einfühlen und sich mit ihnen identifizieren. Alle Gefühle wie Ängste, Befürchtungen, Ärger usw. sollen dabei frei agiert werden, damit es möglichst zu einem emotionalen Wiederholen der ursprünglichen Konfliktsituation kommt. –

Der Moderator kann während dieses Durchspielens verschiedene Hilfstechniken einsetzen:

Rollentausch (wenn für den Akteur die emotionale Erfahrung der Gegen-Rolle wichtig ist), Alter-Ego (hinter dem Spieler steht eine Person, die die nicht ausgesprochenen Gefühle und Gedanken stellvertretend verbalisiert), Szenenwiederholung mit alternativen Reaktionen (z. B. einmal sehr beherrscht, einmal die Wut herausbrüllen), Monolog (der Hauptspieler hat für eine Weile Gelegenheit, mitten im Spiel alle Gedanken, Gefühle, Zweifel, Ängste usw. durch »lautes Nachdenken« ungeordnet und frei an den Tag zu bringen).

2.3 Gesprächs- und Diskussionsphase.

Hier geht es vor allem um das feedback der Zuschauer, aber auch der Spieler gegenüber dem Hauptakteur. Im Mittelpunkt steht die Analyse des Spielgeschehens, auch die Diskussion von Problemen auf einer sachlichen Hintergrundebene. Vor allem soll anhand des Spieles über das Zustandekommen bestimmter Reaktionsweisen und die Gründe für das problematische Verhalten gesprochen werden. Gegen Ende können auch Lösungsvorschläge für alternatives Verhalten zur Lösung der Konfliktsituation entwickelt werden. Diese leiten dann über zur nächsten Phase.

2.4 Verhaltensmodifizierende Phase.

Die Gesamtszene oder Teilabschnitte werden erneut gespielt, wobei jetzt wie abgesprochen, ein anderes Verhalten erprobt wird. Die Mitspieler sollen darauf ebenfalls aufgrund der Einfühlung in die von ihnen gespielte Person reagieren. Anschließend wird jeweils besprochen, wieweit das Alternativverhalten geeignet war, das Problem einer Lösung zuzuführen. Verhaltensalternativen können auch durch mehrfaches, immer wieder korrigiertes und verbessertes Spielen regelrecht eingeübt werden.

Zeit: Kaum unter 30–45 Minuten. Gruppengröße: möglichst nicht größer als 20 Teilnehmer.

3. Auswertungshilfen

s. o.

4. Materialien

In der Regel keine, evtl. Notizpapier und Schreibzeug.

5. Hinweise

Ausführlichere Anleitung bei H. Petzold (Hrsg.): Angewandtes Psychodrama in Therapie, Pädagogik, Theater und Wirtschaft. Paderborn 1972 – Wir unterscheiden hier mit Petzold zwischen dem eher tiefenpsychologisch-analytischen, personzentrierten (»klassischen«) Psychodrama, das z. B. in der Schule kaum angewendet werden kann, und dem eher gruppenzentrierten Psychodrama, das Gruppenkonflikte oder zumindest von vielen teilbare Problemstellungen bearbeitet, und gut im Interaktionstraining verwendet werden kann.

Dialog auf zwei Stühlen

1. Ziel

Abklärung intrapersoneller Konflikte. Konfliktseiten in einen Dialog treten lassen, Erleben und Differenzieren eigener Einstellungen zu sich widersprechenden Verhaltenswünschen. – Interventionstechnik für den Moderator zur situativen Bearbeitung von Einzelproblematik.

2. Durchführung

Wenn sich im Laufe des Gruppengespräches ergibt, daß ein Teilnehmer mit zwei einander widersprechenden Verhaltenstendenzen oder Konfliktseiten Mühe hat und die genauere Bewußtmachung dieser Teile sinnvoll ist, kann diese Übung vom Moderator angeboten werden. Es handelt sich im Grunde um ein rein formales setting, das inhaltlich nicht näher bestimmt werden kann und soll. – Es werden zwei Stühle einander gegenübergestellt. Jedem Stuhl wird eine Seite des Konfliktes zugeteilt. (Z. B. bei folgendem Konflikt: Einerseits möchte der Teilnehmer in der Familie offener und selbständiger eigene Interessen durchsetzen, andererseits will er es nicht, weil er die entsprechenden Auseinandersetzungen scheut und Angst vor völliger Ablehnung durch die Familie hat. Die beiden Seiten, die auf die Stühle verteilt werden, sind also im Grunde zwei Teile der Person: der Teil, der eigene Interessen durchsetzen möchte, steht dem Teil, der Angst vor den Folgen hat, gegenüber.) – Der Teilnehmer setzt sich jetzt auf den einen Stuhl und spricht laut als der von diesem Stuhl repräsentierte Teil zum andern Teil auf dem zweiten Stuhl. Er beginnt zunächst mit einer kleinen Vorstellung: »Ich bin der Teil, der . . .; und du bist der Teil, der . . .« – Dann setzt sich der Teilnehmer auf den andern Stuhl und sagt: »Und ich bin der Teil, der . . . und du bist . . .« –
Im folgenden Dialog werden nun mehrfach die Plätze gewechselt, der Teilnehmer spricht jedesmal in Ich-Form. Die Seiten treten so in einen Dialog, teilen sich mit, wie sie sich gegenseitig empfinden, was sie sich vorwerfen, in welcher Beziehung sie zueinander stehen. Immer wenn die eine Seite nach ihrem Eindruck genug gesprochen hat, wird gewechselt, und die andere Seite antwortet. Der Teilnehmer soll sich viel Zeit nehmen, auf die entstehenden Gefühle achten (auf beiden Stühlen!) und in den Dialog einbringen. – Der Dialog sollte nicht zu früh abgebrochen werden, in der Regel braucht

es einige Zeit, bis die Seiten sich auf einer weniger oberflächlichen Ebene abklären. – Der Teilnehmer sollte selbst entscheiden, wann er den Dialog beenden möchte. Als Hilfsstellung kann in späteren Gesprächsphasen auch das ein oder andere Gruppenmitglied hinter einen Stuhl treten und als Alter-Ego verbalisieren, was der Teilnehmer an Hintergrundgefühlen hat, aber (noch) nicht ausspricht. Dies sollte aber mit guter Einfühlung geschehen und nicht in Spekulation ausarten. –
Zeit: 5–20 Minuten und länger. Gruppengröße: möglichst nicht über 10–15 Teilnehmer.

3. Auswertungshilfen
Was ist mir über meine Einstellung gegenüber den beiden Seiten deutlich geworden? Welche will ich verstärken? Welche konkreten Schritte bieten sich dazu an?

4. Materialien
Zwei Stühle.

5. Hinweise
keine

Symptom – Verschreibung

1. Ziel
Durch Übertreibung und bewußtes Wiederholen eine Verdeutlichung und verstärkte Bewußtmachung und damit Lösungsvorbereitung von Verhaltensproblemen erreichen.

2. Durchführung
2.1 Jeder Teilnehmer reihum nennt ein Verhalten von sich, das er nicht mag. Dann führt er es vor und übertreibt es, evtl. mehrere Male. – Die anderen Teilnehmer fordern von ihm im Verlauf der Gruppenarbeit später immer wieder, daß er es bei spontanem Auftreten sofort wiederholt.
2.2 Als Paarübung: Jeweils 2 Teilnehmer tun sich zusammen und stellen sich gegenseitig ein ihre Kommunikation störendes Verhalten (Symptom) vor, z. B.: dauerndes Entschuldigen, leises Sprechen, Befehle erteilen etc. und übertreiben dabei. (Evtl. mehrmals wiederholen.) Im Verlauf weiterer Gruppensitzungen achten sie diesbezüglich aufeinander und fordern sich bei spontanem Auftreten des Symptoms gegenseitig auf, es bewußt zu wiederholen.
Zeit: wenige Minuten. Gruppengröße 8–10 Teilnehmer, bei Paarübung beliebig.

3. Auswertungshilfen
keine

4. Materialien
keine

5. Hinweise
keine

Lebensalter und Erfolg

1. Ziel
Besinnung auf eigene Fähigkeiten. Entdecken, Akzeptieren und Verstärken von Lebensmöglichkeiten, die das Gefühl von Zufriedenheit vermitteln.

2. Durchführung
Die Gesamtgruppe teilt sich in Vierergruppen auf. Jeder Teilnehmer beantwortet für sich schriftlich folgende Fragen:
Was (oder welche Erfahrung) gab mir das Gefühl persönlicher Leistungsfähigkeit, des Erfolgs und der Zufriedenheit
— als ich 7–12 Jahre alt war
— als ich 13–17 Jahre alt war
— als ich 18–25 Jahre alt war
— heute?
Für jede Erfahrung oder jedes Erlebnis wird auch notiert, was es konkret bewirkte (z. B. Schulabschluß: Gab mir das Gefühl, daß ich mit Ausdauer etwas schaffen kann. Oder: Der erste erotische Kontakt zu einem Partner: Gab mir das Gefühl, liebenswert zu sein). Leitfrage ist also, was das Vertrauen zu sich selbst gestärkt hat. – Hilfreich ist es, sich mit geschlossenen Augen in die jeweilige Periode hineinzuversetzen und erst danach Notizen zu machen. Die Ergebnisse werden anschließend in der Vierergruppe ausgetauscht.
Zeit: ca. 30–40 Minuten. Gruppengröße beliebig.

3. Auswertungshilfen
Welche Fähigkeiten habe ich (wieder-)entdeckt? Welche will ich ausbauen und verstärken?

4. Materialien
Wandzeitung oder abgezogene Bögen mit o. a. Fragen, Schreibzeug

5. Hinweise
keine

2.4 Vertrauen, Offenheit, Echtheit

Ziele: Verringerung sozialer Distanz. Förderung von Wir-Bewußtsein und Gruppen-kohäsion. Möglichkeiten zur Beziehungsklärung, Begegnung und Konfrontation schaffen. Förderung der affektiven Ebene des Gruppenprozesses. Auflockerung, Entspannung.

Innerhalb dieser Kategorie sind auch folgende Spiele und Übungen möglich:
Freies Paarinterview (S. 57)
Direkter und indirekter Ausdruck von Gefühlen (S. 87)
Lebenslinie (S. 97)
Familienbaum (S. 107)
Persönlichkeitsräder (S. 103)
Zukunftsmusik (S. 153)
Gruppenbild malen (S. 186)
Tauziehen ohne Tau (S. 200)
Kampf der Rivalen (S. 204)
Stummer Kontakt (S. 76)
Double (S. 82)
Wen würdest du wählen (S. 148)
Stärken-Bombardement (S. 151)
Gruppenplastik (S. 163)
Schritte (S. 208)

Vertrauliche Gespräche

1. Ziel
Vertrauen und Offenheit durch Gespräche über persönliche Fragen des alltäglichen Lebens entwickeln. Verständnis für unterschiedliche emotionale Reaktionen anderer Teilnehmer auf ähnliche Probleme gewinnen.

2. Durchführung
Die Gruppe teilt sich auf in Vierergruppen. Jeder Teilnehmer erhält einen Bogen mit einer Auswahl der u. a. Gesprächsthemen und hat Zeit, zunächst für sich selbst über diese Fragen nachzudenken (etwa 5 Minuten). Es ist hilfreich, sich einige Notizen zu machen. Anschließend folgt ein nicht strukturiertes Gespräch in der Vierergruppe über das Thema (oder die Themen).
Zeit: ca. 15–30 Minuten.
Vorschläge für Kleingruppenthemen:
1. Was macht mich ausgelassen? Was macht mich traurig?
2. Was macht mich richtig glücklich? Was macht mir Sorgen?

3. Über welche Dinge kann ich nicht sprechen mit meinen Eltern/meinen Freunden/ meinen Lehrern? Worüber kann ich mit niemandem sprechen?
4. Gibt es Dinge, von denen ich nicht möchte, daß jemand sie über mich weiß? Könnte ich und will ich in dieser Gruppe darüber reden?
5. Was gibt mir das Gefühl von Wut und Ärger? Was gibt mir das Gefühl von Schuld? Von Versagen? Was verletzt mich? Was macht mich unsicher?
6. Was gibt mir das Gefühl von Geborgenheit? Von Ruhe und Zuversicht? Was ermutigt mich? Was macht mir Freude?

3. Auswertungshilfen
Wie fühlen sich die Teilnehmer nach diesem Gespräch? Welche Ähnlichkeiten und Unterschiede zwischen den Teilnehmern wurden entdeckt?

4. Materialien
Bögen mit abgezogenen Fragen für jeden Teilnehmer.

5. Hinweise
Die Kleingruppe kann anschließend ihre eigene Gesprächsatmosphäre anhand des »Kleinen Gruppenspiegels« (Kat. 2.6) reflektieren.

Satzergänzungen

1. Ziel
Entwicklung von Offenheit und Vertrauen einem Partner gegenüber. Vertiefung einer Beziehung.

2. Durchführung
Jeweils zwei Partner, die sich näher kommen möchten oder ihr Vertrauensverhältnis vertiefen möchten oder sich noch sehr distanziert fühlen, setzen sich zusammen. Sie erhalten eine kleine Liste mit Satzanfängen, die sie jeweils (schriftlich) ergänzen sollen. Nachdem dies jeder auf seinem Zettel getan hat, lesen sie sich ihre Ergänzungen vor und besprechen sie. Es ist günstig, nicht mehr als jeweils vier bis sechs Satzanfänge auf eine Liste zu schreiben. Die Auswahl sollte entweder auf die Probleme zwischen diesen beiden Partnern zugeschnitten sein (was für den Moderator einige Vorarbeit erforderlich macht) oder sich auf den allgemeinen Entwicklungsstand der Gruppe beziehen.
Zeit: ca. 10–15 Minuten. Gruppengröße beliebig.
Vorschläge für die Satzanfänge:
»Wenn du mich wirklich kenntest, würdest du entdecken . . .«
»Ich versuche, dir den Eindruck zu geben . . .«
»Ich fürchte, du glaubst, ich sei . . .«
»Wenn ich dir sagen würde, was ich jetzt empfinde . . .«
»Ich vermeide dir gegenüber . . .«

»Was ich von dir erwarte, ist . . .«
»Ich befürchte, daß ich . . .«
»Ich befürchte, daß du . . .«
»Ich könnte dein Vertrauen verlieren, wenn ich . . .«
»Ich glaube, ich könnte dir einen Gefallen tun, indem . . .«
»Ich kontrolliere mich dadurch, daß . . .«
»Ich kontrolliere dich dadurch, daß . . .«
»Ich lehne an dir ab . . .«
»Ich lehne an mir ab . . .«
»Ich halte dich von mir fern, indem . . .«
»Ich schätze an dir . . .«
u.a.m.

3. Auswertungshilfen
Was empfinden die Partner nach dem Gespräch? Welche Informationen waren neu, was haben sie ausgelöst? Wie offen war das Gespräch? Welches war der schwierigste Satz, welches der leichteste?

4. Materialien
Liste mit Satzanfängen für jeden Teilnehmer, Schreibzeug.

5. Hinweise
Weitere Vorschläge ähnlicher Art finden sich bei: J. Stevens, a.a.O.

Blinder Spaziergang

1. Ziel
Erweiterung der sinnlichen Wahrnehmungs- und Erlebnisfähigkeit. Erfahrung von Vertrauen, Führung und Sich-Anvertrauen.

2. Durchführung
Jeweils zwei Teilnehmer der Gruppe bilden ein Paar. Partner A ist Blindenführer, Partner B der Blinde. Beide unternehmen jetzt einen Spaziergang, der dem Blinden möglichst viele Erfahrungen des Berührens, Riechens, Hörens, aber auch der Bewegung, des Überwindens von Hindernissen und der Begegnung mit andern Menschen vermittelt. Der Spaziergang sollte darum u. a. auch ins Freie führen. Beide können auch ein Stück rennen, tanzen usw. – Der Führer muß den Blinden dabei vor allen Gefahren schützen. Es darf nicht gesprochen werden, so können die Eindrücke intensiver erlebt werden. – Der Blinde schließt nur die Augen, er erhält keine Binde, um sich selbst zu prüfen, wieweit er sich wirklich ohne eigene Blickkontrolle dem Partner anschließt. – Die Verbindung zwischen Führer und Geführtem wird so hergestellt, daß der Führer seine Hand so formt, als hielte er ein Ei, und der Blinde legt seine Fingerspitzen in diese

Hand hinein. – Nach etwa 10 Minuten oder mehr werden die Rollen gewechselt. – Anschließend tauschen beide Partner ihre Erfahrungen aus.
Zeit: ca. 40–60 Minuten.

3. Auswertungshilfen
Welche Gefühle entstanden während des Spazierganges? Welches war die überraschendste Erfahrung? In welcher Rolle fühlte sich jeder Teilnehmer wohler? Hat dies etwas mit seiner übrigen Einstellung zu Führen und Geführtwerden, Vertrauen geben und annehmen zu tun? Wie sicher war der Spaziergang aus der Sicht des Geführten und des Führers?

4. Materialien
keine

5. Hinweise
Auch in der eigenen Familie spielbar, ebenso als Übung in der Warming-up-Phase (Kat. 2.1) zu verwenden.

Muschel öffnen

1. Ziel
Gefühle der Verschlossenheit, Zurückgezogenheit, Verkrampfung und des Sich-Öffnens und Lösens körperlich-sinnlich erfahrbar machen.

2. Durchführung
Ein Teilnehmer, der sich verschlossen, in sich selbst zurückgezogen und blockiert fühlt, dies aber ändern möchte, setzt sich in die Mitte der Gruppe auf den Boden. (Oder als Paarübung zur allgemeinen Erfahrung dieses Problems: Zwei Partner setzen sich einander gegenüber auf den Fußboden.) Der Teilnehmer (oder Partner A) zieht die Knie an, bettet seinen Kopf auf die Knie und zieht die Schultern an, krümmt den Rücken und umschließt die Beine fest mit den Armen. Alle Muskeln sollen angespannt und verkrampft sein, die Augen geschlossen. In dieser Haltung bleibt er eine Minute und versucht, körperlich dies Gefühl der völligen Verschlossenheit nachzuempfinden. Ein anderer Teilnehmer (oder Partner B) beginnt nun ohne zu sprechen, die Muschel zu öffnen. Beide sollen darauf achten, wo Behutsamkeit und Zärtlichkeit, wo und wann ein fester Griff richtig ist. Die Schwierigkeit liegt darin, das richtige Verhältnis von Zartheit und Deutlichkeit zu finden, dem die »Muschel« folgen kann, ohne sich gewaltsam aufgebrochen zu fühlen. Geöffnete Teile sollen in der Stellung bleiben und nicht wieder geschlossen werden. Wenn die »Muschel« auf dem Rücken liegt und sich entspannt und gelockert hat, wird über diese Erfahrung gesprochen (bzw. werden in der Paarübung die Rollen getauscht). Die Übung braucht, wenn es zu einem echten Erleben der Situation kommen soll, einige Zeit.
Zeit: ca. 5–15 Minuten. Gruppengröße 8–12 Teilnehmer.

3. Auswertungshilfen

Wo regte sich Widerstand gegen das Öffnen? Wodurch entstand Bereitwilligkeit? Hatte der öffnende Teilnehmer genug Geduld, Behutsamkeit und Bestimmtheit? Wie fühlt sich der Teilnehmer, nachdem er sich hat öffnen lassen? Welche Bedingungen in der Gruppe machen es ihm schwer, sich zu öffnen? Was erwartet er von den andern?

4. Materialien

keine

5. Hinweise

Nach diesem Prinzip der körperlichen und sinnlichen Erfahrung von Gefühlen und Vorgängen können auch andere Verhaltensprobleme in aktives Erleben und in Handlung umgesetzt werden. Der Moderator muß dabei besonders auf sprachliche Bilder achten, die die Teilnehmer gebrauchen (z. B. »Ich fühle mich hin- und hergerissen«, »Ich sitze hier wie in einem Käfig«, »Ich fühle mich unter Druck« u.a.m.).

Bazar

1. Ziel

Körperkontakt durch Formen von Begrüßungsritualen anbahnen, Kommunikation durch Berührung auf eine nicht ängstigende Art. Kennenlernen, Kontaktaufnahme.

2. Durchführung

Die Gruppenteilnehmer werden gebeten, schweigend durch den Raum zu wandern und sich vorzustellen, sie befänden sich auf einem Bazar in einem ihnen unbekannten Land. Jeder läuft eine Weile ziellos umher und beachtet die anderen Teilnehmer möglichst wenig, schaut sie auch nicht an, ist ganz mit sich selbst beschäftigt (ca. 1–2 Minuten). Nun bemerken die Teilnehmer zunehmend, daß viele Menschen auf diesem Bazar sind, sie schauen sich an und beginnen, sich füreinander zu interessieren. Nach einer Weile (ca. 1–2 Minuten) fangen die Menschen an, sich zu begrüßen: sie geben sich die Hand (1 Minute), sie begrüßen sich, indem sie sich die Ellenbogen geben (1 Minute), indem sie sich die Füße geben (1 Minute), indem sie sich die Schultern geben (1 Minute). Jetzt schließen die Teilnehmer die Augen und bewegen sich als Blinde vorsichtig durch den Raum. Mit Partnern, denen man begegnet, wird eine kurze »Unterhaltung ohne Worte« geführt (z. B. durch bestätigendes Klopfen, leichtes Knuffen, Hände streicheln o. ä.) (ca. 5 Minuten). In der letzten Runde soll sich jeder von seinem blinden Partner ohne Worte verabschieden. Die Teilnehmer öffnen die Augen, suchen einen Partner (evtl. auch in Vierergruppen) und sprechen über ihre Erfahrungen.
Zeit: 15–30 Minuten. Gruppengröße beliebig.

3. Auswertungshilfen

Wie fühlten sich die Teilnehmer am Anfang des Spieles, wie am Ende? Fielen die Körperkontakte leicht, waren sie peinlich (Berührungstabus)? Gelang die nonverbale blinde Verständigung, welchen Gefühlen wurde Ausdruck gegeben? Welche Schwierigkeiten traten auf bei dem Versuch, sich ohne Worte, nur durch Berührung etwas mitzuteilen und etwas zu verstehen?

4. Materialien
Keine, allerdings ein nicht zu kleiner Raum.

5. Hinweise
In den Begrüßungsritualen mit geöffneten Augen auch als Spiel zum Kennenlernen (Kat. 2.1) geeignet. Ebenso zur Einübung in Kommunikation durch Körperkontakt (Kat. 2.6) möglich.

Blind im Kreis

1. Ziel
Gefühle der Behutsamkeit und des Schutzes nonverbal ausdrücken und empfinden.

2. Durchführung
Die Gruppe steht dicht zusammen im Kreis. Ein Gruppenteilnehmer stellt sich mit dem Rücken vor einen Teilnehmer in den Kreis, die Augen geschlossen. Die Gruppenteilnehmer wechseln ihre Position. Behutsam wird die Person an Händen, Armen oder Schultern von einem Teilnehmer zu einem anderen geleitet. Die Person soll nicht wissen, wer sie führt, aber die Behutsamkeit der Gruppe spüren. Jeder soll soviel Behutsamkeit und Fürsorge ausdrücken, wie er für angemessen hält.
Die Person sagt am Ende, wie sie sich gefühlt, was sie erlebt hat, ob und wie sie Unterschiede wahrgenommen hat.
Zeit: Wenige Minuten. Gruppengröße 8–10 Teilnehmer.

3. Auswertungshilfen
s. o.

4. Materialien
keine

5. Hinweise
Besonders geeignet entweder für einen besonders rücksichtslosen Teilnehmer (paradoxe Situation) oder für einen ängstlichen zur Erfahrung von Behutsamkeit und Schutz oder für alle nacheinander als Erfahrungsmöglichkeit.

Fallenlassen

1. Ziel
Vertrauen in die Gruppe körperlich-sinnlich erfahren. Testen, wieweit Teilnehmer be-

reit sind, sich einander anzuvertrauen. Zuwendung und Auffangen körperlich erfahrbar machen (im Unterschied zu einem Gespräch über Vertrauen und Zuwendung).

2. Durchführung

Wenn die Gruppe zu diesem Experiment, Vertrauen zu testen und zu erfahren, innerlich bereit ist, wird ein Teilnehmer gebeten, sich in die Mitte der Gruppe zu stellen. Die Teilnehmer (nicht mehr als 7–8, größere Gruppen können entsprechend unterteilt werden) stellen sich in einem dichten Kreis um ihn auf, wobei körperlich starke und schwache Teilnehmer gleichmäßig verteilt sein sollen. Der Teilnehmer in der Mitte verschränkt die Arme vor der Brust und schließt die Augen. Nach einer Weile läßt er sich nach einer Seite fallen und die Gruppe fängt ihn mit leicht vorgestreckten Händen auf. Vorsichtig wird er dann in eine andere Richtung geschoben und herumgereicht. Der anfangs sehr enge Kreis kann langsam durch Zurücktreten der Teilnehmer vergrößert werden und nach einer Weile wieder verkleinert werden. Das Fallenlassen des Teilnehmers in der Mitte wird nach etwa drei Minuten beendet. Weitere Teilnehmer können sich auf die gleiche Weise anschließen. Anschließend wird in der (Klein-)Gruppe über die Erfahrungen gesprochen.

Zeit: ca. 15–20 Minuten. Gruppengröße max. 7–8 Teilnehmer (s. o.).

3. Auswertungshilfen

Wie fühlte sich der Teilnehmer in der Mitte, was war an ihm zu beobachten? Wie hat die Gruppe sich verhalten, was haben die Teilnehmer empfunden?

4. Materialien
keine

5. Hinweise
keine

Tanz der Sehenden mit den Blinden

1. Ziel

Erfahrung von Fürsorge und Führung durch die Gruppe in einer nonverbalen Aktion. Qualität des Einander-Vertrauens testen. Behutsamkeit und Verantwortung im Umgang mit Schwachen sinnlich erfahren.

2. Durchführung

Die Gruppenteilnehmer ordnen sich zwei Untergruppen zu: den Sehenden und den Blinden. Jeder trifft selbst die Entscheidung darüber, welcher Gruppe er bei einem gemeinsamen Tanz zuerst angehören möchte. – Den Blinden werden die Augen verbunden, es wird Musik eingeschaltet, und alle Teilnehmer beginnen einen Tanz. Dabei sind die Sehenden für die Blinden verantwortlich und sollen sie behutsam, fürsorglich und ohne zu sprechen aktiv in den Tanz der Gruppe einbeziehen. Wie diese Aufgabe gelöst wird, bleibt offen. – Anschließend werden die Rollen getauscht und ein zweiter Tanz wird angeschlossen.

Zeit: ca. 10–15 Minuten. Gruppengröße max. 20 Teilnehmer.

Das Spiel wird in einem gemeinsamen Gespräch ausgewertet.

3. Auswertungshilfen

Welches war das Motiv für die erste Zuordnung zu einer Gruppe? Wie haben die Blinden ihre Hilflosigkeit empfunden? Gelang eine ausreichende Führung ohne Gängelung? Wie haben die Sehenden ihre Verantwortung wahrgenommen? Entstanden starke Gefühle der Über- oder Unterlegenheit? Hat der Umgang in diesem Spiel einen Bezug zum üblichen Verhalten der Teilnehmer in der Gruppe? Kann man sich in dieser Gruppe einander anvertrauen?

4. Materialien

Tonband oder Schallplatte mit Tanzmusik. Augenbinden.

5. Hinweise

Auch als Spiel in der Warming-up-Phase (Kat. 2.1) zu verwenden.

Einbrechen

1. Ziel

Die Situation, daß sich ein Teilnehmer emotional nicht in der Gruppe fühlt, soll in eine sinnlich erfahrbare Handlung umgesetzt und für alle emotional erlebbar gemacht werden. Strategien im Kampf um Mitgliedschaft sollen erfahren werden.

2. Durchführung

Die Gruppe bildet einen dichten Kreis, indem sich die Teilnehmer unterhaken und nach innen schauen (evtl. Brillen, Ketten o. ä. abnehmen). Der Teilnehmer, der sich draußen fühlt (oder ein anderer, der mit dieser Rolle Erfahrungen sammeln möchte), steht außerhalb des Kreises. Die Gruppe darf während des Spieles nicht sprechen. Die Aufgabe des Außenseiters liegt darin, durch irgendeine Strategie in den Kreis zu gelangen und sich zwischen zwei Teilnehmer zu stellen, so daß er ein Teil des Kreises wird. – Anschließend wird das Spiel in der Gruppe gründlich ausgewertet.

Zeit: Etwa 10–20 Minuten in einer Gruppe von 8–15 Teilnehmern.

3. Auswertungshilfen

Wie reagierte der ausgeschlossene Teilnehmer, war er passiv oder kämpfte er um den Platz in der Gruppe, wenn ja, mit welcher Strategie (körperliche Gewalt, Schmeicheln, Überreden usw., bei wem setzte er an?) – Wie reagierten die Teilnehmer, was empfanden sie während der Phasen des Kampfes, am Ende? Wurde nach dem Eindruck der Teilnehmer für die Aufnahme ein »angemessener Preis bezahlt«? Wie erleben die Teilnehmer selbst dieses Grundproblem von Kampf und Gewähren bezüglich der Integration in der Gruppe? Gab es zu schnelles Mitleid, welche Konsequenzen für die Gefühle der anderen Teilnehmer hatte dies? Wie fühlt sich der »Einbrecher« jetzt?

4. Materialien
keine

5. Hinweise
keine

Ausbrechen

1. Ziel
Die Situation, daß sich ein Teilnehmer von der Gruppe eingeengt, festgehalten und eingeschlossen fühlt, soll in eine sinnlich erfahrbare Handlung umgesetzt werden und für alle emotional erlebbar gemacht werden.

2. Durchführung
Die Gruppe bildet einen dichten Kreis, indem sich die Teilnehmer unterhaken und nach innen schauen (schwerere Variante, da die Teilnehmer alles beobachten können) oder nach außen schauen (leichtere Variante, da sie nicht viel beobachten können). (Evtl. Brillen, Ketten u. ä. vorher abnehmen.) Der Teilnehmer, der sich gefangen fühlt, steht in der Mitte. Seine Aufgabe besteht darin, aus dem Kreis auszubrechen und sich irgendwo so an den Kreis anzuschließen, daß er selbst mit dieser Position zufrieden ist. Die Teilnehmer, die den Kreis bilden, dürfen nicht sprechen. Sie sollen aber sehr genau auf ihre Gefühle achten. – Anschließend wird das Spiel in der Gruppe sehr genau ausgewertet.
Zeit: 10–20 Minuten in einer Gruppe von 8–15 Teilnehmern.

3. Auswertungshilfen
Welche Strategie, welches Tempo wählte der Teilnehmer? Bei wem setzte er an? Sprach er (versuchte zu bitten, zu drohen, zu überreden) oder setzte er sich nur mit körperlicher Kraft ein? Welche Position suchte er zur Gruppe nach dem Ausbruch? Wie fühlte er sich dort, was empfanden die Teilnehmer? Wie intensiv waren die Versuche und Gefühle, den Teilnehmer nicht freizugeben? – Welche Beziehung hat diese Aktion zum Geschehen in der Gruppe außerhalb dieses Spieles? –

4. Materialien
keine

5. Hinweise
keine

Gürtellinien

1. Ziel

Festlegung, Verabredung und Schutz von Zonen gesteigerter Verletzlichkeit bei den Teilnehmern. Regelung eines rücksichtsvollen und fairen Stiles bei Auseinandersetzungen.

2. Durchführung

Jeder Teilnehmer sucht sich einen Partner und setzt sich mit ihm zusammen. Dann fertigt jeder für sich eine Liste an mit Punkten, an denen er ganz besonders verletzlich ist (nicht mehr als 10 Dinge nennen. Beispiele: Beleidigung seiner Eltern, Anspielungen auf den Bildungsstand, Spott über körperliche Behinderungen, Lustigmachen über sein Aussehen usw.). Jeder Teilnehmer hat dazu 5 Minuten Zeit. – Anschließend wird diese Liste mit einem Partner besprochen. Beide sollen abklären, ob wirklich alle Punkte »unter der Gürtellinie« liegen oder ob nicht doch manches kritikfähig ist. Auf diese Weise wird getestet, ob die Gürtellinie sehr niedrig (= der Teilnehmer ist nicht so leicht verletzbar) oder sehr hoch (= der Teilnehmer ist in vielen Punkten verletzbar) liegt. Jeder Teilnehmer soll am Schluß maximal drei Punkte haben, die hohe Verletzlichkeit ausdrücken.

Anschließend werden von jedem Teilnehmer diese drei Punkte in der Gruppe genannt und erläutert. Der Partner hat für die künftige Gruppenarbeit die Aufgabe, andere Teilnehmer darauf aufmerksam zu machen, wenn sie bei seinem Partner diese Punkte »unter der Gürtellinie« angreifen.

Zeit: ca. 30–50 Minuten. Gruppengröße: 8–10 Teilnehmer.

3. Auswertungshilfen

Wie empfindlich und verletzlich bin ich? Unter welchen Bedingungen geht meine Gürtellinie nach oben, nach unten? Fällt es schwer, über die eigene Verletzbarkeit zu sprechen?

4. Materialien

Papier und Schreibzeug.

5. Hinweise

Auch gut geeignet für die Bearbeitung von Partnerschaftsproblemen zwischen Mann und Frau.

Obstkorb

1. Ziel

Bewußtwerden über die eigene emotionale Befindlichkeit in der Gruppe. Beziehungsklärungen unter den Teilnehmern anbahnen.

2. Durchführung

Die Teilnehmer werden gebeten, sich entspannt hinzusetzen und eine kleine Vorstellungs- und Phantasieübung mitzumachen. Die Augen werden geschlossen. Jeder stellt sich nun vor, daß sich die Gruppe in einen Korb mit verschiedenartigen Obstsorten verwandelt. Jeder läßt sich Zeit dafür, dieses Bild möglichst klar entstehen zu lassen. Was liegt in dem Korb? Wie sehe ich als Obstteil aus? Wo liege ich? Wie ist meine Umgebung? Werde ich gedrückt, liege ich in der Mitte, oben, am Rand, was empfinde ich als Obstteil? – (Einige Minuten Zeit geben.) – Wer das Bild beenden möchte, kann die Augen wieder öffnen.
Anschließend berichtet jeder kurz, wie seine Phantasie aussah und was dies zu tun hat mit seiner augenblicklichen Situation in der Gruppe.
Zeit: ca. 10–20 Minuten in einer Gruppe von 8–12 Teilnehmern.

3. Auswertungshilfen

Wie offen kann jeder über seine Gefühle in der augenblicklichen Gruppensituation sprechen? Wie hängt sein Bild mit seiner Position in der Gruppe zusammen? Welche Personen spielen dabei eine Rolle?

4. Materialien
keine

5. Hinweise

Diese Übung wurde in Anlehnung an K. Vopel: Interaktionsspiele 1, S. 64f., entwickelt.
– Auch zur Diagnose der Gruppensituation (Kat. 2.6) zu verwenden.

Geigerzähler

1. Ziel

Bewußtmachen von Gefühlen gegenüber anderen Teilnehmern. Möglichkeit zur offenen Kommunikation über Beziehungen schaffen.

2. Durchführung

Die Teilnehmer gehen schweigend im Raum umher und betrachten einander: Gesicht, Körper, Kleidung, Bewegung, Gesten. – Dabei achten sie sehr genau auf eigene Gefühle. Man kann sich auch berühren. – Bei wem empfinde ich Nähe, bei wem Distanz? Wem fühle ich mich unterlegen, wem überlegen? Von wem fühle ich mich eher angezogen, von wem eher abgestoßen? Gibt es ein Gruppenmitglied, auf das ich besonders intensiv reagiere, bei dem mein »sozialer Geigerzähler« stärker ausschlägt? – Die Teilnehmer sollen sich diesem Eindruck bewußt öffnen. Sie sollen sich darüber klar werden, was sie anspricht und wie sie darauf reagieren. Alle sollen sich darum Zeit lassen, ab und zu auf sich selbst zurückziehen und besinnen.

3. Auswertungshilfen

Welche Gefühle entstanden beim Umhergehen, beim Ansehen, beim Angesehenwerden, beim Berühren, beim Berührtwerden? Wer hat mich besonders beeindruckt? Wie reagierte ich innerlich, äußerlich im Verhalten?

4. Materialien

keine

5. Hinweise

Eine gute Vorübung ist die Übung: »Ich nehme wahr« (S. 69)

Wandern und begegnen

1. Ziel

Klärung von Beziehungen der Teilnehmer untereinander durch spontane, vom gegenwärtigen Gefühl geleitete nonverbale Aktionen. Bewußtmachen von unklaren Einstellungen und Beziehungen zu anderen Teilnehmern.

2. Durchführung

Die Teilnehmer suchen sich ohne zu sprechen einen Platz im Raum, an dem sie sich wohlfühlen. Dort bleiben sie stehen oder sitzen. Wer möchte, kann sich dann langsam in Bewegung setzen und auf andere Teilnehmer zugehen. Jeder soll sich dabei von seinem Körper und seinem Empfinden führen lassen, sich also nicht rational einen Plan zurechtlegen. Wenn sich Teilnehmer begegnen, können sie etwas miteinander machen, was ihrer gefühlsmäßigen momentanen Einstellung zueinander entspricht: Gemeinsam ein Stück gehen, gegeneinander kämpfen, sich ihre Zuneigung ausdrücken, sich etwas schenken, etwas wegnehmen, zusammen tanzen, sich mit anderen zusammenschließen – was immer ihnen in den Sinn kommt. Es ist aber wichtig, ständig im Kontakt mit sich selbst zu bleiben und zu prüfen, ob die Handlungen dem eigenen Empfinden entsprechen; z. B. soll Ablehnung, Überforderung usw. nonverbal klar ausgedrückt werden. – Gegen Ende zieht sich jeder wieder an einen Platz zurück und vergegenwärtigt sich noch einmal seine Begegnungen.

Anschließend wird in der Gruppe über die Erfahrungen gesprochen, wobei die Teilnehmer möglichst konkret auf ihre Erlebnisse mit anderen eingehen sollen.

Zeit: 10–30 Minuten. Gruppengröße: 8–15 Teilnehmer

3. Auswertungshilfen

Wie empfanden sich die einzelnen Teilnehmer in der Kontaktaufnahme: aktiv, zurückhaltend, ängstlich? Welche Begegnungen wurden von einzelnen vermieden? Welche wurden gesucht? Was sollte damit ausgedrückt werden? Welche Beziehungen sind klarer, welche unsicherer geworden?

4. Materialien
keine

5. Hinweise
Dieses Spiel kann, wenn es am Anfang eines Gruppenprozesses gespielt und in einer späteren Phase wiederholt wird, sehr anschaulich in der Art der Begegnungen die Entwicklung und Vertiefung von Beziehungen widerspiegeln.

Familienmitglieder wählen

1. Ziel
Beziehungen eines Teilnehmers zu anderen Gruppenmitgliedern durch symbolische Wahlen für eine Familienrolle verdeutlichen. Feedback der Teilnehmer über ihre Rollen in der Gruppe.

2. Durchführung
Ein Teilnehmer wählt sich aus der Gruppe eine Familie, die er um einen großen Tisch gruppiert. Dabei können z. B. Personen gewählt werden als Mutter, Vater, Bruder (älterer und jüngerer), Schwester (ebenfalls ältere und jüngere), Ehefrau, Ehemann, Kinder (Sohn, Tochter, Adoptivkind), möglicherweise auch Onkel und Tante, Großmutter und Großvater. Wenn die »Großfamilie« am Tisch sitzt, erklärt der Teilnehmer, warum er jeden für die Rolle gewählt hat und was dies mit seiner Beziehung zu den Teilnehmern (evtl. auch mit deren Beziehung untereinander) zu tun hat. – Weitere Teilnehmer schließen sich in der gleichen Weise an.
Zeit: ca. 15–30 Minuten in einer Gruppe von 8–15 Teilnehmern.
Variante: Die Teilnehmer suchen sich selbst die Rolle im Bezug zu einem Mitglied. – Anschließend wird das Spiel in der Gruppe besprochen und Wahlen werden verglichen.

3. Auswertungshilfen
Erhielten Teilnehmer häufig die gleiche oder ähnliche Rollen? Hat dies etwas zu tun mit ihrem Verhalten in der Gruppe? Gibt es Diskrepanzen zwischen zugewiesenen Rollen und eigenem Rollenverständnis?

4. Materialien
Tisch und Stühle

5. Hinweise
Auch als feedback-Übung (Kat. 2.5) sowie zur Rollenanalyse (Kat. 2.7) zu verwenden. Beachtet werden müssen auch projektive Anteile der Rollenzuweisung.

Streichholzspiel

1. Ziel

Offenheit, Durchsichtigkeit, Klärung von Beziehungen der Gruppenteilnehmer untereinander.

2. Durchführung

Jeder Teilnehmer erhält ein ganzes und ein halbes Streichholz (oder in einer weniger strengen Variante, besonders bei größeren Gruppen, drei ganze und drei halbe Streichhölzer). Die Aufgabe lautet, die Streichhölzer nach *einer* der unten aufgeführten Fragen zu verteilen. Das lange Streichholz wird für den ersten, das kurze für den zweiten Teil der Frage vergeben. Bei mehreren Streichhölzern pro Teilnehmer sollen diese an verschiedene Personen verteilt werden. Die Teilnehmer notieren, von wem sie welche Streichhölzer erhalten haben.

Fragen:

a) Mit wem konnte ich mich in der letzten Sitzung am stärksten identifizieren (hatte Zugang zu ihm, konnte nachfühlen, mich »in seine Schuhe stellen«), mit wem am wenigsten?

b) Von wem wünsche ich mir am intensivsten Anerkennung, vom wem am wenigsten?

c) Zu wem habe ich die am meisten spannungsfreie Beziehung, wemgegenüber empfinde ich am meisten Spannungen und Unklarheit?

d) Wer gibt mir am meisten das Gefühl der Sicherheit, wer am meisten das Gefühl von Verunsicherung?

e) Zu wem möchte ich am meisten Kontakt außerhalb der Gruppe haben, zu wem am wenigsten? –

3. Auswertungshilfen

Weitere Fragen können je nach aktuellen Gruppenproblemen entwickelt werden. Wichtig ist es, im Auswertungsgespräch und bei der Übungsankündigung zu betonen, daß es sich um eine »Momentaufnahme« handelt, daß sich die Beziehungen laufend verändern und daß die Verteilung der Streichhölzer kein Werturteil oder eine Aburteilung bedeutet, sondern im Gegenteil durch offenes Aussprechen eine Klärung, Vertiefung und Entwicklung der Beziehungen der Teilnehmer erreicht werden kann. – Der Übung muß ein ausführliches Gespräch folgen, das die Verteilungen begründet und auch Änderungsvorschläge für Verhalten einbezieht.

4. Materialien

Streichhölzer, Papier, Schreibzeug

5. Hinweise

Diese Übung wirkt sehr leicht bedrohlich. Die o. a. Fragen (a–e) sollten nur in belastbaren Gruppen Verwendung finden. Für andere Gruppen sind z. B. als leichtere Fragen geeignet: Wer hat heute die Gruppenarbeit sachlich gut vorangebracht? (Ganzes Streichholz) – Wer hat für eine gute gefühlsmäßige Stimmung gesorgt? (Halbes Streichholz) o. ä.

Beziehungen im Bild

1. Ziel
Eigene Gefühle im Hier – und – Jetzt und Gefühle in den Beziehungen zu anderen Teilnehmern in einem Bild darstellen (nonverbal).

2. Durchführung
2.1 Die Gruppe wird in Untergruppen zu vier Teilnehmern aufgeteilt. Jeder Teilnehmer wählt sich einen Filz- oder Kreidestift der Farbe, die seinen augenblicklichen Gefühlen nahekommt. In der Mitte jeder Vierergruppe liegt ein großer Papierbogen, jeder beginnt in einer Ecke eine Zeichnung oder ein Symbol zu entwickeln, das seine augenblickliche Gefühlssituation ausdrückt (z. B. wenn jemand streiken möchte oder sich aggressiv fühlt, kann er einen Blitz mit Wetterleuchten zeichnen u. ä.). – Ohne zu sprechen wird nun Kontakt zu den anderen Teilnehmern und ihren Zeichnungen aufgenommen, indem auf deren Symbole mit einer ergänzenden Zeichnung geantwortet wird (wenn z. B. jemand eine Mauer gezeichnet hat, kann ein anderer eine rankende Rose von außen daran zeichnen, um damit seinen Kontaktwunsch auszudrücken u.a.m.). Wenn sich die Gefühle während des Zeichnens ändern, kann das Ausgangssymbol verändert werden (z. B. kann jemand, der anfangs eine verschlossene Muschel gezeichnet hat, diese jetzt leicht geöffnet zeichnen). –
Allmählich sollen die Zeichnungen sich zu einem Ganzen entwickeln, das etwas von den Intentionen der Gruppe und der Teilnehmer untereinander ausdrückt.
Zeit: ca. 20 Minuten.

2.2 Nach Beendigung des Bildes äußert sich jeder Teilnehmer der Vierergruppe zu seiner Ausgangszeichnung und zu dem, was er damit und mit seinen weiteren Zeichnungen ausdrücken wollte. Vor allem über die Gefühle, die durch die ergänzenden Zeichnungen der anderen Teilnehmer entstanden, soll gesprochen werden.
Zeit: ca. 10 Minuten.

2.3 Jeweils zwei Vierergruppen schließen sich zusammen. Die Bilder werden in die Mitte gelegt. Die Mitglieder einer Vierergruppe äußern nun zunächst ihre Eindrücke zum Bild der anderen Gruppe, zum Thema des Bildes, zur Stimmung, zum Gesamtcharakter. Es sollen keine Fragen gestellt werden, sondern subjektive Eindrücke mitgeteilt werden. Dabei müssen die einzelnen Symbole und ergänzenden Zeichnungen sehr genau studiert werden. Anschließend äußert sich die Gruppe, die das Bild gemalt hat. – Sodann wird das andere Bild in der gleichen Weise besprochen.
Zeit: 10–15 Minuten.

3. Auswertungshilfen
Wie sensibel reagierten die Teilnehmer aufeinander? Wurden im Bild ausgedrückte Wünsche richtig verstanden und angemessen beantwortet? Wie wurde das Risiko, Beziehungen ohne Worte zu entwickeln, erlebt?

4. Materialien
Große Bögen zum Malen, Farbkreiden oder breite (farbige) Filzstifte.

5. Hinweise
Auch als Kooperationsübung (Kat. 2.8) geeignet.

Beziehungsbild und Beziehungswirklichkeit

1. Ziel
Analyse der Beziehung zu einem Teilnehmer durch Vergleich eines phantasierten und eines realen Kontaktes. Kontrolle von Übertragungsanteilen in einer Beziehung. Einblicke in das Projektionsfeld einer Gruppe.

2. Durchführung
2.1 Jeder Teilnehmer wird gebeten, sich in Ruhe zu überlegen, welches Gruppenmitglied er etwas für ihn selbst Wesentliches und Bedeutsames fragen möchte. (Es sollten absichtlich keine Beispiele genannt werden, um die Übungsergebnisse möglichst offen zu halten.) Jeder notiert zunächst, wen er etwas fragen möchte und was er fragen will. Dann werden die Augen geschlossen und eine Situation phantasiert, in der diese Frage an den Partner gestellt wird. Dies soll in Ruhe und ohne Zeitdruck geschehen. Wo befinden sich die Partner? Wie sitzen oder stehen sie einander gegenüber? Wie stellt jeder die Frage, in welchem Ton, mit welcher Mimik, Gestik, Intensität usw.? Wie reagiert der Partner? Was für ein Gesicht macht er? Wie ist sein Körperausdruck? Überlegt er lange nach der Antwort? Wie antwortet er, was antwortet er inhaltlich? – Auch dies wird anschließend schriftlich notiert.
2.2 Nun stellt nacheinander jeder seinem gewählten Partner die Frage, der Partner antwortet und die Antwort wird notiert. Auch auf das Wie der Antwort wird geachtet. Jeder vergleicht nun phantasierte Frage/Antwort-Situation und reale Frage/Antwort-Situation und berichtet darüber in der Gruppe. Ein Mitglied in der Gruppe hält an der Tafel oder einer Wandzeitung fest, wer wen etwas gefragt hat (Kreis mit Personennamen und Pfeilen).
2.3 Die Diskussion dieses Vergleiches von phantasierten und realen Antworten, die einiges über die auf den Partner übertragenen unbewußten Anteile in der Beziehung aussagt, sollte folgende Fragen berücksichtigen: Welche Merkmale am Partner (als Projektionsträger) haben meine Wahl ausgelöst? Welches persönliche Problem oder Merkmal drückt meine Frage aus? Wieweit decken sich phantasierte und tatsächliche Antwort? Was sagen Frage und Antwort über unsere Beziehung aus? Welche Gruppenteilnehmer erhielten viele Fragen, welche wenige? Woran liegt dies, welches »Bild« vermitteln diese Teilnehmer in der Gruppe, welche Rolle haben sie? Wer zieht viele/wenig Übertragungen auf sich?
Zeit: ca. 2 Stunden und mehr in einer Gruppe von 8–10 Teilnehmern.

3. Auswertungshilfen
s. o.

4. Materialien
Papier und Schreibzeug

5. Hinweise
keine

Drei Wünsche

1. Ziel
Bewußtmachen von Wünschen und Bedürfnissen in Beziehungen. Ermutigung zum Äußern von Wünschen. Nicht-Erfüllung von Wünschen (Enttäuschung) ertragen lernen.

2. Durchführung
Jeder Teilnehmer wählt sich ein Gruppenmitglied aus, an das er drei Wünsche richtet (möglichst etwas, das in der Gruppe geschehen kann, z. B. etwas gemeinsam tun, etwas erhalten wollen u.a.m.). (Eine leichtere Variante liegt darin, daß jeder zwei Personen wählt, um die Gefahr zu verringern, daß einzelne Teilnehmer keinen Wunsch erhalten.) Die drei Wünsche werden möglichst zu Beginn eines Arbeitsabschnittes (z. B. Tagesanfang) geäußert und sollen bis zum Ende einer Phase (z. B. bis zum Abend) erfüllbar sein. Allerdings soll nur *einer* der drei Wünsche erfüllt werden, und dies auch nur, wenn der Betroffende innerlich wirklich dazu bereit ist, also nicht nur aus spieltechnischen oder karitativen Gründen! – Hilfreich ist es, sich jeweils die eigenen geäußerten und erhaltenen Wünsche mit Namen zu notieren. –
Sind die Wünsche am Ende des verabredeten Zeitpunktes erfüllt bzw. nicht erfüllt, folgt ein ausführliches Auswertungsgespräch in der Gruppe.
Zeit: Insgesamt für das Äußern und Auswerten ca. 2 Stunden und mehr in einer Gruppe von 8–12 Teilnehmern.

3. Auswertungshilfen
Wer erhielt viele Wünsche, wer keine, woran liegt dies? Was sollte durch die Wünsche ausgedrückt werden? Mit welcher Begründung und Absicht wurde ein Wunsch erfüllt? Wie wirkt sich die Nicht-Erfüllung auf die Beziehung aus? Wie wird die Nicht-Erfüllung persönlich verkraftet? Fiel es schwer, bestimmte Wünsche zu äußern? Waren die Wünsche oberflächlich und ängstlich? Was ist für den einzelnen Teilnehmer leichter: Wünsche anzumelden oder Wünsche anderer zu erfüllen?

4. Materialien
Papier und Schreibzeug.

5. Hinweise
keine

Blinde Begegnungen

1. Ziel
Selbsterfahrung in der nicht-verbalen Kontaktaufnahme, Erweiterung der sinnlichen Erlebnisfähigkeit.

2. Durchführung
Die Teilnehmer gehen durch den Raum und suchen sich einen Standort, wo sie sich wohlfühlen. Dann schließen sie die Augen und achten auf ihre Gefühle, – entspannen sich. Sie sollen vor allem darauf achten, wie sie jetzt das Alleinsein erleben und nachher die Begegnungen mit anderen Menschen. – Nach etwa zwei Min. gehen die Teilnehmer mit geschlossenen Augen durch den Raum und versuchen, den Händen anderer Menschen zu begegnen. – Wie fühlen sich diese Hände an? – Sind es Männerhände? Sind es Frauenhände? – Vielleicht wollen sie diese Menschen noch näher kennenlernen, dann können sie den Partner mit ihren Händen erforschen. Wenn er das nicht will, soll er das zu erkennen geben. – Nach einer Weile trennen sich die Teilnehmer wieder und suchen eine neue Begegnung. – Wie erleben sie diese Trennung, wie die neue Begegnung? – Nun lösen sie sich wieder und suchen sich zum dritten Mal einen Partner, mit dem sie gemeinsam durch den Raum gehen. – (Der Moderator wartet, bis sich alle Teilnehmer gefunden haben). – Alle Paare sollen nun versuchen, *ohne dabei die Augen zu öffnen*, einen Kreis zu bilden, indem sie sich an den Händen fassen. Nun werden sie von links und rechts gehalten: Die Teilnehmer sollen sich den Unterschied bewußt machen. Der Kreis soll so groß werden, daß alle die Hände fast ausgestreckt halten. – Schließlich lassen sie die Hände zu beiden Seiten los und stehen wieder alleine. Die Augen bleiben geschlossen. Die Teilnehmer knien sich nun auf die Erde (den Fußboden) und erfühlen den Raum vor sich, hinter sich und über sich. – Vielleicht begegnet ihnen auch wieder eine Hand. Wie erleben sie das? – Zum Abschluß bleibt jeder ohne Bewegung eine Weile auf seinem Platz und vergegenwärtigt sich noch einmal die Begegnungen. Ein Austausch erfolgt anschließend in der Gesamtgruppe.
Zeit: ca. 15–30 Minuten. Gruppengröße: max. 15 Teilnehmer.

3. Auswertungshilfen
Wie wurden die einzelnen Begegnungen erlebt? Wie verteilten sich Aktivität, Passivität, Ängstlichkeit auf die Teilnehmer?

4. Materialien
keine

5. Hinweise
keine

Bildhauerspiel

1. Ziel

Beziehungen zwischen zwei Teilnehmern in einer nichtverbalen Gestaltungsübung ausdrücken. Wünsche für die Veränderung der Beziehung ausdrücken.

2. Durchführung

Zwei Teilnehmer, deren Beziehung zueinander unklar oder schwierig ist und als belastend empfunden wird, stehen in der Mitte der Gruppe. Partner A stellt sich vor, er sei ein Bildhauer, Partner B, er sei das Material. Partner A beginnt nun langsam, den anderen ohne Worte so zu modellieren und in seiner Haltung zu verändern, wie er ihn als Gegenüber erlebt. Partner A bezieht sich selbst auch in die Statue ein, indem er sich zur Haltung des Gegenübers in Beziehung setzt (z. B. als jemand, der mühsam vom Boden aufstehen will und von einem mächtigen, stolzen Partner mit einer erdrückenden Geste niedrig gehalten wird usw.). Der Bildhauer soll sich Zeit lassen und immer wieder korrigieren, bis das Standbild wirklich seiner gefühlsmäßigen Beziehung zum Partner entspricht. – Anschließend wird die Statue wieder aufgelöst und eine neue geformt nach der Leitlinie: Wie ich mir unsere Beziehung wünsche, was sich verändern soll (und zwar an beiden). Wieder soll dies mit viel Zeit und in ständigem Kontakt mit den eigenen Empfindungen geschehen.

Varianten:
1. Der Partner B schließt sich nun als Bildhauer an und drückt zu beiden Fragen seine Sicht der Beziehung aus.
2. Die Gruppe bildet von Anfang an Paare, und alle Teilnehmer spielen mit. Diese Variante hat den Nachteil, daß die Gruppe keine Rückmeldung über den Gestaltungsprozeß geben kann, den Vorteil, daß alle beteiligt sind und mehr Möglichkeiten zur gleichzeitigen Arbeit gegeben sind.

Zeit: ca. 15 Minuten in einer Gruppe von 8–12 Teilnehmern.

Anschließend wird das Geschehen in der Gruppe besprochen, wobei auch die anderen Teilnehmer sagen, wie sie den Gestaltungsprozeß erlebt haben und wie sie die Beziehung empfinden.

3. Auswertungshilfen

Wie wurde jeweils mit dem Material umgegangen? Wie entgegenkommend war der Partner als Material? Welche Gefühlsbotschaften sind durch die Statuen mitgeteilt worden? Hat sich die Beziehung durch diesen Klärungsversuch verändert? Was kann konkret zur Veränderung getan werden? Gab es in der Gruppe Identifizierungen mit dem einen oder andern Partner?

4. Materialien

keine

5. Hinweise

Sehr gut geeignet auch als Spiel für die Klärung von Partnerschaftsproblemen zwischen Mann und Frau, Freundin und Freund.

Begegnung

1. Ziel

Wenn die verbale Beziehungserklärung zwischen zwei Teilnehmern stockt, sollen durch eine Begegnung ohne Worte im Raum Gefühle ausgedrückt und bewußtgemacht werden.

2. Durchführung

Die betreffenden beiden Teilnehmer stellen sich an zwei entgegengesetzten Enden des Raumes auf. Sie schließen die Augen, jeder besinnt sich zunächst nur auf sich selbst. Danach werden die Augen geöffnet, sie blicken sich an und gehen nun schweigend aufeinander zu. Die Geschwindigkeit und die Art und Weise, wie jeder auf den anderen zugehen möchte, wählt jeder selbst. Auch sollen sie sich vorher keinen Plan machen, was sie im Augenblick der Begegnung tun wollen. Wenn sie sich begegnen, sollen sie – ohne miteinander zu sprechen – das tun, wozu sie sich im Moment gedrungen fühlen. Den Zeitpunkt des Abbruchs der Begegnung wählen die Teilnehmer selbst. Auch kann die Begegnung gleich oder in anderer Form wiederholt werden. – Während des Austausches in der Gesamtgruppe, in dem die ausgedrückten Gefühle nicht »zerredet« werden sollten, können die übrigen Teilnehmer auch äußern, wie sie die Begegnung erlebt haben.

3. Auswertungshilfen

s. o.

4. Materialien

keine

5. Hinweise

keine

Nonverbale Gefühlsäußerungen

1. Ziel

Die eigenen Gefühle verschiedenen Personen gegenüber sollen durch körperlichen Kontakt ohne Worte ausgedrückt werden, insbesondere wenn dies mit Worten schwerfällt.

2. Durchführung

Die Gruppe steht im Kreis. Ein Teilnehmer beginnt, indem er sich in die Mitte stellt und die Augen schließt. Dann drücken die andern Gruppenmitglieder ihre Gefühle diesem Teilnehmer gegenüber aus, indem sie ohne Worte irgendeine Art von körperlichem Kontakt mit ihm aufnehmen (z. B. kann einer die Hand kräftig schütteln, um Solidarität auszudrücken, ein anderer kann ihn auf einen kurzen Spaziergang führen, mit ihm tanzen oder ihn auf die Schultern fassen und langsam zu Boden drücken, oder er kann umarmt, gestreichelt werden, seine Haare können zerzaust werden usw., wichtig ist, daß dies alles dem wirklichen Gefühl des Teilnehmers gegenüber der Person in der Mitte entspricht). Nachdem sich jeder auf diese Weise ausgedrückt hat, setzt sich die Gruppe wieder und der Teilnehmer in der Mitte teilt seine Reaktion mit: wie er die Gruppe insgesamt empfunden hat (z. B. als sehr liebevoll oder sehr aggressiv) und wie er die einzelnen Kontakte empfand. – Jetzt kann sich ein Gruppenmitglied nach dem andern zur gleichen Prozedur anschließen, soweit jeder möchte, daß die Gruppe ihm gegenüber ihre Gefühle auf diese Weise ausdrckt.

Variante: Der Teilnehmer in der Mitte behält die Augen offen. Dies gibt die Chance einer größeren Offenheit mit der anschließenden Möglichkeit verbaler Beziehungsklärungen.

Zeit: 45–60 Minuten für eine Gruppe von 8–10 Teilnehmern.

3. Auswertungshilfen
s. o.

4. Materialien
keine

5. Hinweise
Besonders geeignet, wenn das Gespräch stockt, auch anstelle eines »Blitzlichtes« nach ermüdenden oder spannungsgeladenen Sitzungen.

Drinnen – draußen

1. Ziel
Bewußtmachen der Gefühle gegenüber einer Gruppe. Zugehörigkeit und Selbständigkeit, Integration und Alleinsein testen.

2. Durchführung
Die Gruppe stellt sich in einem Kreis auf. Ohne zu sprechen beginnt ein Teilnehmer, den Kreis zu verlassen und im Raum umherzugehen. Dabei achtet er genau auf seine Gefühle an den verschiedenen Stellen des Raumes, vor allem, wenn er weit von der Gruppe entfernt, nahe am Kreis usw. sich befindet. – Er stellt auch Vermutungen an, was die Gruppe empfinden mag während seiner verschiedenen Positionen. Dies bedeutet, daß auch die Gruppenteilnehmer sehr aufmerksam eigenen Gefühlen gegenüber sind, solange das Mitglied außerhalb der Gruppe ist. – Dann sucht sich der Teilnehmer langsam wieder einen Platz in der Gruppe und registriert, was in ihm vorgeht, wenn er wieder in der Gruppe steht. – Weitere Teilnehmer schließen sich auf die gleiche Weise an. Während der gesamten Übung soll nicht gesprochen werden. In der Regel können sich 4–5 Personen beteiligen, wenn es mehr werden, entsteht leicht das Gefühl der Langeweile. Es ist besser, diese Übung dann zu einem späteren Zeitpunkt für die

anderen Teilnehmer zu wiederholen. – Im Anschluß an die Übung werden die Erfahrungen in der Gruppe ausgetauscht.

Zeit: 10–15 Minuten ohne Austausch. Gruppengröße: beliebig, am besten jedoch 8–12 Teilnehmer.

3. Auswertungshilfen

Wer begann die Übung? Aus welchen Hintergrundbedürfnissen? Welche Gefühle entstanden beim Verlassen der Gruppe (Isolation? Einsamkeit? Befreiung? Erleichterung? Schwachheit? Unsicherheit? Schuldgefühle u.a.m.)? An welcher Stelle des Raumes fühlte sich der Teilnehmer am wohlsten/unwohlsten? Was sagt dies über seine Beziehung zur Gruppe? Hatte er den Eindruck, daß die Gruppe auch ohne ihn vollständig ist? – Welche Vermutungen hatte er über die Empfindungen einzelner Gruppenteilnehmer ihm gegenüber in den verschiedenen Positionen? Stimmt dies mit den Gefühlen der Gruppenteilnehmer überein? Wieweit »gewährt« die Gruppe einen Raum zur Selbständigkeit und Unabhängigkeit? Gibt es einen Gruppendruck oder Gruppenzwang?

4. Materialien

keine

5. Hinweise

Auch geeignet zur Reflexion des Gruppenprozesses (Kat. 2.6)

Selbstsicherheit prüfen

1. Ziel

Selbstsicherheit im Auftreten/Verhalten im Alltag vergleichen mit der Selbstsicherheit in der Gruppe und mit anderen Teilnehmern.

2. Durchführung

Die Gruppe stellt ihre Stühle in einer Reihe auf, soviele Stühle wie Mitglieder. Die Plätze werden nummeriert vom ersten bis zum letzten. Nun soll sich jeder Teilnehmer einen Stuhl aussuchen unter der Frage: Wenn Platz 1 die größte Selbstsicherheit im alltäglichen Auftreten bedeutet und der letzte Platz die allergrößte Selbstunsicherheit, die Stühle dazwischen entsprechende Einordnungen bedeuten, – auf welchen Platz setze ich mich bei ehrlicher Einschätzung? – Die Teilnehmer sollen sich mehrere Minuten Zeit lassen und evtl. erst einige Plätze ausprobieren, auf sich wirken lassen und dann ihre Wahl ggf. nochmal korrigieren. – Wenn jeder seinen Platz gefunden hat, beginnt die zweite Runde. –
Die Frage lautet jetzt: Wie selbstsicher bewege ich mich hier in dieser Gruppe? Entsprechend werden wieder die Plätze gesucht. – Sollten bei beiden Runden mehrere den gleichen Platz beanspruchen, so kann dies akzeptiert, sollte aber in der Auswertung

problematisiert werden. – Anschließend werden die Wahlen in der Gruppe besprochen und diskutiert.

Zeit: 15–30 Minuten in einer Gruppe von 8–15 Teilnehmern.

3. Auswertungshilfen

Wie »selbstsicher« wurde der Platz der Selbstsicherheit gewählt? Gibt es Häufungen auf bestimmten Plätzen? Sind sich diese Teilnehmer in diesem Punkt wirklich ähnlich? Gibt es Diskrepanzen zwischen Alltag und Gruppe, wenn ja, woran liegt dies? Welche Bedingungen und welche Teilnehmer machen Selbstsicherheit schwer, welche erleichtern sie?

4. Materialien

Stühle und Nummernschilder.

5. Hinweise

Auch geeignet als feedback-Übung (Kat. 2.5).

Die Mümmels

1. Ziel

Bewegung, Auflockerung in die Gruppe bringen, lustige Form der Interaktion, Abbau von Anfangsängsten.

2. Durchführung

Der Moderator teilt an jedes Mitglied einen kleinen Zettel aus, auf dem ein Familienname steht. Zu jeder Familie gehören vier oder fünf Personen (bei kleineren Gruppen drei Personen). Die Familiennamen lauten: Mümmel, Mimmel, Mömmel, Nümmel, Nimmel, Memmel (weitere Varianten sind möglich. Die Namenszettel sollen vorher gut durchgemischt werden.) Die Teilnehmer gehen nun frei im Raum umher, ohne sich ihre Zettel zu zeigen. Auf ein Zeichen des Moderators ruft jeder seinen Namen laut vor sich hin und versucht, die anderen Familienangehörigen zu finden. Die Familie, die zuerst alle 4 (3 bzw. 5) Mitglieder zusammen hat, darf jetzt erst anhand ihrer Zettel die »Zugehörigkeit« jedes Mitgliedes prüfen. Hat sich jemand verhört, muß er seine richtige Familie suchen. Die Familie, die zuerst vollständig ist, setzt sich auf den Boden und hat gewonnen. Die andern müssen weitersuchen. Wiederholungen mit neu ausgeteilten Namenszetteln sind möglich.

Zeit: 10–15 Minuten. Gruppengröße bis zu 30 Teilnehmern.

3. Auswertungshilfen

Wer übernahm aktive Rollen, wer verhielt sich passiv?

4. Materialisten

Namenskärtchen oder -zettel.

5. Hinweise

Dieses anspruchslose und aktivierende Spiel eignet sich für Anfangssituationen in Gruppen (Kat. 2.1) ebenso wie zur Belebung nach anstrengenden und ermüdenden Arbeitsphasen. Varianten können leicht selbst erfunden werden (z. B. Finden durch Nachahmen von Tierbewegungen oder Tierlauten usw.)

Verknotete Schlange

1. Ziel
Entspannung, Auflockerung, Anbahnung von Körperkontakt in angstfreier Form.

2. Durchführung
Die ganze Gruppe faßt sich an die Hände und bildet eine lange Schlange. Den Kopf (d. h. die erste Person in der Schlange) bildet am besten der Moderator, damit der nächste Schritt gut gelingt. Er beginnt nämlich, die andern hinter sich herzuziehen und schlängelt sich dabei zwischen den andern Teilnehmern möglichst häufig hindurch, steigt über ihre Handverbindung, kriecht darunter, krabbelt auch zwischen Beinen durch. Die ganze Schlange folgt ihm. Dabei bleiben die Hände angefaßt. Schließlich gibt der Kopf der Schlange seine freie Hand der Person, die den Schwanz bildet, so daß ein Knäuel ohne Anfang und ohne Ende entstanden ist. Die Aufgabe der Gruppe ist nun, das Knäuel zu entwirren, ohne die Hände loszulassen. Dies gelingt erstaunlicherweise fast immer, indem die Teilnehmer über die Hände steigen, sich drehen, die Schlange entknoten usw. – Die Hände dürfen dabei nie den Kontakt verlieren.
Zeit: 5–10 Minuten. Gruppengröße: max. 20 Teilnehmer. Untergruppen zu 10–12 Personen sind möglich und bilden dann eine eigene Schlange.

3. Auswertungshilfen
keine

4. Materialien
keine

5. Hinweise
keine

2.5 Feedback

Ziele: Vom ritualisierten zum spontanen feedback kommen, ebenso vom indirekten zum direkten. Wahrnehmung, eigene Reaktion und eigene Phantasien/Spekulationen unterscheiden lernen. Positives und negatives feedback geben.

Innerhalb dieser Kategorie sind auch folgende Spiele und Übungen möglich:

Erster Eindruck (S. 61)
Lügendetektor (S. 60)
Glauben und Wissen (S. 59)
Zeitungscollage (S. 50)
Wie ich gesehen werde (S. 107)
Tagesschau (S. 163)
Zeugen beschreiben (S. 68)
Nonverbale Gefühlsäußerungen (S. 132)
Streichholzspiel (S. 126)
Familienszenen (S. 177)
Robinson-Spiel (S. 177)
Rollenzirkus (S. 179)
Gruppenbeobachtungstraining (S. 71)
Familienmitglieder wählen (S. 125)
Satzergänzungen (S. 144)
Bildhauerspiel (S. 131)
Selbstsicherheit prüfen (S. 134)
Normenfeedback (S. 173)
Brückenbau (S. 183)
Kleckse deuten (S. 185)
Hoher Gerichtshof (S. 216)
Abschiedsgeschenke (S. 216)

Einführung in das feedback

1. Ziel

Die Teilnehmer sollen verstehen, warum feedback für jede Gruppenarbeit eine grundlegende Notwendigkeit ist; sie sollen einige wichtige Regeln für feedback kennenlernen und mit ihnen vertraut gemacht werden; sie sollen motiviert werden, feedback zu geben und dabei einfache Regeln zu beachten.

2. Durchführung

2.1 Es werden Dreiergruppen gebildet. Jede Gruppe einigt sich auf eine Situation aus dem bisherigen Gruppenleben (oder eine gemeinsam erlebte Situation), in der etwas besonderes »los« war (Ärger, Aufruhr, Mißerfolge, Pannen usw.). Die beteiligten Personen und ihr Verhalten werden jetzt von jedem ganz kurz auf einem Zettel aufgeschrieben, und zwar so, daß dies auf der linken Seite des Zettels steht. Auf der rechten Seite wird nun kurz notiert, was der Schreiber am liebsten (unreflektiert) gesagt, gerufen, getan usw. hätte (vielleicht hat er es in der Situation ja auch realisiert). Ein bis zwei solcher Spontan-feedbacks genügen. – Nachdem jeder Teilnehmer damit fertig ist, liest einer zunächst seine Situationsschilderung (linke Seite) vor. Anschließend liest er sein Spontan-feedback vor, während die anderen beiden das feedback folgendermaßen einstufen:

1. Verletzend: sehr/mittel/wenig;
2. Reizt zum Angriff oder zur Verteidigung: sehr/mittel/wenig;
3. Gibt sachliche Information über die eigene Reaktion auf die Szene: sehr/mittel/wenig;
4. Regt an, nachzufragen: sehr/mittel/wenig.

(Diese Kriterien können vorher an einer Wandzeitung/Tafel notiert werden.) – Dann folgen die beiden anderen Teilnehmer mit ihrer Schilderung und ihren feedbacks.

2.2 Anschließend erhalten die Dreiergruppen das Papier »Warum und wie gibt man feedback?« (s. u.), lesen es und diskutieren die Situation/Szene nochmal im Lichte dieser feedback-Regeln; was hätte besser gemacht werden können?

2.3 Zum Schluß kann sich die Gesamtgruppe nochmal treffen und allgemeine Fragen zum feedback besprechen. – Eine konkrete feedback-Übung sollte sich bald anschließen. Die Regeln können auf einer Wandzeitung im Raum aufgehängt werden.

Zeit: 40–60 Minuten und mehr. Gruppengröße beliebig.

3. Auswertungshilfen

s. o.

4. Materialien

Wandzeitung, abgezogenes Arbeitspapier, Papier und Schreibzeug.

5. Hinweise

Zur Einführung in feedback-Regeln vgl. Schwäbisch/Siems, a.a.O., S. 63 ff. – Vopel/Kirsten, a.a.O., S. 116 ff. – Antons, a.a.O., S. 108 ff.

Warum und wie gibt man feedback?

1. Feedback ist in unserem Zusammenhang vereinfacht zu verstehen als eine Mitteilung an eine Person, die diese Person darüber informiert, wie ihre Verhaltensweisen von anderen wahrgenommen, verstanden und erlebt werden. Das mögliche Maß und die Wirksamkeit des feedback wird weitgehend bestimmt vom Maß des Vertrauens, das in einer Gruppe zu finden ist.

Geben wir einem andern diese Rückmeldung (feedback) nicht, kann der andere wenig darüber lernen, wie sein Verhalten auf andere Menschen wirkt, wie die andern auf das, was er sagt, tut oder ausdrückt, offen oder insgeheim reagieren. Wird ihm so über längere Zeit Information über sich vorenthalten, wird er sich unrealistisch sehen (blinde Flecken in seiner Wahrnehmung über sich selbst), und ihm wird die Möglichkeit verwehrt, sein Verhalten zu überprüfen und möglicherweise zu ändern.

Obwohl direktes und sofortiges feedback so wichtig ist, kommt es oft vor, daß ein Gruppenmitglied sich über ein anderes ärgert, wundert oder sich verletzt, gekränkt, verwirrt usw. fühlt und sich dann bei einem Dritten beschwert. Dem betroffenen Mitglied ist es damit nicht möglich, wichtige, vielleicht neue Informationen über sich zu erhalten und in Verhaltens*änderung* umzusetzen. Aber auch umgekehrt gilt, daß Verhaltensweisen nicht gezielt ausgebaut werden können, wenn die andern nicht verstärkende Rückmeldung ihrer positiven Eindrücke geben. Darum ist es auch sehr wichtig, sich über angenehme und erfreuliche Empfindungen zu äußern, die ein Teilnehmer durch sein Verhalten bei andern Gruppenmitgliedern auslöst.

Viele Leute scheuen sich, feedback zu geben oder anzunehmen, weil sie in ihrem Leben (Kindheitsfamilie, Schule u. a.) recht unangenehme Erfahrungen mit feedback gemacht haben. Oft wird feedback nämlich in einer Form gegeben, daß die schmerzzufügende seelische Bestrafung größer ist als der Zugewinn an Information über sich selbst. Bei solchem feedback bekommt man schnell ein schlechtes Gewissen und Angst, gerät in Verteidigungshaltung und verschließt beide Ohren vor der neuen Information. Die einzige Erfahrung, die man macht, ist dann die, daß man sich für »schlecht« hält. – Nun ist es manchmal sehr schwer, genau das in Worte zu kleiden, was man einem Teilnehmer sagen möchte über den Eindruck, den er macht. Darum können wir uns mit Spielen und Übungen weiterhelfen, die uns auf bestimmte Dinge beim andern aufmerksam machen.

Es ist darüberhinaus notwendig, dieses »Rückspiegeln« von Verhalten (feedback) zu üben und dabei einige grundlegende Regeln zu beachten.

2. Regeln für das feedback
– Beziehe dich auf konkrete Einzelheiten der Hier-und-jetzt-Situation, nicht auf Verhalten, das womöglich schon lange zurück liegt!
– Gib dein feedback so bald als möglich, sei spontan!
– Biete deine Rückmeldung an, aber zwinge sie nicht auf!

- Sei offen und ehrlich!
- Sei nicht weitschweifig, sondern klar und hinreichend deutlich!
- Vermeide moralische Bewertungen und allgemeine Deutungen, beschreibe nur deine eigene Wahrnehmung, dein eigenes Gefühl, wie du empfindest und erlebst!
- Berücksichtige auch die Bedürfnisse des andern, sonst kann feedback zerstörend wirken!
- Schließe ausdrücklich auch deine positiven Wahrnehmungen und Gefühle in dein feedback ein!

Für den, der feedback erhält:
- Zuhören, nachfragen und klären
- Nicht gleich verteidigen, argumentieren und »kontern«
- Es geht beim feedback nie darum, wer recht hat, sondern nur um die Mitteilung von persönlichen Reaktionen auf Verhalten. Du entscheidest selbst, ob und was du ändern willst in deinem Verhalten!

Hüte machen Leute

1. Ziel
Erstes, auf humorvolle Art angebahntes feedback durch Zuteilung von Hüten.

2. Durchführung
Der Moderator hat ein großes Sortiment verschiedener Hüte mitgebracht. (Die Auswahl sollte nach Möglichkeit kreativ sein, sie kann vom Zylinder bis zum Sturzhelm reichen.) Ein Teilnehmer nach dem andern tritt in die Mitte und bekommt von der Gruppe einen zu ihm passenden Hut. Jeder Vorschlag soll begründet werden, leitender Gesichtspunkt ist nicht das modische »Es-steht-ihm-Gut«, sondern die Frage, wie die Eigenart des Hutes zur Eigenart des in der Mitte stehenden Teilnehmers paßt und was damit über den Teilnehmer ausgesagt werden kann.
Zeit: 10–15 Minuten. Gruppengröße max. 8–10 Teilnehmer.

3. Auswertungshilfen
s. o.

4. Materialien
Ein Sortiment Hüte, möglichst etwas mehr als die Teilnehmerzahl.

5. Hinweise
keine

Advokatenspiel

1. Ziel
In spielerischer Form feedback geben aufgrund von Fragen, die zum Verhalten einer Person gestellt werden. Erster Vergleich von Selbstbild und Fremdbild.

2. Durchführung
Ein Gruppenteilnehmer geht in die Mitte des Kreises und stellt sich nacheinander vor mehrere Teilnehmer. Er stellt Fragen über deren Verhalten im Umgang mit anderen Menschen. (Bei Teilnehmern, die Mühe haben, sich solche Fragen einfallen zu lassen, sammelt die Gruppe vorher im Brainstorming-Verfahren eine Reihe möglicher Fragen.) Der befragte Teilnehmer darf aber nicht selbst antworten, sondern nur seine Nachbarn rechts und links dürfen äußern, wie sich der Befragte vermutlich verhalten wird (sie sind gleichsam Advokaten). Nach der vereinbarten Zahl von Fragen (drei bis fünf) darf er selbst kurz sagen, ob seine Advokaten ihn richtig eingeschätzt haben und wie er sich tatsächlich verhält bzw. verhalten würde. Dann wird der nächste Teilnehmer befragt nach der gleichen Weise.
Zeit: 20–40 Minuten in einer Gruppe von 8–12 Teilnehmern. Größere Gruppen können entsprechend unterteilt werden.

3. Auswertungshilfen
Wieweit deckte sich das vermutete Verhalten mit dem vom Befragten selbst geäußerten? Warum schätzten die Advokaten den Befragten in bestimmten Fragen so und nicht anders ein? Wie hängen diese Vermutungen mit dem Verhalten des Teilnehmers in der Gruppe zusammen? Für den Befragten: Wieweit deckt sich das Bild, das ich von mir selbst habe, mit dem Bild, das den Antworten der Advokaten zugrunde liegt?

4. Materialien
keine

5. Hinweise
keine

Lexikonspiel

1. Ziel
In spielerischer Form feedback geben und erhalten, Vergleiche und Metaphern als Ausdruckshilfsmittel benutzen. Konvergenz und Divergenz der Wahrnehmung eines Mitgliedes durch die Gruppe testen.

2. Durchführung
Die Gruppe sitzt im Kreis, ein Teilnehmer wird hinausgeschickt. Währenddessen einigt sich die Gruppe auf ein Mitglied, das erraten werden soll. Der Teilnehmer wird herein-

gerufen und fragt jetzt die Gruppe – wie ein Lexikon – in mehreren Runden: Wenn der Gesuchte ein Tier wäre, welches würde er sein? (Jeder Teilnehmer antwortet reihum) – Wenn der Gesuchte ein Haus wäre, was für eins würde er sein? (Antwort reihum.) – Nach jeder Fragerunde darf der Teilnehmer *einen* Rateversuch machen, wenn dieser nicht trifft, wird eine weitere Runde angeschlossen. Der Teilnehmer kann zwischen mehreren Leitfragen wählen, er soll entscheiden, welche er für seine jeweilige Runde benutzt. Es empfiehlt sich, leichte und schwierige Vergleiche zu kombinieren, um die Gruppe nicht zu überfordern. (Weitere Beispiele: Wenn der Gesuchte eine Pflanze, eine Zeitung oder Zeitschrift, eine historische Person, eine Landschaft, eine Jahreszeit, ein Auto, eine Speise, ein Getränk, eine Waffe, ein Gefäß, ein Möbelstück, ein Musikstück, ein Wind, eine Farbe u.a.m. wäre . . . Oder: Wenn der Gesuchte in einer Prüfung versagen würde, würde er . . .; Wenn er von seinem Vorgesetzten angebrüllt würde, würde er . . .« usw.) Anschließend können weitere Teilnehmer hinausgeschickt und andere Gruppenteilnehmer geraten werden.
Zeit: 20–50 Minuten in einer Gruppe von 8–12 Teilnehmern, je nachdem, wieviele sich beteiligen.

3. Auswertungshilfen

Gab es überwiegend verwandte Bilder, die in einer Richtung lagen, oder wurden für jeden Gesuchten völlig unterschiedliche Bilder genannt? Können die Gesuchten mit den Vergleichen etwas anfangen?

4. Materialien
keine

5. Hinweise
Gut geeignet auch als Spiel mit konkretem Bezug zu einer kürzlich verlaufenen Arbeitssitzung, die anstrengend und schwierig war. Die feedbacks bleiben dann auf diese Arbeitssitzung bezogen.

Tiermetaphern

1. Ziel
Durch gegenseitige Zuordnung von Tieren sollen die Teilnehmer feedback geben und erhalten darüber, wie sie sich gegenseitig erleben. Ausdruckshilfe für Eindrücke, die in direkter sprachlicher feedback-Form nur schwer zu beschreiben sind. Metaphern (Bilder) als Vergleiche und Hilfsmittel zum feedback benutzen.

2. Durchführung
Jeder Teilnehmer fertigt auf einem Zettel ein kleines Sitzdiagramm an (Anordnung der Teilnehmer, wie sie im Kreis sitzen). Er überlegt dann, wie er jeden einzelnen Teilnehmer erlebt und welches Tier von den wahrgenommenen Verhaltensweisen, Stärken oder Schwächen des Teilnehmers her am besten zu ihm paßt. Für jeden Teilnehmer

wird dann dieser Tiervergleich aufgeschrieben. (Zeit: In einer Gruppe von 8–10 Teilnehmern etwa 10 Minuten). – Anschließend nennt jeder Teilnehmer zunächst lediglich seine Tier-Wahlen für die anderen, während diese sich aufschreiben, welche sie jeweils erhalten. – Im folgenden Auswertungsgespräch wird nun nachgefragt und begründet, wie es zu den Wahlen gekommen ist und was damit ausgedrückt werden soll.
Zeit: 20–40 Minuten in einer Gruppe von 8–10 Teilnehmern.
Varianten: Vergleich mit einer Pflanze, einem Getränk, einem Möbelstück, einem Musikinstrument, einem Auto, einer Landschaft, einem Buchtitel u.a.m.

3. Auswertungshilfen
Welche Vergleiche hatte ich nicht erwartet? Wie würde ich mich selbst vergleichen? Wie treffend waren meine Vergleiche? Wird unter demselben Tier auch dasselbe ausgedrückt? Häufen sich einige Tiere bei einem Teilnehmer?

4. Materialien
Papier und Schreibzeug.

5. Hinweise
keine

Autoren von Geschichten raten

1. Ziel
In spielerischer Form feedback geben und erhalten.

2. Durchführung
Alle Teilnehmer erhalten gleiche Zettel und werden gebeten, sich eine Geschichte auszudenken und aufzuschreiben, in der sie selbst in für sie typischer Weise vorkommen. Die Geschichte beginnt z. B. mit: »Ich bekam einmal zu Weihnachten eine Flöte...« oder »Eines Tages kam ich in die Schule, und...« oder »Vor vier Wochen erhielt ich die Nachricht, daß ein entfernter Verwandter in Amerika mir 1 Mio. Dollar hinterlassen hat...« oder »Wenn ich einmal Auszubildender sein werde und mein Meister schickt mich zum Bierholen, dann...« usw. – Der eigene Name darf in der Geschichte nicht genannt werden! Die Geschichte sollte nicht viel länger als etwa 10 Sätze sein. (10–15 Minuten Zeit.) Anschließend werden die Zettel gefaltet, in die Mitte gelegt und gemischt. Jeder nimmt sich nun einen Zettel und liest die Geschichte vor. Die andern Teilnehmer sollen raten, von wem die Geschichte stammen könnte. Sie sollen ihre Vermutungen begründen und in Beziehung setzen zu ihrer Einschätzung der vermuteten Person. Erst wenn sich alle geäußert haben, gibt sich der Autor zu erkennen und äußert sich zu den Vermutungen der Gruppe. – Die nächsten Teilnehmer schließen sich in der gleichen Weise an. Damit nicht zum Schluß einer als nicht mehr zu raten übrig bleibt, können die letzten beiden Zettel zusammen genommen und erraten werden.
Zeit: 40–60 Minuten in einer Gruppe von 8–10 Teilnehmern. Größere Gruppen können evtl. am Anfang entsprechend unterteilt werden.

3. Auswertungshilfen
keine

4. Materialien
Block mit Zetteln, Schreibzeug.

5. Hinweise
keine

Selbstbild – Fremdbild

1. Ziel
Das Bild, das ein Teilnehmer von sich selbst hat, die Vermutungen, die er darüber hat, wie die Gruppe ihn sieht, und das tatsächliche Bild der Gruppe sollen verglichen werden. Feedback über das eigene Verhalten soll in spielerischer Form erhalten werden.

2. Durchführung
Die Teilnehmer konzentrieren sich auf sich selbst und überlegen, wie sie sich den anderen Gruppenmitgliedern vorstellen könnten, wer sie sind und wie sie sind. (1–2 Min.). Sie fertigen dann auf einem Zettel schriftlich zwei Persönlichkeitsbeschreibungen an mit den Überschriften:
a) »Wie sehe ich mich selbst?« – Dazu wird die Vorderseite benutzt.
b) »Wie sieht mich die Gruppe?« – Dazu wird die Rückseite benutzt.
Je 8–10 kurze Sätze oder Stichworte genügen. Der Name soll nicht aufgeschrieben werden. (Etwa 10–12 Min. Zeit geben). Die Papiere werden einmal gefaltet, in die Mitte des Kreises gelegt und gemischt. Jeder Teilnehmer nimmt nun eine Beschreibung auf und liest nur den ersten Teil: »Wie sehe ich mich selbst?« vor. Die Gruppe soll den Verfasser erraten. Nach Möglichkeit äußern sich *alle* Gruppenteilnehmer, vor allem sollen sie ihre Vermutungen begründen. Der Autor nimmt im Anschluß daran ganz kurz Stellung. Erst jetzt wird der zweite Teil: »Wie sieht mich vermutlich die Gruppe?« vorgelesen. Die Teilnehmer bringen dazu Satz für Satz ihre Bestätigungen, Ergänzungen oder Korrekturen zum Ausdruck. – Dann beginnt der nächste Teilnehmer, einen Zettel zu verlesen, und es wird genauso verfahren.

3. Auswertungshilfen
Wie schnell und wie präzise wurden die einzelnen Teilnehmer aufgrund ihres Selbstbildes identifiziert? Gab es Diskrepanzen zwischen meinem vermuteten Fremdbild und dem Bild, das die Gruppenteilnehmer tatsächlich von mir haben? In welcher Richtung bewegten sich diese Abweichungen?

4. Materialien
Papier und Schreibzeug.

5. Hinweise
keine.

Phantasie-Gemälde

1. Ziel
In das feedback (z. T. unbewußte) Phantasien einfließen lassen, die ein Teilnehmer über den andern hat, um diese als solche zu erkennen und vom realen Verhalten abzugrenzen. Ausdruckshilfe für Teilnehmer, die Schwierigkeiten im direkten feedback haben.

2. Durchführung
Ein Teilnehmer stellt sich hinter den Stuhl eines andern (wenn er will, kann er dabei die Augen schließen, er kann den Partner aber auch anschauen). Er beginnt, ein Bild zu erzählen, auf dem die Person auf dem Stuhl vorkommt, so wie er sie sieht. Auch die Umgebung, die Zeit, andere Personen, die Stimmung, die Farben, Details usw. sollen mitbeschrieben werden. – Wenn das Bild beschrieben worden ist, fragt der Moderator den »Maler«, wie er sich jetzt fühlt, und ob er zu dem Bild noch etwas ergänzen möchte. Anschließend wird die Person auf dem Stuhl gefragt, wie sie sich in diesem Bild fühlt, so sollte sich also möglichst gut in das Bild hineinversetzen. Dann bittet der Moderator die sitzende Person, sich vorzustellen, sie habe einen Pinsel (o. ä.) in der Hand; nun soll sie das Bild so verändern, wie sie es möchte. – Anschließend wird beides in der Gruppe besprochen, die Teilnehmer äußern sich vor allem dazu, wie sie das Bild empfunden haben. Im Gespräch kann herausgearbeitet werden, daß Phantasien oft tieferliegende Lebens- und Gestaltungswünsche ausdrücken, die gegenüber der gewohnten Sprache und gegenüber dem Alltagsdenken ihre eigene Logik haben.
Zeit: ca. 10–20 Minuten. Gruppengröße beliebig, möglichst nicht mehr als 20 Teilnehmer.

3. Auswertungshilfen
Was drücken die Teilnehmer darüber aus, wie sie sein möchten, wie sie sich erleben, wie sie sind? Wie verhalten sich Phantasiebilder und beobachtbares Verhalten der Teilnehmer zueinander?

4. Materialien
keine

5. Hinweise
keine

Anerkennungsschreiben

1. Ziel
Feedback in schriftlicher Form über die als positiv erlebten Verhaltensweisen aller Teilnehmer geben.

2. Durchführung

Jeder Teilnehmer erhält einen DIN A4-Bogen, auf den er oben seinen Namen und als Überschrift notiert: »Wir möchten unsere Anerkennung darüber ausdrücken, daß . . .«
Jeder Teilnehmer hat nun einige Minuten Zeit zu überlegen, was er an den anderen Teilnehmern schätzt, was in ihm angenehme Gefühle und positive Reaktionen hervorruft. Er sollte sich die Teilnehmer dabei (evtl. mit geschlossenen Augen) einfach vorstellen und sich merken, was ihm zu jedem spontan einfällt (ca. 10 Minuten Zeit).
Anschließend legt jeder seinen leeren Zettel auf seinen Stuhl. Die Teilnehmer wandern nun, ohne sich zu unterhalten, von Zettel zu Zettel und schreiben für den betreffenden Teilnehmer jeweils mit Angabe des Absenders ein positives feedback auf den Zettel. Möglichst sollen sie nicht lesen, was die andern schon geschrieben haben.
Hilfreich und notwendig ist der Hinweis, daß die Äußerungen möglichst konkret sein und nicht nur allgemeine Eigenschaften benennen sollen (Beispiele für gezeigtes Verhalten des Teilnehmers nennen). Die Gruppe hat etwa 20–30 Minuten Zeit (für 8–10 Teilnehmer), sollten es mehr sein, muß die Zeit entsprechend verlängert werden. – Anschließend wird in der Gruppe ausgetauscht, wie die feedbacks erlebt werden.
Zeit: Insgesamt ca. 40–60 Minuten. Gruppengröße 8–10 Teilnehmer. Größere Gruppen können evtl. entsprechend unterteilt werden, wobei dann jede Gruppe für sich diese Übung durchführt.

3. Auswertungshilfen

Was empfinden die Teilnehmer bei sovielen Komplimenten? Trauen sie dem Frieden oder werden die feedbacks als Heuchelei empfunden? Welche Äußerungen auf dem Zettel sind neu, überraschend, besonders wichtig? Welche passen nicht zum bisherigen Selbstverständnis, welche wurden erwartet, aber nicht gegeben?

4. Materialien

Zettel, Schreibzeug.

5. Hinweise

Dieses Spiel kann evtl. in Verbindung mit dem »Beschwerdebrief« durchgeführt werden.

Beschwerdebrief

1. Ziel

Feedback in schriftlicher Form über die als negativ erlebten Verhaltensweisen aller Teilnehmer geben.

2. Durchführung

Jeder Teilnehmer erhält einen DIN A4-Bogen, auf den er oben seinen Namen und als Überschrift notiert: »Wir möchten uns darüber beschweren, daß . . .« – Jeder Teilnehmer hat nun einige Minuten Zeit zu überlegen, was ihn an den andern Teilnehmern stört,

was unangenehme Gefühle und negative Reaktionen bei ihm hervorruft. Er sollte sich die Teilnehmer dabei (evtl. mit geschlossenen Augen) einfach vorstellen und sich merken, was ihm zu jedem einfällt (ca. 10 Minuten Zeit). Anschließend legt jeder seinen leeren Zettel auf seinen Stuhl. Die Teilnehmer wandern nun, ohne sich zu unterhalten, von Zettel zu Zettel und schreiben für den betreffenden Teilnehmer jeweils mit Absender ein negatives feedback auf den Zettel. Möglichst sollen sie nicht lesen, was die andern schon geschrieben haben. Hilfreich und notwendig ist es, die Äußerungen möglichst konkret auf Verhaltensbeispiele zu beziehen. – Die Gruppe hat etwa 20–30 Minuten Zeit (für 8–10 Teilnehmer), sollten es mehr sein, muß die Zeit entsprechend verlängert werden. – Anschließend wird in der Gruppe ausgetauscht, wie die feedbacks erlebt werden.
Zeit: Insgesamt ca. 40–60 Minuten. Gruppengröße 8–10 Teilnehmer. Größere Gruppen können evtl. entsprechend unterteilt werden, wobei dann jede Gruppe für sich diese Übung durchführt.

3. Auswertungshilfen
Wie ertragen die Teilnehmer diese Kritik? Wie stark sind sie bereit, ihr Selbstbild zu hinterfragen? Welche Verhaltensweisen wollen sie ändern, bei welchen wollen sie trotz negativer Auswirkung von ihrem Recht Gebrauch machen, so zu sein, wie sie sind? Welche feedbacks wurden erwartet, aber nicht erhalten? Welche sind neu, überraschend, wichtig?

4. Materialien
Zettel, Schreibzeug.

5. Hinweise
Dieses Spiel sollte nie allein so stehenbleiben. Es sollte ergänzt werden, durch eine der zahlreichen Übungen zum positiven feedback (z. B. »Anerkennungsschreiben«, »Stärkenbombardement« u. a.).

Heißer Stuhl

1. Ziel
Feedback geben und erhalten, Möglichkeiten zur Verhaltenskorrektur bekommen.

2. Durchführung
Ein Freiwilliger setzt sich auf einen freien Stuhl in die Mitte. Er fragt die Teilnehmer, a) welche seiner Verhaltensweisen positiv bei ihnen ankommen. Welches Verhalten löst(e) angenehme Gefühle aus? (Die Teilnehmer antworten so, daß möglichst an einer Beispielsituation das Verhalten kurz beschrieben wird, und dann wird geäußert, welche Reaktionen und Gefühle es auslöst(e).)
b) welche Verhaltensweisen negativ bei ihnen ankommen, was unangenehme Gefühle (Ärger, Enttäuschung, Lustlosigkeit, Angst usw.) bei ihnen auslöst(e). Die Mitglieder

antworten wieder in der gleichen Weise. – Der Teilnehmer darf nur nachfragen und klären, er braucht sich nicht zu verteidigen. Der Moderator achtet dabei auf die Einhaltung der feedback-Regeln (vgl. »Einführung in das feedback«)!

Varianten

1. Der Freiwillige rückt mit seinem Stuhl nacheinander vor 3 Teilnehmer und stellt erst Frage a), dann Frage b). Diese Teilnehmer geben ihm (wie oben beschrieben) feedback. Die übrigen Teilnehmer können anschließend verstärken und ergänzen. (Interessant ist auch wer gefragt wird!)

2. Der Freiwillige setzt sich mit seinem Stuhl außerhalb der Gruppe in eine Ecke und blickt zur Wand. Die Gruppe spricht über ihn, als ob er nicht da wäre. Der Teilnehmer soll die Aussagen auf sich wirken lassen und einige Stunden darüber schweigen, also auf Rechtfertigungen und Erklärungen verzichten. Er darf höchstens sachliche Rückfragen stellen. – Diese Form ist vor allem geeignet für Gruppen, die mit der direkten Form des feedbacks Schwierigkeiten haben. In jeder Variante können sich mehrere Teilnehmer anschließen. Eine gute Möglichkeit zu sehen, wie das feedback angekommen ist, liegt darin, daß sich der Teilnehmer auf dem »heißen Stuhl« am Ende der feedback-Runde kurz dazu äußert, wie er sich jetzt fühlt. – Ein Auswertungsgespräch in der Gruppe ist in der Regel nicht nötig.

Zeit: Je nach Anzahl der Mitspieler: 60–90 Minuten. Gruppengröße max. 20 Teilnehmer

3. Auswertungshilfen
s. o.

4. Materialien
keine

5. Hinweise
keine

Wen würdest Du wählen?

1. Ziel
Feedback geben und erhalten in der Dimension von potentiellen Rollen. Beziehungen verdeutlichen durch Vergleichen verschiedener möglicher Rollen und tatsächlicher Wahl von Teilnehmern für Rollen.

2. Durchführung
2.1 Die Gruppe erhält die u. a. Bögen 1 + 2. Jeder Teilnehmer wird gebeten, für jeden andern Teilnehmer anzugeben, welche Rolle er ihm am liebsten, welche am allerwenigsten gern geben würde. Grundsätzlich können zwar mehrere Teilnehmer zu einer Rolle notiert werden, aber das Spiel wird effektiver, wenn die Teilnehmer möglichst nur jeweils ein Mitglied für eine Rolle (positiv wie negativ) wählen. (Wenn z. B. ein Teilnehmer schreibt, daß er für die Führungsrolle Peter, Hans, Marion, Christa, Wulf und Tom wählen würde, für eine Auseinandersetzung ebenfalls alle diese Personen und für einen Ur-

laub wiederum dieselben, sagt das Spiel wenig aus.) Leitsatz ist also: Nach Möglichkeit für jede Person nur *eine* Rolle positiv und *eine* Rolle negativ wählen! Dazu werden vom Spieler am einfachsten die übrigen Gruppenteilnehmer der Reihe nach einer Rolle zugeteilt und anschließend nocheinmal zu einer Rolle notiert, die man am wenigsten gern diesem Spieler geben würde. Die Gründe werden nachher im Austausch der Gruppe genannt.

Variante: Es wird zusätzlich notiert, welche Rolle der einzelne von wem zu erhalten *vermutet.* Es ergibt sich dabei allerdings eine große Datenfülle, die das Spiel leicht zu einer quasi-statistischen Übung werden läßt und das freie Gespräch einengen kann.

Zeit: Zum Ausfüllen in einer Gruppe von 8–10 Teilnehmern ca. 20–30 Minuten.

2.2 Die Wahlen der einzelnen Teilnehmer werden reihum genannt. Während einer seine Positiv- und Negativ-Wahlen vorliest, notieren die übrigen Teilnehmer die sie betreffenden Wahlen auf Bogen 2. Es wird noch nicht begründet und diskutiert.

2.3 Jeder beschäftigt sich eine Weile mit den Rollenwahlen, die er erhalten hat. Das folgende Gespräch über Wahlen und ihre Begründung ist der Mittelpunkt des ganzen Spiels. Jetzt können Fragen gestellt und Erläuterungen gegeben werden, vor allem sollen die Rollenwahlen immer im Vergleich untereinander diskutiert werden. Es geht ja nicht nur um die Beziehung zweier Einzelpersonen, sondern um die Beziehung im Vergleich zu andern Gruppenteilnehmern.

Zeit: 60 Minuten und mehr. Gruppengröße max. 8–10 Teilnehmer.

3. Auswertungshilfen

Erhält ein Teilnehmer immer wieder ähnliche Rollen oder die gleiche Rolle? Wie werden Wahlen empfunden, die sich entsprechen (z. B. haben sich zwei gegenseitig als Berater gewählt), wie wird es empfunden, wenn sie sich widersprechen?

4. Materialien

Abgezogene Bögen 1 und 2 für jeden Teilnehmer, Schreibzeug.

5. Hinweise

Die Spielidee stammt meines Wissens von K. Vopel. Als eine »Momentaufnahme« ist das Spiel durchaus auch öfter wiederholbar.

Bogen 1 (Wen würdest du wählen?)

Ich würde wählen:	*am liebsten (Name):*	*am wenigsten (Name):*
1. als Chef		
2. als Berater bei persönlichen Schwierigkeiten		
3. als einzigen Gefährten auf einer einsamen Insel		
4. als Diskussionspartner für eine neue ungewöhnliche Idee		

5. als Mitarbeiter bei der Erledigung
   einer wichtigen und komplizierten
   Aufgabe
6. für eine aggressive Auseinandersetzung
7. für einen gemeinsamen Urlaub
8. als Mitbewohner in einer Wohngemeinschaft
9. zum »Pferde stehlen«
10. als Spion

Bogen 2 (Ich wurde gewählt)

Beziehungsform	*mich wollte am liebsten (Name):*	*mich wollte am wenigsten (Name):*
1. als Chef		
2. als Berater bei persönlichen Schwierigkeiten		
3. als einzigen Gefährten auf einer einsamen Insel		
4. als Diskussionspartner für eine neue ungewöhnliche Idee		
5. als Mitarbeiter bei der Erledigung einer wichtigen und komplizierten Aufgabe		
6. für eine aggressive Auseinandersetzung		
7. für einen gemeinsamen Urlaub		
8. als Mitbewohner in einer Wohngemeinschaft		
9. zum »Pferde stehlen«		
10. als Spion		

Einfluß und Vertrauen

1. Ziel

Klären, wie sich die Gruppenmitglieder hinsichtlich ihres Einflusses auf das Gruppengeschehen und hinsichtlich der Vertrauenspräferenzen einschätzen. »Momentaufnahme« dieser Beziehungsstruktur.

2. Durchführung

Jeder Teilnehmer erhält – je nach Gruppengröße 6–9 farbige Kärtchen entsprechend folgender Aufteilung (bei Gruppen von 8–10 Teilnehmern je 2, bei Gruppen bis 15 Teilnehmer je 3 Kärtchen):

2 (3) blaue für: »Vertrauen«
2 (3) rote für: »Positiver Einfluß aufs Gruppengeschehen«
2 (3) gelbe für: »Negativer Einfluß auf Gruppengeschehen«.

Diese Kärtchen sollen nun an andere Gruppenmitglieder verteilt werden:

1. Zu welchen 2 (3) Teilnehmern habe ich am meisten Vertrauen?
2. Welche 2 (3) Teilnehmer haben nach meiner Beobachtung am deutlichsten positiven Einfluß auf's Gruppengeschehen gehabt?
3. Welche 2 (3) Teilnehmer haben nach meiner Beobachtung am ehesten negativen Einfluß auf's Gruppengeschehen gehabt?

Variante: Auf jedes Kärtchen wird der Absender geschrieben. Dies erschwert zwar das Austeilen, macht aber die Klärung offener.

Es können auch 2 gleichfarbige Kärtchen an einen Teilnehmer vergeben werden. Kärtchen, die man zurückbehält, haben ebenfalls Aussagekraft, z. B.: »Ich vertraue hier niemandem so sehr wie mir selbst«. Oder: »Ich selbst hatte negativen Einfluß auf's Gruppengeschehen«. Die Ergebnisse werden auf einem Bogen Papier notiert und in die Kreismitte gelegt. (Namen in der linken Spalte, dann Anzahl der blauen, Anzahl der roten, Anzahl der gelben Kärtchen.) – Die Auswertung muß deutlich machen, daß es sich um eine »Momentaufnahme« von Einschätzungen handelt, die morgen schon anders aussehen kann. Die Teilnehmer sollen ihre Verteilung begründen. Sie können auch nachfragen und um konkretes feedback bitten.

3. Auswertungshilfen

Wie schwer fiel es, positive und negative Wahlen zu treffen? Wie fühlt sich jeder Teilnehmer nach dem Ergebnis? Wie ist das Verhältnis von erwarteten Karten und erhaltenen Karten? Aufgrund welcher Kriterien wird positiver, aufgrund welcher negativer Einfluß beurteilt? Wurden »pädagogische« oder »barmherzige« Karten verteilt?

4. Materialien

Karton- oder Papierstreifen, ein großer Bogen Papier (Auswertung), Filzstifte

5. Hinweise

Trotz der Nähe zu den beliebten »Soziogrammen« aller Art ist diese Übung in der Regel mit hoher Angst verbunden und wirkt stark bedrohlich. Sie sollte nur belastbaren Teilnehmern zugemutet werden. Grundbedingung ist außerdem eine gründliche Auswertung.

Stärken-Bombardement

1. Ziel

Feedback geben im Bereich von Fähigkeit, Begabung, Stärken.

2. Durchführung

Die Gruppe sitzt in Hufeisenform, ein leerer Stuhl steht am offenen Ende. Ein Teilnehmer setzt sich darauf und bleibt schweigend sitzen, während die andern Gruppenteilnehmer sagen, was sie an ihm als (evtl. verborgene) Stärken und Potentiale sehen und erfahren haben.

(z. B. »Peter, ich finde deine originelle Art erfrischend, ich staune, was dir immer wieder einfällt.« – Oder: »Peter, du erinnerst mich an einen stillen See, du redest nicht viel, aber was du sagst, geht in die Tiefe«. usw.) Der schweigende Teilnehmer kann, wenn sich alle geäußert haben, die Runde abschließen, indem er den Satz vollendet: »So wie ich mich selbst sehe, ist meine größte Stärke . . .; so wie ich mich selbst sehe, ist meine größte Schwäche . . .«

Zeit: ca. 45 Minuten für 8–10 Teilnehmer. Gruppengröße aber beliebig, wenn sich nicht jeder äußern soll.

3. Auswertungshilfen

Wie erleben wir diese Rückmeldung von positiven Eindrücken? Fällt es schwer, die Echtheit der Beiträge anzuerkennen? Bleibt ein Bedürfnis nach Rückmeldung über negative Eindrücke? Fällt es schwer, nur angenehme Dinge zu sagen und Kritik wegzulassen?

4. Materialien

keine

5. Hinweise

Der Moderator achtet besonders darauf, daß nicht versteckt doch Kritik geübt wird. Dies sollte möglicherweise einer eigenen Runde vorbehalten bleiben.

Heiratsanzeigen

1. Ziel

In spielerischer Form feedback geben und erhalten in der Dimension der Wirkung auf das andere Geschlecht. Stereotypen in Geschlechtsrollen erkennen.

2. Durchführung

Es werden Untergruppen zu vier Teilnehmern gebildet, jeweils zwei sollen männlich, jeweils zwei Teilnehmer weiblich sein. (Wenn dieses von der Verteilung der Geschlechter in der Gruppe her nicht aufgeht, können auch männliche Teilnehmer und weibliche jeweils eine Untergruppe bilden.) – Die beiden männlichen Teilnehmer haben die Aufgabe, über jede der Teilnehmerinnen ihrer Untergruppe eine Heiratsanzeige zu formulieren, wie sie die Teilnehmerin möglicherweise aufgeben könnte. Umgekehrt fertigen die weiblichen Teilnehmer für jeden der beiden männlichen eine solche an. (Die größeren Untergruppen können sich die Personen der Gegengruppe jeweils untereinander

aufteilen.) Die Anzeigen sollen nicht zu kurz sein und etwas über die geschlechtsspezi-
fische Selbstdarstellung – jedenfalls so wie sie von den Schreibern vermutet wird – aussagen. (Zeit: In Viergruppen 10–15 Minuten.) Anschließend werden die sauber aufgeschriebenen Anzeigen dem Teilnehmer überreicht, der sie in der Gesamtgruppe vorliest
und Fragen stellen kann. Jeder sagt selbst, wieweit er sich über die aufgeschriebenen
Dinge bewußt ist, was er nicht glaubt usw. – Andere Teilnehmer können ihre Eindrücke
ergänzend hinzufügen. Auch Geschlechtsrollenstereotype sollten problematisiert werden.
Zeit: 30–50 Minuten. Gruppengröße: 8–12 Teilnehmer.

3. Auswertungshilfen
s. o.

4. Materialien
Papier und Schreibzeug.

5. Hinweise
keine

Zukunftsmusik

1. Ziel
Perspektiven der Zukunft des eigenen Lebens bewußt machen. Feedback an die einzelnen Teilnehmer in der Dimension der Einschätzung ihrer künftigen Entwicklung.

2. Durchführung
2.1 Jeder Teilnehmer entspannt sich (möglichst im Liegen) mit geschlossenen Augen
und stellt sich seine Zukunft in 10 Jahren vor. Zum jetzigen Lebensalter werden
10 Jahre hinzugezählt, jeder stellt sich vor, wie er dann aussieht (Kleidungsstil, Haare,
Gewicht usw.), wo er leben wird, welcher Tätigkeit er nachgehen wird und welche Wünsche und Ziele er dann haben wird. Ohne Namensnennung werden danach diese Vor-
stellungen von jedem kurz aufgeschrieben, möglichst so, daß nicht deutlich wird, welchem Geschlecht der Teilnehmer angehört.
Zeit: 5–8 Minuten. Gruppengröße beliebig, für den nächsten Schritt allerdings nicht
größer als 8–10 Teilnehmer.
2.2 Wenn möglich, kann die Gruppe sich jetzt sternförmig auf den Boden legen, Kopf
nach innen, Bauchlage; wenn dies nicht möglich ist, setzt man sich im Kreis zusammen.
Die Zettel werden gefaltet, in die Mitte gelegt und gut gemischt. – Jeder Teilnehmer
nimmt einen Zettel heraus. Sollte einer seinen eigenen Zettel erwischen, kann er rasch
wechseln. Einer beginnt, den Zettel vorzulesen. Die Gruppe versucht jetzt herauszufinden, zu wem diese Darstellungen passen, d. h. wer ihn geschrieben haben könnte. Jeder Teilnehmer soll seine Meinung dazu sagen und begründen. Erst wenn dies geschehen ist, gibt sich der zu erkennen, der den Zettel tatsächlich geschrieben hat. Er erklärt

kurz seine Zukunftsvorstellungen und sagt, wie die Vermutungen der Gruppe – auch wenn sie ihn nicht als Schreiber ermittelt hat – auf ihn gewirkt haben. – Auf diese Weise wird ein Zettel nach dem anderen vorgelesen. –

Zeit: 30–45 Minuten, Gruppengröße max. 8–10 Teilnehmer.

Variante: Jeder vollendet zusätzlich den Satz: »In 10 Jahren werde ich auf dieses Jahr zurückschauen als ein Jahr des . . .«

3. Auswertungshilfen

Wie klar oder verschwommen sind die eigenen Zukunftserwartungen? Welche Fähigkeiten müssen weiterentwickelt werden? Wie ist die »Grundstimmung« in der Zukunftserwartung? Wirkte das feedback der Gruppe eher ermutigend oder entmutigend?

4. Materialien

Papier, Schreibzeug

5. Hinweise

Auch im Zusammenhang mit Spielen wie z. B. »Lebenslinie« zu verwenden, in einer oberflächlicheren Form auch als Spiel zum näheren Kennenlernen geeignet (Kat. 2.1).

Ritual für Feedback

1. Ziel

Negatives feedback in einer ritualisierten Form ausdrücken, die unkontrollierte Aggressionen kanalisiert und zugleich deutlich macht, daß feedback kein Instrument zur Machtausübung ist.

2. Durchführung

Wenn sich zwei Gruppenmitglieder heftig und unkontrolliert streiten oder wenn in der Gruppe die gegenseitige Kritik polemisch und unfair wird, aber auch um kritische Äußerungen zu andern Teilnehmern überhaupt erst anzuregen, kann folgendes kleine Ritual verwendet werden: Ein Teilnehmer spricht wörtlich folgenden Satz: »Lieber . . ., ich finde es gut, daß ich dir sagen kann, was mich an dir stört, und mich stört an dir . . .«. Der angesprochene Teilnehmer antwortet wörtlich: »Lieber . . ., ich danke dir für deine Kritik, aber ich bin nicht dazu da, so zu sein, wie du es willst.« Dieses Ritual kann mehrfach und auch zwischen verschiedenen Teilnehmern öfter wiederholt werden, auch für scheinbare Banalitäten. Es führt in der Regel zum »Dampf ablassen« und ermöglicht wieder eine bessere Kommunikation, es hilft, daß man wieder miteinander sprechen kann.

Zeit: wenige Minuten. Gruppengröße beliebig.

3. Auswertungshilfen

keine

4. Materialien
keine

5. Hinweise
keine

Selbstfeedback – »Pflöcke einschlagen«

1. Ziel
Sich selbst durch Erinnerung an gelungene Situationen ermutigen für künftige. Besinnung auf eigene Stärken. In kleinen Schritten an neue Problemsituationen herangehen (»Pflöcke einschlagen«).

2. Durchführung
Die Teilnehmer werden gebeten, sich zu entspannen, die Augen zu schließen und sich in der Phantasie an eine Situation zu erinnern, in der ihnen ein bestimmtes Verhalten gelungen ist, in der sie Erfolg hatten, sich durchgesetzt haben o. ä.: Nimm dir Zeit, den Ablauf noch einmal genau zu erinnern ... Wo bist du ... Wer ist noch dabei ... Was geschieht ... Wie sehen die beteiligten Personen aus ... Was sagen oder tun sie ... Was tust oder sagst du ... Wie fühlst du dich dabei ... Erinnere möglichst genau den Moment, als du merktest, daß du Erfolg hast ... Frage dich nun: Welche Stärken habe ich gezeigt? Was habe ich gekonnt? Was habe ich konkret getan, um zum Erfolg zu kommen? Mache dir deine gezeigte Stärke bewußt und genieße sie einen Augenblick lang!
Stelle dir nun eine Situation vor, in der du diese Stärke wieder zeigen möchtest, die aber noch in der Zukunft liegt: Wo bist du ... wer ist noch dabei ... was geschieht ... Bleibe jetzt konsequent bei dir und sage sofort Stop zu allen Gedanken, die dir Versagen nahelegen ... Mache dir deine Stärke bewußt ... Wie geht es weiter ... Bleibe konsequent bei deiner Stärke ... Wie geht die Situation aus ...
Gib dir jetzt selbst eine Botschaft, die auf deiner Stärke aufbaut ... Sprich dir diese Botschaft selbst mehrfach ruhig zu ... Überlege nun, welches die nächsten praktischen Schritte sind, die du tun mußt, wenn diese Situation auf dich zukommt ... Wiederhole dabei ab und zu den Gedankenstop bei Mißerfolgsphantasien und sprich dir deine Botschaft zu ...
Zeit: ca. 10 Minuten – Anschließend Austausch in Paaren.

3. Auswertungshilfen
Teilnehmer berichteten von guten Erfahrungen mit der Praxis, sich die Botschaft aufzuschreiben und zu Hause sichtbar an einen geeigneten Ort zu hängen.

4. Materialien
keine

5. Hinweise
keine

2.6 Metakommunikation

Ziele: Prozeßanalyse, Prozeßkontrolle, Prozeßplanung. Reflexion des Gruppencharakters. Selbststeuerung durch die Gruppe.

Innerhalb dieser Kategorie sind auch folgende Spiele und Übungen möglich:
Beziehung im Bild (S. 127)
Gruppennormen (S. 174)
Lernziel-Wandzeitung (S. 52)
Streichholzspiel (S. 126)
Rangreihe (S. 200)
Gruppenbeobachtungstraining (S. 71)
Pantomime der Gefühle (S. 78)
Distanz und Nähe im Raum (S. 83)
Tiere imaginieren (S. 93)
Symptom-Verschreibung (S. 111)
Blind im Kreis (S. 118)
Obstkorb (S. 122)
Einfluß und Vertrauen (S. 150)

Promenade

1. Ziel
Anregung der Gruppe zur Reflexion ihrer Situation. Anstöße zur Metakommunikation geben.

2. Durchführung
Der Leiter lädt einen Teilnehmer, vielleicht gerade den schweigsamsten der Gruppe, zu einem Spaziergang und Gespräch ein. Die Gruppe sitzt herum und bildet die Arena. Der Leiter und der Teilnehmer tun, als sei niemand da und sprechen über die Gruppe, ihren Arbeitsstil, über die Art des Umgangs der Teilnehmer miteinander, über einzelne Gruppenmitglieder usw. – Die anderen schweigen dazu, auch wenn einige im Gespräch genannt werden. Während des Spazierganges in der Gruppe sollen die beiden völlig offen reden und auch (Selbst-)Kritik üben. Nach einigen Minuten wird der Spaziergang der beiden beendet. Jetzt hat die Gruppe einigen »Stoff«, zu dem sie sich äußern kann.
Zeit: 10–15 Min. Gruppengröße beliebig.

3. Auswertungshilfen
keine

4. Materialien
keine

5. Hinweise
keine

Märchen erzählen

1. Ziel
Interaktionssituation in einer Gruppe erhellen, unbewußten Phantasien einzelner und der Gruppe auf die Spur kommen.

2. Durchführung
Der Moderator kündigt der Gruppe an: »Wir erzählen gemeinsam ein Märchen, das wir selbst erfinden«. Er beginnt mit einem kurzen Einleitungssatz, der einen Bezug zur Gruppensituation ermöglicht (z. B. »Es war einmal ein großes altes Haus, in das täglich viele Mäuse kamen, die . . .«). Ein anderer Teilnehmer setzt den Anfang fort und erzählt ein Stück weiter. Das Ende der Beiträge sollte möglichst offen sein (z. B. ». . . und er sagte:«). Auch das Märchenhafte soll betont werden, Phantasien und »Unlogik« haben Platz in der Erzählung. Weitere Teilnehmer schließen sich an. – Eine andere Möglichkeit, besonders in Gruppen, die noch nicht sehr lange zusammen gearbeitet haben, liegt darin, das Märchen reihum erzählen zu lassen. – An einem geeigneten Schlußpunkt (den der Moderator durch einen Schlußbeitrag setzen kann) wird das Märchen abgebrochen.

Die Teilnehmer sprechen nun über das Märchen. Wer hat Bälle aufgenommen, wie hat er das getan (z. B. immer gesteigert), war dies bei bestimmten Teilnehmern zu beobachten? Auf wen haben sie z. B. übertrumpfend reagiert? Hat dies etwas mit ihrer Beziehung zu dem Teilnehmer zu tun? – Wieweit gab es einen roten Faden oder Themen, die als Indikatoren für Gruppenprobleme (evtl. unbewußte Phantasien) angesehen werden können? Welche aktuellen Gruppenprobleme werden ironisch oder auf andere Art bewußt eingespielt? (Hier ist es wichtig, daß der Moderator während des Märchenerzählens solche Elemente durch eigene Beiträge verstärkt und dann beobachtet, wie die Gruppe dies aufnimmt.)

Gibt es Anzeichen für ein Wir-Gefühl im Inhalt des Märchens oder fällt alles auseinander? Wie war die allgemeine Atmosphäre des Märchens: traurig, aggressiv, fröhlich usw.? Wie wurde beim Reihum-Verfahren der Gruppendruck erlebt? Wie stark war die Konzentrationsfähigkeit? – Was wurde aus den Beiträgen einzelner über ihr Befinden und ihre gegenwärtigen Probleme deutlich? Evtl. auch: Warum macht dieses Reflektieren über das Märchen weniger Spaß als das Erzählen? (Die Irrealität des Märchens ermöglichte ein stärkeres Ausagieren unbewußter Ängste, die Reflexion macht sie bewußt und löst damit ihrerseits Widerstand und Angst aus.) –

(In Gruppen, in denen solche Reflexionsphasen nur sehr kurz möglich sind, kann der Leiter für seine eigene Diagnose der Gruppensituation ein Tonband mitlaufen lassen und für sich hinterher unter den o. a. Fragestellungen auswerten.) –

Zeit: 5–30 Minuten. Gruppengröße max. 20 Teilnehmer.

3. Auswertungshilfen

s. o.

4. Materialien

keine. Evtl. Tonband.

5. Hinweise

Dieses Spiel wurde nach einer Idee von Helga Belz entwickelt.

Paarinterview

1. Ziel

Reflexion der persönlichen Anteilnahme an einer Gruppensitzung mit einem Partner. Gegenseitiges feedback.

2. Durchführung

Jeweils zwei Partner aus der Gruppe besprechen nach einer Gruppensitzung in aller Offenheit ihre Eindrücke anhand des folgenden Leitfadens. – Partner A beginnt, indem er jeweils das tut, was auf dem Leitfaden steht.

1. Frage deinen Partner, wie er sich in der vorausgegangenen Sitzung fühlte und warum dies so war.
2. Sage ihm, wie du ihn in der Sitzung erlebt hast.
3. Frage ihn, wie er sich seiner Meinung nach verhalten hat und warum, ob er z. B. aktiv und förderlich oder passiv und uninteressiert war, ob er gute oder weniger gute Beiträge gegeben hat.
4. Sage ihm, wie du ihn darin beschreiben würdest.
5. Frage ihn, worin er z. Zt. die Hauptprobleme der Gruppe sieht und warum.
6. Frage deinen Partner, wie er sich *jetzt* fühlt und höre ihm wirklich zu!

Anschließend wird gewechselt, Partner B stellt jetzt die Interviewfragen und Partner A antwortet.

Zeit: ca. 15–20 Minuten. Gruppengröße beliebig.

3. Auswertungshilfen

s. o.

4. Materialien

Abgezogener Leitfaden für jeden Teilnehmer.

5. Hinweise

Diese Übung ist ein ausgezeichnetes feedback- und Kommunikationsinstrument und kann im Laufe einer Grupenarbeit zum regelmäßigen Bestandteil werden.

Gefühlsbarometer

1. Ziel
Die jeweilige gefühlsmäßige Beteiligung der Teilnehmer während der Gruppenarbeit soll mit einem einfachen Hilfsmittel visualisiert werden. Die Teilnehmer sollen lernen, Störungen in der eigenenen Beteiligung zu erkennen und der Gruppe bekanntzugeben.

2. Durchführung
Jeder Teilnehmer schneidet sich einen 50 cm langen Pappstreifen von ca. 15 cm Breite, den er der Länge nach faltet und vor sich aufstellen kann. Auf den Streifen wird eine Skala eingetragen, die von 1 (vom Teilnehmer aus gesehen ganz links) bis 5 (vom Teilnehmer aus gesehen ganz rechts) unterteilt wird und auf Vor- und Rückseite gleich gezeichnet wird. Aus rotem Karton wird jetzt ein kleiner Streifen von ca. 10 cm Länge und 3 cm Breite geschnitten, der in der Mitte quer gefaltet wird und als Schieber auf den langen Pappstreifen gelegt wird. –
Die Zahlen auf der Skala bedeuten:
1 = »Ich fühle mich sehr wohl und bin ganz dabei« 2, 3, 4 entsprechend bis 5 = »Ich fühle mich äußerst unwohl und kann nicht mehr folgen«. – Während der Arbeit der Gruppe zeigt jedes Mitglied an, wo es sich gefühlsmäßig befindet, indem es den roten Schieber entsprechend betätigt. Wenn jemand in das negative Extrem abrutscht, soll er aufgefordert werden zu sagen, warum dies so ist und was evtl. geändert werden müßte. (Vorübung zur Regel der TZI: »Störungen haben Vorrang«.) – Die Teilnehmer werden gebeten, das Gefühlsbarometer deutlich sichtbar vor sich aufzustellen und nicht als Spielzeug zu benutzen, indem sie alle paar Sekunden den Schieber verändern. Sie sollen aber während der Gruppenarbeit sensibel auf eigene Störungen achten und sie nur dann signalisieren, wenn sie wirklich in der inneren Teilnahme blockiert sind. Umgekehrt dürfen natürlich auch hohe Motivation und Beteiligung signalisiert werden.
Wenn die Gruppe gelernt hat, Störungen wie Wohlgefühle offen zu äußern, kann auf dieses Hilfsmittel verzichtet werden.

3. Auswertungshilfen
keine

4. Materialien
s. o.

5. Hinweise
Ein ausgezeichnetes feedback-Instrument auch für jeden, der einen Vortrag oder ein Referat halten muß!

Blitzlicht

1. Ziel

Mit Hilfe eines einfachen und leicht handhabbaren Kommunikationsinstrumentes ein Bild der Gruppe hinsichtlich vorhandener Gefühle, Wünsche, Erwartungen, Themenvorschläge u.a.m. herstellen.

2. Durchführung

Jeder Teilnehmer nimmt reihum mit einem oder zwei Sätzen zu einer einzelnen Frage Stellung. Es soll nicht nachgefragt, kritisiert oder kommentiert werden. Die Einzeläußerungen sollen wirklich kurz sein (wie ein Blitzlicht) und die subjektive und persönliche Sicht des Teilnehmers betreffen. Auf diese Weise erhält jeder einen offenen Einblick in die Meinung der Teilnehmer zu einer Frage, alle, auch die Schweiger sprechen und die Dominanten reden nicht allein. Ein Blitzlicht kann beliebig oft vorgeschlagen werden, insbesondere vor und nach bestimmten Abschnitten oder wenn Unlust, Desinteresse oder Aggression zu spüren ist. Bewährte Themen für das Blitzlicht sind z. B.:

»Wie fühle ich mich jetzt gerade im Augenblick?«
»Was erwarte ich von der heutigen Sitzung?«
»Wie habe ich die eben vergangene Sitzung erlebt und wie fühle ich mich jetzt?«
»Was hat mich heute geärgert, was hat mich gefreut?« u.a.m.
Zeit: 5–7 Minuten bei 10 Teilnehmern.

3. Auswertungshilfen

Welche Konsequenzen müssen aus den geäußerten Beiträgen gezogen werden?

4. Materialien

keine

5. Hinweise

keine

Gruppe als Zielscheibe

1. Ziel

Die Teilnehmer sollen ohne Worte ihr augenblickliches Gefühl in bezug auf die Gruppe ausdrücken können durch die spontane Umformung eines Gegenstandes.

2. Durchführung

Jeder Teilnehmer erhält eine Papiertüte aus Packpapier. Die Tüte wird geöffnet und in die Hände genommen. Jeder soll nun sich selbst besinnen, welche Gefühle er zur Gruppe hat, indem er sich vorstellt, diese Papiertüte symbolisiere die Gruppe. Er soll nun möglichst spontan seine Gefühle ausdrücken, indem er die Papiertüte entsprechend »behandelt«: Man kann sie zerreißen, mit der Faust darauf schlagen, sie verzieren durch Einrisse, zusammenknüllen, kunstvoll falten, verbiegen, formen u.v.a. – Die Teilnehmer sollen sich dabei ganz auf sich konzentrieren und nicht von den Aktionen der anderen ablenken lassen. Wer will, kann sich auch umdrehen, die Augen schließen usw. – Es können auch widersprüchliche Tendenzen ausgedrückt werden, z. B. erst zerknüllen und dann verzieren usw. – Anschließend äußert jeder reihum kurz, was er mit dem Gruppensymbol gemacht hat und wie es ihm dabei ergangen ist, vor allem, ob ihm etwas über seine Einstellung zur Gruppe dabei deutlich geworden ist. Gemeinsam können dann auch Konsequenzen überlegt und gezogen werden.

Zeit: 10–20 Minuten. Gruppengröße 8–12 Teilnehmer.

Variante: Eine Papiertüte wandert durch die Gruppe. Jeder Teilnehmer verhält sich entsprechend, muß aber jetzt auf das ebenfalls reagieren, was sein Nachbar ausgedrückt hat.

3. Auswertungshilfen

Welchen Grundtenor hatten die Tendenzen (aggressiv, aufbauend o. ä.)? Wurde verbal wieder zurückgenommen, was nonverbal ausgedrückt wurde?

4. Materialien

Papiertüten.

5. Hinweise

Dieses Spiel kann auch in laufende Arbeitsprozesse als eine Art nonverbales »Blitzlicht« eingeschoben werden.

Motor-Inspektion

1. Ziel

Abklärung, wieweit sich die Teilnehmer mit der Gruppenaufgabe, der Gruppensituation oder dem Sachthema identifizieren. Hilfen geben zur Artikulation von Desinteresse, Stagnation und Engagement.

2. Durchführung

Die Teilnehmer bilden einen Kreis. In die Kreismitte wird ein beliebiger Gegenstand gelegt. Er symbolisiert die Arbeitsaufgabe, das Thema. Nun soll jeder Teilnehmer einen Standort wählen, der seiner gegenwärtigen Bereitschaft zum Engagement entspricht. Wer stark beteiligt ist, stellt sich nahe daran, wer weniger daran interessiert ist, geht in entsprechend größere Entfernung. Es steht der ganze Raum zur Verfügung, ja man kann selbst aus dem Raum gehen. – Während dieser Übung soll solange nicht gesprochen werden, bis jeder den Platz gefunden hat, der seiner gefühlsmäßigen Nähe oder Ferne zum Thema/ Arbeitsaufgabe entspricht. Erst dann kann eine kurze Auswertung beginnen.

3. Auswertungshilfen

Was lähmt mein Engagement? Was möchte ich ändern, damit ich näher in die Mitte komme? – Was müssen die andern ändern?
Zeit: 10 Min. Gruppengröße max. 20 Teilnehmer.

4. Materialien

keine

5. Hinweise

Dieses Spiel wurde entwickelt nach K. Vopel: Interaktionsspiele 1, S. 34f.

Hier und Dort

1. Ziel

Den Teilnehmern soll eine Hilfe gegeben werden, wenn sie desinteressiert, unkonzentriert, gelangweilt, passiv usw. sind, ihre Hintergrundbedürfnisse herauszufinden und in die Gruppe zu bringen.

2. Durchführung

Die Gruppe wird gebeten, zu einer kleinen Phantasieübung die Augen zu schließen. In ihrer Phantasie gehen die Teilnehmer nun an einen Ort oder in eine Situation, in der sie sich wirklich wohlfühlen. Wie sieht es dort aus? Was empfinden die Teilnehmer dort, was tun sie dort? Nun sollen die Teilnehmer wieder in der Phantasie in diese Gruppe zurückkehren und die Situation hier empfinden. Dann gehen sie wieder für eine Weile an den Phantasieort. Was ist dort anders? Was fehlt hier in der Gruppe? Auf diese Weise kann mehrfach gependelt werden. – Welche Richtung weist mir die Phantasie für meine Aktivität hier und jetzt in der Gruppe? Welche Entscheidung muß ich treffen?
Anschließend werden die Augen wieder geöffnet und jeder berichtet von seiner Phantasie, vor allem darüber, in welcher Richtung er sich die Veränderung der Gruppensituation wünscht und was er dazu beitragen will.
Zeit: 10–15 Minuten. Gruppengröße 8–12 Teilnehmer.

3. Auswertungshilfen

s. o.

4. Materialien

keine

5. Hinweise

keine

Tagesschau

1. Ziel

Ereignisse eines Tages zusammenfassend darstellen und zur kritischen Reflexion in die Gruppe einbringen. Feedback über den Gruppenverlauf aus der Sicht einzelner Teilnehmer.

2. Durchführung

Ein oder mehrere Teilnehmer bereiten zum Ende eines Arbeitsabschnittes (z. B. eines Tages) eine kurze Zusammenstellung der nach ihrer Sicht wichtigen Ereignisse vor. Diese können sich auf äußere, organisatorische Dinge, Erlebnisse, inhaltliche Themen, den Verlauf des Gruppenprozesses, Konflikte, besondere Freuden und Beobachtungen zum Verhalten einzelner Teilnehmer beziehen. – In der Darstellung der »Tagesschau« können neben dem Sprecher die Berichterstatter zu einzelnen Dingen sitzen und berichten. Auch Bilder, Wandzeitungen mit stilisierten Zeichnungen usw. können »eingeblendet« werden. – Steht eine Vido-Anlage zur Verfügung, kann die »Tagesschau« vorher z. B. auch mit Interviews aufgezeichnet und zu einem verabredeten Zeitpunkt über den Monitor »gesendet« werden.

Variante: Wie in der »Spätausgabe« der Tagesschau gibt es auch einen »Kommentar«, der zu einzelnen Ereignissen oder dem Gesamttag Stellung nimmt. Die »Tagesschau« wird anschließend von der Gruppe diskutiert, wobei sowohl die Sicht der Produzenten als auch die berichteten Ereignisse und darüberhinaus die Einschätzung der anderen Gruppenmitglieder zur Sprache kommen sollen.

Zeit: ca. 15–30 Minuten. Gruppengröße beliebig.

3. Auswertungshilfen

s. o.

4. Materialien

Evtl. Malpapier, Farbstifte

5. Hinweise

Dieses Spiel kann auch mit kleinen Kindern schon gespielt werden. – Geeignet auch zum feedback an einzelne Teilnehmer (Kat. 2.5)

Gruppenplastik

1. Ziel

Kurze Standortbestimmung im Gruppenprozeß bezüglich der Beziehungen der Teilnehmer untereinander. Verdeutlichung des Beziehungsmusters aus der Sicht verschiedener Teilnehmer. Hilfe zur Verbalisierung dieser Probleme.

2. Durchführung

Ein Teilnehmer – möglichst ein bisher passiver – wird aufgefordert, die Gruppenmitglieder im Raum aufzustellen, so wie er die Gruppe im gegenwärtigen Zeitpunkt sieht. Es soll dabei nicht gesprochen werden. Dabei kann er Teilnehmer zu Gruppen zusammenstellen. Er kann sie auf Tische, Stühle und auf den Boden setzen, stellen oder legen und ihnen dabei eine nach seinem Empfinden typische Haltung geben. Er selbst muß ebenfalls seinen Standort einnehmen. (Variante: Ein Gegenstand in der Mitte symbolisiert die Sachaufgabe der Gruppe. Zu ihr werden die Teilnehmer wie oben angegeben gruppiert.) Wenn er fertig ist, bleiben die Teilnehmer an dem Platz und in der Haltung eine Weile sitzen und nehmen möglichst von dort aus die Auswertung vor: Fühle ich mich richtig plaziert? Wo wäre ich lieber? Wie hätte ich die einzelnen gestellt? (Hier können sich jetzt weitere Teilnehmer anschließen und *ihre* Sicht der Gruppenstruktur einbringen.)

Zeit: ca. 10–30 Min. Gruppengröße max. 12–15 Teilnehmer.
Variante: Der Gestalter formt anschließend eine Plastik, die ausdrückt, wie er sich die Gruppe und den weiteren Verlauf wünscht.

3. Auswertungshilfen

s. o.

4. Materialien

Eventuell Tische, Stühle.

5. Hinweise

keine

Schuhsoziogramm

1. Ziel

Die Beziehungsstruktur der Gruppe soll ohne Worte symbolisiert werden, so wie verschiedene Teilnehmer sie sehen.

2. Durchführung

Ein Teilnehmer (möglichst ein bisher passiver) nimmt alle linken Schuhe sämtlicher Gruppenmitglieder und bildet daraus eine »Plastik«. Die rechten Schuhe bleiben zur Identifizierung angezogen. Jeder Schuh symbolisiert seinen Besitzer und erhält den für ihn typischen Platz in der Anordnung, so wie der Teilnehmer die Gruppe im Moment empfindet. Dabei können mit den Schuhen Gruppen gebildet werden. Es können Rangunterschiede und Kontraste, Distanz und Nähe, Miteinander und Gegeneinander, Außenseiterprobleme u.v.a. dargestellt werden. – In der Auswertung kann jeder Teilnehmer sagen, ob er sich richtig plaziert fühlt, wo er sich selbst sieht usw. – Eventuell können sich weitere Teilnehmer anschließen.

Zeit: 15–40 Min. – Gruppengröße max. 8–10 Teilnehmer.

3. Auswertungshilfen
s. o.

4. Materialien
Schuhe der Teilnehmer.

5. Hinweise
keine

Kleine Gruppenprozeßanalyse

1. Ziel
Transparenz verschiedener Prozeßvariablen in der Gruppe. Selbstkontrolle und Selbstreflexion des Gruppenprozesses durch die Teilnehmer.

2. Durchführung
Am Ende einer (oder besser noch regelmäßig jeder) Sitzung füllen die Teilnehmer den u. a. Bogen zur Prozeßanalyse aus. Ein oder zwei Teilnehmer übernehmen die Auswertung (und geben diese Aufgabe für die nächste Sitzung selbständig an zwei andere Teilnehmer weiter): Sie rechnen für jede Frage den Durchschnitt aus und tragen die Werte fortlaufend in eine Kurve ein, die an der Wand des Gruppenraumes hängen sollte. Am Anfang der nächsten Sitzung bringen sie die Ergebnisse ein (auch Angaben darüber, wie sich die Werte bei den einzelnen Fragen verteilen, ob z. B. längere Zeit die 5 bei »unwohl« angekreuzt wird) und schlagen ggf. Veränderungsmaßnahmen vor.
Zeit: Zum Ausfüllen ca. 2–4 Minuten, für die Besprechung ca. 10–15 Minuten. Am besten geeignet für Gruppen bis zu 15 Teilnehmern, aber auch in größeren Gruppen möglich.
Fragen 4 und 5 sind in der Regel alternativ aufzunehmen, je nachdem, ob es sich eher um eine interaktionszentrierte oder eine Sacharbeitsgruppe handelt. Wird nach TZI (vgl. Kat. 2.8) gearbeitet, bleiben beide Fragen. – Im übrigen können die Fragen je nach Situation der Gruppe variiert und ergänzt werden.

Prozeßanalyse
(Bitte jeweils eine Zahl ankreuzen!)
1. Wie habe ich mich in der Gruppe gefühlt?
   sehr wohl   1 2 3 4 5   sehr unwohl
2. Wie vertrauensvoll war die Atmosphäre?
   sehr vertrauensvoll   1 2 3 4 5   feindselig
3. Fühlte ich mich den Teilnehmern gegenüber frei und offen?
   völlig frei   1 2 3 4 5   völlig blockiert
4. Habe ich Einsichten über mich und mein Verhalten gewonnen?
   sehr stark   1 2 3 4 5   überhaupt keine

5. Habe ich im Rahmen des Arbeitsthemas etwas dazu gelernt?
sehr viel   1 2 3 4 5   überhaupt nichts
6. Wie aktiv war die Gruppe?
sehr aktiv   1 2 3 4 5   faul, passiv
7. Fühle ich mich als Mitglied der Gruppe akzeptiert?
völlig akzeptiert   1 2 3 4 5   völlig draußen
8. Bin ich mit dem sachlichen Arbeitsergebnis der Gruppe zufrieden?
sehr zufrieden   1 2 3 4 5   völlig unzufrieden
9. Ich empfand den Gruppenleiter für das Gruppengeschehen als
sehr hilfreich   1 2 3 4 5   überhaupt nicht
und weiterführend   hilfreich und
weiterführend

3. Auswertungshilfen

s. o.

4. Materialien

Prozeßanalyse-Bögen für jeden Teilnehmer.

5. Hinweise

Zahlreiche Beispiele für weitere Fragen finden sich bei Antons, a.a.O., S. 202 f.

Wie haben wir (zusammen) gearbeitet?

1. Ziel

Reflexion, feedback und Kontrolle des Arbeits- und Gruppenprozesses.

2. Durchführung

Am Ende einer Arbeitssitzung erhält jeder Teilnehmer einen Zettel mit folgenden (oder abgewandelten) Fragen und ordnet die Teilnehmer (auch sich selbst) den Fragen zu, wobei ein Name durchaus mehrmals zugeordnet werden kann.

Wer hat überwiegend nur an sich selbst gedacht?
z. B. – hat andere unterbrochen
       – hat lange Reden gehalten
       – hat unnützen Streit angefangen
       – hat nicht zugehört, ist über Beiträge hinweggegangen
       – ist anderen über den Mund gefahren
       – hat sich teilnahmslos zurückgezogen
       – . . . .

Wer ist auf die anderen Teilnehmer eingegangen?
z. B. – hat andere aufgefordert und angeregt
       – hat Schweiger ermutigt

- hat bei Streit vermittelt
- hat andere gelobt und anerkannt
- hat für eine gute Atmosphäre gesorgt
- . . . .

Wer hat sich um die Aufgabe bemüht?
z. B. – hat Arbeits- oder Lösungsvorschläge gemacht
- hat Informationen, Sachbeiträge gegeben
- hat Informationen, Sachbeiträge eingeholt
- hat zusammengefaßt oder geordnet oder geklärt
- hat klar seine Meinung gesagt
- . . . .

Die Auswertung kann auf folgende Art geschehen:
a) Jeder erhält einen Zettel und ordnet die anderen Teilnehmer und sich selbst den Fragen zu. Die Ergebnisse werden anschließend (entweder für jeden Teilnehmer nacheinander oder Frage für Frage) in der Gruppe ausgetauscht. Wichtig ist die Begründung der Zuordnungen, möglichst mit Beispielen.
b) Jeder Gruppenteilnehmer erhält für *jeden* anderen Teilnehmer *einen* Zettel mit diesen Fragen und trägt den Namen jedes Teilnehmers jeweils bei den Fragen ein, zu denen er den Teilnehmer zuordnen möchte. Anschließend teilt er seine Zettel den anderen aus, möglichst mit schriftlicher Absenderangabe (zeitaufwendig).
Zeit: Je nach Gruppengröße 15–30 Minuten. Gruppengröße max. 8–12 Teilnehmer, eher kleiner.

3. Auswertungshilfen
s. o.

4. Materialien
Ausreichende Anzahl von Zetteln mit o. a. Fragen, Schreibzeug.

5. Hinweise
Vgl. auch die Interaktionsanalyse von Bales (z. B. in: R. Seiß, Beratung und Therapie im Raum der Schule, Bad Heilbrunn 1976, S. 221).

Selbstbeobachtung der Gruppenarbeit

1. Ziel
Arbeits- und Gruppenprozeßphasen analysieren. Selbstkontrolle der Gruppenarbeit. Hilfen zur Metakommunikation.

2. Durchführung
Einige Teilnehmer (etwa drei bis vier) werden gebeten, die Gruppe während einer normalen Arbeitssitzung zu beobachten. Sie setzen sich etwas außerhalb der Gruppe. Die Arbeitsphase sollte möglichst nicht länger als 30 Minuten dauern. Die Beobachter erhalten folgenden Bogen mit Beobachtungskriterien, der frei kommentiert wird:

1. *Wer gibt Impulse und Anregungen für die Arbeit?*
– Wessen Anregungen nehmen andere Teilnehmer auf? Wessen nicht?
– Von wem wird Trend-setting erfolgreich praktiziert?
– Wie verteilen sich fördernde Gesprächsbeiträge auf die Gesamtgruppe?
2. *Wer strukturiert die Themenbearbeitung?*
– Wer faßt zusammen, ordnet, klärt, vermittelt?
– Wer sorgt für die Rückkehr zum Thema?
3. *Wer strukturiert die emotionale Ebene?*
– Wer ermuntert, fordert auf zu Äußerungen, sorgt für gutes »Klima«?
– Wer sucht Streit, ist aggressiv, unterdrückt andere?
– Welche Auswirkung haben aggressive Beiträge (ängstigend, zur Verteidigung und zum Widerspruch herausfordernd, lösend und hilfreich)?
– Wer äußert direkt Gefühle? Wer indirekt und versteckt?
4. *Wer blockiert die Arbeit der Gruppe?*
– Wer ist teilnahmslos, passiv, unaufmerksam?
– Wer albert herum, kaspert und lenkt ab?
– Wer beharrt hartnäckig auf vorgefaßten Meinungen?
– Wer kommt vom Thema ab, verliert sich in Randfragen?
5. *Wie ist die verbale Verständigung?*
– Wer drückt sich klar und präzise aus, kann sich gut verständlich machen?
– Wer spricht verschwommen, unklar oder so lang und kompliziert, daß er nicht verstanden wird?
6. *Wie ist die nonverbale Verständigung?*
– Welche Signale werden durch Körperausdruck (Mimik, Gestik, Körperhaltung) gesendet?
  Werden sie bewußt oder unbewußt aufgenommen oder beobachtet?
– Spiegeln sich Beziehungen (z. B. formelle Rollen) in der Kommunikation wider?
– Haben Sprecher und Angesprochene Blickkontakt?
– Gibt es Widersprüche zwischen verbalen Äußerungen und nichtverbalen Signalen?
7. *Welche Gruppierungen bilden sich während der Arbeitsphase?*
– Gibt es Koalitionen gegeneinander? Kommt es zur Polarisierung?
– Stehen einzelne »draußen«?
– Wie werden Entscheidungen gefällt?
(Diese Kategorien können vielfach erweitert, variiert und auf die jeweiligen Probleme einer Gruppe zugeschnitten werden. Die Beobachter sollten sich vorher mit den Leitfragen vertraut machen und sie evtl. untereinander aufteilen.)
Nach der Arbeitsphase bringen die Beobachter ihre Ergebnisse in die Metakommunikationsphase der Gruppe ein.

3. Auswertungshilfen

s. o. – Welche Auswirkung hat die Tatsache, daß die Gruppe beobachtet wird, auf die Gruppenarbeit? Gibt es Unterschiede zum üblichen Arbeitsstil?

4. Materialien
Abgezogene Beobachtungsbögen. Schreibzeug.

5. Hinweise
keine

Kleiner Gruppenspiegel

1. Ziel
Mit einem einfachen Instrument die Reflexion und Metakommunikation über eine erlebte Phase der Gruppenarbeit fördern.

2. Durchführung
Jeder Teilnehmer füllt den folgenden Bogen aus. Anschließend werden die Durchschnittswerte für jede Frage berechnet und von der Gruppe besprochen, wobei jeder seine eigene Einschätzung bekanntgeben und begründen soll. Mögliche Konsequenzen für die Weiterarbeit der Gruppe sollten gezogen werden.

	stimmt genau	stimmt überhaupt nicht
1. Ich fühle mich in dieser Gruppe sehr wohl.		1 2 3 4 5
2. Ich kann mich so aktiv beteiligen, wie ich es möchte.		1 2 3 4 5
3. Ich fühle mich in dieser Gruppe frei und ungehemmt.		1 2 3 4 5
4. Das Thema, über das wir uns eben unterhalten haben, interessiert mich.		1 2 3 4 5
5. Wenn ich etwas sage, fühle ich mich von den andern Gruppenmitgliedern sehr verstanden.		1 2 3 4 5

Zeit: Ca. 10–15 Minuten. In einer Gruppe von max. 8–10 Teilnehmern können die Werte auch reihum kurz vorgelesen werden und mit Strichliste für alle sichtbar festgehalten werden.

3. Auswertungshilfen
s. o.

4. Materialien
Liste mit Sätzen für jeden Teilnehmer, Schreibzeug.

5. Hinweise
Sehr gut auch verwendbar als Hilfsmittel für die Selbstkontrolle von kleineren Untergruppen.

Mein Gefühl zu ...

1. Ziel
Die emotionale Einstellung zu einer Aufgabe/Sache/Problematik o. ä. nonverbal ausdrücken

2. Durchführung
Ein Pappteller (oder etwas anderes, das verformbar ist) symbolisiert das Problem. Er wird ohne Worte reihum gegeben, wobei jeder sein Gefühl zu der anstehenden Aufgabe o. ä. dadurch ausdrückt, daß er etwas mit dem Pappteller macht (biegen, drücken, wegschleudern, verzieren, einreißen, küssen, ihm den Rücken zukehren, mit beiden Händen anpacken etc.).
Zeit: 5–10 Minuten, Gruppengröße max. 8–10 Tln.
Anschließend soll ein Gespräch folgen.

3. Auswertungshilfen
Was ist mir über meine Einstellung klar geworden? Gab es viele ähnliche oder sehr konträre Reaktionen? Wie will die Gruppe mit den angezeigten Einstellungen umgehen?

4. Materialien
Pappteller o. ä.

5. Hinweise
Dieses Spiel kann als kurze Intervention besonders dann gut eingebracht werden, wenn es in der Gruppe »hakt«. Es eignet sich ausgezeichnet zur häufigen Verwendung und ist oft ergiebiger als eine wortreiche Diskussion.

Gruppen-Zwischenbilanz mit Alter Ego

1. Ziel
Offenes Gespräch über die bisherige Gruppenentwicklung, gegenseitige Verstärkung durch Teilnehmer in der Funktion des Alter Ego.

2. Durchführung
Die Gesamtgruppe wird in zwei Untergruppen geteilt. Jeder wählt sich einen Partner aus der andern Gruppe. Partner A setzt sich in den Innenkreis, Partner B direkt hinter ihn. Beide schauen in die Mitte. Der Innenkreis diskutiert jetzt 20–30 Minuten zu dem Thema, was (oder wer) die Gruppenarbeit und -entwicklung bisher gehemmt oder gefördert hat. Der jeweils hinten sitzende Partner B hat die Aufgabe, als Alter Ego (Hilfs-Ich) bei den Äußerungen seines Partners die von diesem *nicht* ausgesprochenen Gedanken und Gefühle, die er aber vermutlich hat, zu ergänzen. Alter Ego formuliert immer in der Ich-Form. Dadurch werden die Diskutanten ermutigt, möglichst offen zu sprechen, ebenso können die Alter Ego's ihre Sicht – denn diese schwingt auch bei der besten Einfühlung in den Partner A immer mit – im Schutz von Partner A einbringen.

Außerdem erhält Partner A auf diese Weise Rückmeldung über das Bild, das er beim Partner B erzeugt hat.

Anschließend tauschen sich beide Partner kurz aus zu der Frage, wie gut sie sich ergänzt haben.

Falls noch Zeit ist und das Thema es zuläßt, werden jetzt die Rollen gewechselt zu einer neuen Gesprächsrunde.

Zeit: ca. 30–40 Minuten für eine Runde. Gruppengröße max. 20 Teilnehmer.

3. Auswertungshilfen
s. o.

4. Materialien
keine

5. Hinweise
keine

Sharing

1. Ziel
Andern Mitteilung geben, was man selbst bei einer Übung oder während einer Sequenz der Gruppenarbeit erlebt hat.

2. Durchführung
Nach Beendigung einer Übung oder eines Arbeitsabschnittes gibt der Leiter den Teilnehmern Gelegenheit, mit wenigen Sätzen zu berichten, was einzelne erlebt haben, wie es ihnen ergangen ist (»sharing« ist kaum zu übersetzen, es meint am ehesten, ein Erlebnis zu »teilen« oder andern Anteil zu geben am eigenen Erleben). Die Äußerungen werden nicht kommentiert, sind freiwillig und sollten kurz gehalten werden.

3. Auswertungshilfen
keine

4. Materialien
keine

5. Hinweise
Eigentlich keine »Übung«, sondern eine kleine Technik, die die Gruppenkommunikation offener macht und verbessert.

2.7 Rollen und Normen

Ziele: Gruppennormen und individuelle Normen bewußt machen. Rollenflexibilität trainieren. Möglichkeiten zum Rollenspiel verschiedener Problemsituationen.

Innerhalb dieser Kategorie sind auch folgende Spiele und Übungen möglich:
Brückenbau (S. 183)
Promenade (S. 156)
Zeitschriften sortieren (S. 183)
Kleckse deuten (S. 185)
Gruppenbild malen (S. 186)
Planspiel (S. 190)
Rangreihe (S. 200)
Führung annehmen – Führung abgeben (S. 202)
Herr und Sklave (S. 203)
Offene Szene (S. 215)
Gruppenzentriertes Psychodrama (S. 108)
Idole (S. 64)

Verkehrszeichen

1. Ziel
Erkundung von Entwicklungstendenzen, Normen und Richtungen im gegenwärtigen Gruppenleben. Feedback an die einzelnen Teilnehmer. Ansätze für die Veränderung von hinderlichen Gruppennormen entwickeln.

2. Durchführung
Der Moderator hat eine Liste mit gängigen Verkehrszeichen auf einer Wandzeitung oder Tafel aufgeschrieben (besser noch: aufgemalt). Jeder Teilnehmer betrachtet zunächst einmal die gesamte Liste und macht sich die Bedeutung der einzelnen Zeichen klar. – Dann soll jeder Teilnehmer einige Verkehrszeichen auswählen und zwar unter der Frage, welche Schilder er sinnbildlich vor der Gruppe aufstellen würde. Die Bedeutung der Verkehrszeichen macht auf etwas aufmerksam, was der Teilnehmer in der Gruppe an latenten Tendenzen sieht. Auf einem Zettel wird hinter jedem gewählten Verkehrszeichen aufgeschrieben, was der Teilnehmer der Gruppe damit mitteilen möchte. Dabei kann sehr frei interpretiert werden. Einige Beispiele:
»30 km Höchstgeschwindigkeit« – »In unserer Gruppe prescht niemand vor, die Gruppe bewegt sich lahm, das (Arbeits-)Tempo könnte höher sein.« – Oder: »Sackgasse« – »Ich habe den Eindruck, daß wir uns festgefahren haben, momentan habe ich das Gefühl der Auswegslosigkeit.« – Oder: »Parkplatz« – »Ich habe den Eindruck, wir stehen auf der Stelle und warten ab, was passiert. Keiner traut sich, loszufahren.« – Oder: »Schleu-

dergefahr« – »Ich habe den Eindruck, daß unser (Arbeits-) Tempo zu rasant ist und wir nicht mehr die nötige Sicherheit haben, daß alle mitkommen.« Oder: »Absolutes Halteverbot« – »In unserer Gruppe darf keiner sich eine Pause gönnen, Zeit zur Ruhe ist zu wenig vorhanden. Alles geht nur auf Tempo, Tempo.« Oder: »Hauptstraße, hat Vorfahrt« – »Es gibt einige Teilnehmer, die sich immer durchsetzen, während die andern dann brav warten müssen.« Oder: »Einbahnstraße – keine Einfahrt« – »Ich finde, daß einige Teilnehmer vor sich so ein Schild aufgebaut haben. Sie lassen niemand an sich heran, alle müssen schön draußen bleiben.« – Oder: »Ende der geschlossenen Ortschaft« – »Ich habe den Eindruck, daß wir die gefährliche ›Ortsdurchfahrt‹ in der letzten Diskussion hinter uns gebracht haben. Wir könnten jetzt mit Elan an die Arbeit gehen und zügig losfahren.« Usw. usw.

Variante: Die Verkehrszeichen werden sinnbildlich den einzelnen Teilnehmern zugeordnet. Sie erhalten damit eine Rückmeldung darüber, wie sie von den anderen Gruppenteilnehmern erlebt werden. Jeder sucht für jeden andern nach Möglichkeit einige Schilder aus, die seiner Meinung nach zu dem jeweiligen Teilnehmer passen.

Zeit: 20–30 Minuten in einer Gruppe von 8–12 Teilnehmern.

3. Auswertungshilfen

Welche konkreten Anlässe in der Gruppenarbeit sind Grund für die Wahl der Zeichen? Welche Teilnehmer sind konkret gemeint? Welche Konsequenzen muß die Gruppe praktisch für ihre Weiterarbeit ziehen? Welche latenten Normen sind deutlich geworden? Besteht die Notwendigkeit, bestimmte neue Regelungen zu vereinbaren?

4. Materialien

Wandzeitung mit Verkehrszeichen, Schreibzeug, Papier.

5. Hinweise

keine

Normenfeedback

1. Ziel

Einzelnen Teilnehmern bewußt machen, nach welchen Verhaltensnormen sie sich bewegen, ihnen damit die Möglichkeit geben, solche Normen, die die eigene Persönlichkeitsentfaltung unmöglich machen oder behindern, abzubauen.

2. Durchführung

Ein Teilnehmer, der über die Art, wie die Gruppe seine Normen wahrnimmt, etwas Näheres erfahren möchte, rückt mit seinem Stuhl ein wenig vor. Die andern Teilnehmer äußern jetzt, welche Verhaltensnormen sie bei dem Teilnehmer bisher wahrgenommen und entdeckt haben. Die Aussagen sollen in der Ich-Form formuliert werden, um sich dabei mit dem Teilnehmer möglichst zu identifizieren (z. B. »Ich muß immer etwas Perfektes zustande bringen.« »Ich habe die Pflicht, die Schwachen zu schützen.« »Ich bin

stets in der Lage, Aggressionen zu äußern.« »Ich muß mit meiner schlampigen Kleidung
stets beweisen, daß ich nicht angepaßt bin.« u.a.m.) Die einzelnen Äußerungen sollen
nicht zu lang sein, die Normen können zwar umschrieben werden, aber sollen nicht
langatmig gedeutet oder interpretiert werden. Der Teilnehmer, der dieses feedback erhält, hört zunächst nur zu und äußert kurz seine Reaktion, wenn sich niemand mehr
äußert. – Weitere Teilnehmer können sich anschließen.
Zeit: 40–60 Minuten, je nach Beteiligung. Gruppengröße beliebig.

3. Auswertungshilfen
Welche Normen waren mir bewußt? Habe ich andern Normen zurückgemeldet, die mich
primär selbst bestimmen? Welche Normen sollen verstärkt, welche abgebaut werden?

4. Materialien
keine

5. Hinweise
Diese Übung wurde entwickelt nach K. Vopel: Interaktionsspiele 2, S. 42f.

Gruppennormen

1. Ziel
Bewußtmachen und Analysieren von Gruppennormen, die den Stil der Gruppe und den
Umgang miteinander regeln.

2. Durchführung
2.1 Es werden Vierergruppen gebildet. Jede Gruppe erhält die Aufgabe, sich vorzustellen, daß vor der Tür einige Bewerber ständen, die in die Gruppe aufgenommen werden
wollten. Die vier Teilnehmer sollen eine Liste aufstellen, um die Bewerber über die
wichtigsten »Regeln« (hier: Normen) der Gruppe zu informieren. Drei Spalten soll die
Liste haben:
1. Was bei uns gewünscht ist . . .;
2. Was bei uns geduldet wird . . .;
3. Was bei uns verboten ist . . . –
Diese drei Spalten werden ausgefüllt unter dem Aspekt, wie sich *bisher* die Gruppe verhalten hat, nicht was in Zukunft gewünscht wird. (Als Hilfe können vorher einige Norm-
bereiche genannt werden: z. B. Normen, die das Gruppenklima regulieren: wann wird
gelacht, wie werden Aggressionen ausgedrückt usw.; Normen, die Tabus betreffen:
worüber nicht gesprochen wird, was gilt als peinlich usw.; Normen zur Frage, wer mit
wem spricht, wer bei wem sitzt, wer gemieden wird, wer sich privat trifft usw.; Normen
zur Frage der Distanz und Nähe, wie vertraulich darf man sein usw.; Normen zum Niveau
der Sachbeiträge: wie klug sie sein müssen, wie sie beurteilt werden usw.) – Nachdem
jede Gruppe ihre Liste mit den drei Spalten ausgefüllt hat, legen die Vierergruppen fest,
welches in den drei Spalten die 2–3 wichtigsten Dinge sind. – (20–30 Minuten.)

2.2 Anschließend kommen die Gruppen wieder zusammen und erstellen jetzt gemein-sam an einer Wandzeitung, die ebenfalls die o. a. drei Spalten enthält, eine Liste der Gruppennormen. Dabei sollen nur die wichtigsten aufgenommen werden, damit die Li-ste nicht zu lang wird.

2.3 Das folgende Gespräch soll folgende Fragen klären: Welche Normen bedrücken uns? Welche geben uns Freiheit? Welche sollen geändert, welche verstärkt werden? Was müssen wir dazu tun? –

Zeit: Insgesamt 50–60 Minuten. Gruppengröße max. 20 Teilnehmer.

3. Auswertungshilfen

s. o.

4. Materialien

Schreibzeug, Papier, Wandzeitung

5. Hinweise

Auch als Übung zur Prozeßanalyse zu verwenden (Kat. 2.6).

Rollenspielsituation

1. Ziel

Training von Rollenflexibilität, Erproben von gewünschtem Rollenverhalten, feedback über Rollenverhalten.

2. Durchführung

2.1 Die Gruppe simuliert im Rollenspiel eine Situation, z. B. daß sie in einem Bus sitzt, der plötzlich auf einer Dorfstraße in Spanien eine Panne hat (oder: »Im Wartezimmer eines Arztes« u.a.m.). Jeder Teilnehmer erhält von der Gruppe eine Rolle zugewiesen, die seinem üblichen Verhalten in der Gruppe entspricht (z. B. wird ein dominanter Teil-nehmer der Reiseführer usw.). Er soll sich so verhalten, wie er dies normalerweise in der Gruppe auch tut. Jeder muß allerdings der ihm zugeteilten Rolle zustimmen. Nun wird die Situation durchgespielt (ca. 10–15 Minuten). Anschließend geben sich die Teil-nehmer kurz feedback, inwieweit jeder sich entsprechend seiner Gruppenrolle verhal-ten hat.

2.2 In der nächsten Runde wählt jeder für sich eine deutlich alternative Rolle gegen-über der ersten. Er spielt jetzt z. B. so, wie er unter keinen Umständen sein möchte. Dies wird ebenfalls vorher abgesprochen. Die Szene wird erneut gespielt, wiederum ge-ben sich die Teilnehmer kurz feedback, wieweit die Rollen wirklich eingehalten wur-den.

2.3 Jetzt wählt sich jeder Teilnehmer eine Rolle, die ein Verhalten ausdrückt, das er an-strebt, er spielt so, wie er gern sein *möchte.* Anschließend folgt wieder eine kurze feedback-Runde, wieweit dies geglückt ist und wie die Teilnehmer dies empfunden haben.

Varianten:
1. Jeder spielt eine Rolle, die ihm schwerfällt, die er aber für wichtig hält.
2. Jeder spielt ohne Absprache die übliche Rolle eines bestimmten Mitgliedes der Gruppe. Hinterher wird geraten, wer gemeint sein könnte.
Zeit: 40–90 Minuten. Gruppengröße max. 8–10 Teilnehmer. Größere Gruppen können, sofern sie die Spielaufgaben allein bewältigen, entsprechend unterteilt werden.

3. Auswertungshilfen

Wie flexibel wurden die Rollen gespielt? Wie gut gelang die Identifikation mit ich-fremden Rollen? Wie hängt die Fähigkeit zum Rollen-Spielen mit der Persönlichkeit eines Teilnehmers zusammen?

4. Materialien

keine

5. Hinweise

Vgl. die »Rollenspiel-Anleitung«.

Rollenspiel-Anleitung

1. Ziel

Ein einfaches Schema zur Durchführung verschiedener Rollenspiele als Orientierung benutzen. Hilfe zur selbständigen Durchführung von Rollenspielen in Gruppen ohne Leiter.

2. Durchführung

Für verschiedene Arten von Rollenspielen gibt es ein einfaches Grundmuster, das zur Durchführung benutzt werden und jeweils auf das Ziel oder die besondere Methode zugeschnitten werden kann.

2.1 Ein Problem wird definiert. Die Béarbeitungsnotwendigkeit und das Bearbeitungsziel werden verdeutlicht.

2.2 Eine konkrete Spiel- und Handlungssituation wird konstruiert: Wo spielt die Szene, wer ist beteiligt, wie verhalten sich die beteiligten Personen, ggf. wie verläuft die Handlung?

2.3 Spieler der Rollen werden ausgemacht und instruiert. Die Rollen müssen hinreichend klar sein, es sei den, ein Verhalten soll unstrukturiert aus der Situation heraus entwickelt werden. Ggf. werden Beobachter bestimmt und ebenfalls instruiert. Zuschauer sollen während des Rollenspiels nicht sprechen.

2.4 Die Szene wird gespielt.

2.5 Die Diskussion und Bewertung des ersten Durchganges folgen.

2.6 Alternativen werden gespielt (revidierte Rollen, Explorieren anderer Lösungsmöglichkeiten, gleiche Situation wird mit andern Spielern gespielt usw.).

2.7 Erneute Auswertung und Diskussion folgen.

2.8 Die Erfahrungen werden generalisiert und auf das allgemeine Problem bezogen.

3. Auswertungshilfen
s. o.

4. Materialien
keine

5. Hinweise
Nach Shaftel/Shaftel 1973.

Robinson-Spiel

1. Ziel
Das Finden und Profilieren einer Rolle erleben. Sich mit dem Rollenverhalten anderer auseinandersetzen.

2. Durchführung
2.1 Die Teilnehmer stellen sich vor, sie sind in der gegebenen Zusammensetzung schiffbrüchig geworden und konnten sich mit Mühe auf eine »Robinsoninsel« retten. Keiner kennt die Insel, Nahrung und Ausrüstung sind versunken. Die Situation ist völlig offen. Keiner weiß, was werden soll. Aber leben wollen alle. Der Gruppenraum ist die Insel. Das Spiel beginnt . . . (Zeitdauer offen, aber max. 30 Minuten)
2.2 Anschließend wird dieses Spiel ausgewertet.

3. Auswertungshilfen
Wie realitätsnah war das Spiel, konnten sich die Teilnehmer in die Situation hineindenken? Wer übernahm welche Tätigkeit und welche Rolle? Paßte dies zum üblichen Verhalten des Teilnehmers? Wieweit handelte die Gruppe als Gruppe, wieweit dachte jeder nur an sich? Wurden Rollen durchgehalten? Wie war ihre Entstehung voneinander abhängig? Wurden utopische Möglichkeiten ins Spiel gebracht?

4. Materialien
Ein gewöhnlicher Raum.

5. Hinweise
keine

Familienszenen

1. Ziel
Selbsterfahrung in verschiedenartigen Rollen. Training von Rollenflexibilität. Feedback über die Fähigkeit, unterschiedliche Rollen zu spielen, erhalten.

2. Durchführung

2.1 Die Gruppe braucht jeweils 4 Spieler und 4 Beobachter. (Größere Gruppen können entsprechend in solche Gruppen zu insgesamt 8 Teilnehmern aufgeteilt werden.) Es werden vom Thema und Inhalt her nicht festgelegte Familienszenen gespielt. Folgende Rollen kommen vor:

1. Der Besänftiger: er beruhigt, schlichtet Differenzen, bemäntelt gern, verteidigt andere und nimmt sie in Schutz, ist nett und fürsorglich.

2. Der Ausweichende: Er tut so, als habe er nicht verstanden, geht auf ein anderes Thema über, stellt sich unverständig und hilflos.

3. Der Tadelnde: Er schüchtert ein, vergleicht andere, klagt an, urteilt über andere, macht Vorwürfe.

4. Der Predigende: Er zitiert Autoritäten, belehrt, beweist logisch etwas, erklärt und interpretiert, er hat immer recht.

Dem Rollenspiel liegt folgendes Ablaufschema zugrunde:

A. Jeder wählt eine Person, die er das Spiel über beibehält: Vater, Mutter, Sohn, Tochter.

B. In der ersten Runde spielt der Vater o. a. Rolle 1, die Mutter Rolle 2, der Sohn Rolle 3, die Tochter Rolle 4. Die Runde dauert 5 Minuten.

C. In der zweiten Runde werden die Rollen nach rechts herum um eine Person weitergegeben. Jeder spielt jetzt also die Rolle, die vorher sein linker Nachbar hatte. Die Personen (Vater, Mutter, Sohn, Tochter) bleiben. Die Runde dauert wieder 5 Minuten.

D. In der dritten Runde werden die Rollen wieder um eine Person nach rechts herum weitergegeben. Wieder wird 5 Minuten gespielt.

E. In der vierten Runde werden nochmals die Rollen nach rechts herum weitergegeben. Die letzte Runde dauert ebenfalls 5 Minuten.

So hat jede Person der Familie jede Rolle einmal gespielt. Die Themen der Runden sollen aus den Rollen heraus entwickelt werden.

2.2 Nach dem Rollenspiel diskutieren zunächst die Spieler, in welcher Rolle sie sich am wohlsten gefühlt haben, welche am leichtesten und welche am schwersten fiel. Auch wie die Spieler sich gegenseitig in den verschiedenen Rollen erlebt haben, wird ausgetauscht. Erst danach schalten sich die Beobachter ein und geben ihre Eindrücke bekannt, vor allem, in welcher Rolle sie die Spieler am natürlichsten und spontansten erlebt haben. – Evtl. kann der eine oder andere Versuch jetzt auch nochmal 5 Minuten lang wiederholt werden.

Zeit: 60–90 Minuten. Gruppengröße 8 Teilnehmer.

3. Auswertungshilfen

s. o.

4. Materialien

keine

5. Hinweise

Nach J. Stevens, a.a.O.

Rollenzirkus

1. Ziel

Ich-nahe und ich-fremde Rollen herausfinden. Erfahrung der Einengung des Verhaltensspielraumes durch Fixierung auf eine Rolle. Training von Rollenflexibilität.

2. Durchführung

2.1 Es werden Gruppen zu je fünf Teilnehmern gebildet. Jeder Teilnehmer malt ein Schild mit der Rollenbezeichnung der Rolle, die er in der ersten Runde spielt. Dieses Schild (und damit die entsprechende Rollenvorschrift) wird in jeder Runde um eine Person weiter nach rechts gegeben. Es gibt insgesamt 5 Rollen und 5 Runden zu je 5 Minuten, so daß jeder Teilnehmer jede Rolle einmal spielt. Die Spieler sollen die Rolle sehr genau und rigide spielen, aber nicht karikierend überzeichnen. In dieser Karikatur liegt eine Gefahr, auf die gleich am Anfang hingewiesen werden sollte. Es gibt zwei Möglichkeiten für die fünf Runden:

a) Es wird ein Thema durchgehend diskutiert (z. B. wie man die Gruppenarbeit bisher erlebt hat);

b) für jede Runde wird ein neues Thema gewählt (Neue Themen bedeuten allerdings wichtige neue Variablen für den Verlauf!)

Folgende Rollen (andere können jederzeit für dies Spiel hinzu erfunden werden):

1. Der »Intellektuelle«: er ist kühl, distanziert, hält nichts von Gefühlen, urteilt und arbeitet nur mit dem Gehirn, macht aber ausgezeichnete Arbeitsvorschläge, redet bisweilen geschwollen.

2. Der »Raufbold«: er kommandiert andere herum, ist gelegentlich sehr grob, aber auch feige, setzt andere unter Druck, behauptet Dinge, die er nicht belegen kann, prahlt.

3. Das »Mauerblümchen«: ist schüchtern, errötet leicht, nimmt von sich aus keinen Kontakt auf, stellt sich etwas tollpatschig an, ist leicht beleidigt und sagt nicht viel.

4. Die »Krankenschwester«: sie beeilt sich zu verbinden, egal ob sie gerufen wird oder nicht, hat für alles ein Pflästerchen, denkt nie an sich selbst, opfert sich auf, wirbelt herum, ohne wirklich zu heilen.

5. Der »Skeptiker«: er zieht alles in Zweifel, ist pessimistisch, hat 1000 »Wenn und Aber«, hinterfragt alles, will nur völlig sichere Wege gehen, neigt zum konservativen Denken.

Diese Rollendefinitionen werden auf der Rückseite des Schildes notiert, damit sich der Spieler jweils kurz daran orientieren kann. – Vor jeder neuen Runde soll sich der Spieler etwa eine Minute lang in diese Rolle hineinfühlen und hineindenken.

2.2 Nach den 5 Runden, in denen jeder unterschiedliche Rollen gespielt hat, äußern sich die Teilnehmer darüber, in welcher Rolle sie sich am ehesten zu Hause fühlen, welche ihnen überhaupt nicht lag, inwieweit ihnen der Wechsel jeweils gelungen ist, welche Rollen sie reizvoll fanden und ungezwungen ausspielen konnten usw., wobei sie auch gegenseitig Mitteilung machen, wie sie die andern erlebt haben. Auch wie das Spielen der Rollen mit dem üblichen Verhalten der Teilnehmer zusammenhängt, soll thematisiert werden.

3. Auswertungshilfen
s. o.

4. Materialien
Pappschilder, Filzstifte

5. Hinweise
keine

Meinungslinie

1. Ziel
Körperliches Ausdrücken und Sichtbarmachen eines »Standpunktes« in einer Kontroverse

2. Durchführung
Der Moderator stellt eine Frage, zu der unterschiedliche Meinungen, aber auch verschiedene normative Bewertungen bestehen (z. B. »In unserer Gruppe wird offen und ehrlich das gesagt, was jeder über den andern denkt.« Oder als Einstieg zu einem Sachthema: »Soll die Bundesrepublik Waffen an Diktaturen liefern, wenn dadurch bei uns Arbeitsplätze finanziert werden können?«) – Die Gruppenmitglieder stellen sich nun vor, durch den Raum verliefe eine Linie: An der vorderen Wand stehen alle, die extrem nein sagen würden, an der hinteren die, die extrem ja sagen würden. Auf der gesamten Linie sind verschiedene Positionen möglich. Möglichst ohne zu sprechen stellen sich alle Gruppenmitglieder dorthin, wo ihre Meinung angesiedelt ist. Nachdem sich alle eine Weile umgeschaut haben, nehmen sie wieder Platz und beginnen das Gespräch.

3. Auswertungshilfen
Welchen Umfang haben die Meinungsverschiedenheiten innerhalb der Gruppe? Wen hätte ich woanders vermutet? Wie fühlte ich mich, als ich Position beziehen mußte? Welche Gründe gibt es für die einzelnen Zuordnungen? Unter welchen Bedingungen würde ich meine Position ändern?

4. Materialien
keine

5. Hinweise
Nach Stanford, a.a.O. entwickelt. Diese Übung ist vielseitig verwendbar, bei Gruppenkonflikten ebenso wie bei kontroversen Sachthemen oder anstehenden Entscheidungen. Es gibt keine schweigende Mehrheit. Sie darf allerdings nicht verwechselt werden mit einer »Abstimmung«.

2.8 Kooperation

Ziele: Kooperative Normen statt Wettbewerb verstärken. Aufgabenorientierte Zusammenarbeit üben. Lebendiges Lernen und Arbeiten nach TZI.

In dieser Kategorie sind auch folgende Spiele und Übungen möglich:
Offene Szene (S. 215)
Beziehungen im Bild (S. 127)
Drinnen-draußen (S. 133)
Selbstsicherheit prüfen (S. 134)
Gefühlsbarometer (S. 159)
Motorinspektion (S. 161)
Rollenspiel-Anleitung (S. 176)
Planspiel (S. 190)
Entscheidungskontinuum (S. 197)
Disputation mit vertauschten Rollen (S. 199)
Mein Gefühl zu ... (S. 170)

Puzzle

1. Ziel
Vorteile von Kooperation gegenüber Einzelarbeit veranschaulichen. Kooperationsprozesse beobachten und analysieren.

2. Durchführung
Die Gesamtgruppe wird in einigen Dreiergruppen und einige Einzelpersonen aufgeteilt. Dreiergruppen und Einzelpersonen erhalten jeweils die Puzzle-Teile eines Bildes. (Diese lassen sich leicht selbst herstellen, indem man größere, möglichst farbige Bilder mit einer Schere in beliebig viele Teile sauber zerschneidet, gut mischt und in einen Briefumschlag steckt.) Die Teile sollen nun möglichst schnell zum Bild wieder zusammengesetzt werden. – In der Regel sind dabei die Dreiergruppen schneller als die Einzelpersonen fertig, gelegentlich auch umgekehrt (wenn z. B. jemand sehr geschickt und geübt im Puzzlespiel ist oder zufällig eine leichtere Bildvorlage erhalten hat).
Varianten:
1. Die Zusammenarbeit soll nur durch nonverbale Verständigung erfolgen, sprechen ist nicht erlaubt.
2. Jeder Spieler in einer größeren Untergruppe (vier bis sechs Teilnehmer) erhält einen Beobachter, der ihm im Anschluß an das Spiel Rückmeldung über sein Verhalten gibt.
3. In größeren Gruppen wird der Kooperationsprozeß nach Spielende reflektiert (Führungsrollen, Vermittler, Zuträger, passive Teilnehmer, Arbeitsorganisation usw.).

3. Auswertungshilfen

Was macht Zusammenarbeit schwieriger als Einzelarbeit? Welche Vorteile hat Kooperation? (Z. B. Kräfte-Addition, Fehlerausgleich, Abbau von Insuffizienzgefühlen u.a.m.) Wie wirkt sich eine Wettbewerbssituation auf einzelne, wie auf Gruppen aus?

4. Materialien

Verschiedene Bilder-Puzzles.

5. Hinweise

Dieses anspruchslose Spiel kann gut zur Einführung in Interaktionstrainings verwendet werden.

Jägerspiel

1. Ziel

Entscheidungsverhalten während einer Aktion bewußt machen. Kooperation, Durchsetzung und Nachgeben lernen. – Auflockerung, Bewegung.

2. Durchführung

Jeweils zwei Personen fassen sich an und versuchen, aus der Menge der übrigen Teilnehmer, die frei im Raum umherlaufen, einen Dritten durch »Anticken« zu fangen. Dieser faßt die beiden Partner ebenfalls an, und die Dreiergruppe fängt ein viertes Mitglied ein. Ist dies gelungen, teilt sich die Vierergruppe wieder in zwei Paare, die nach der beschriebenen Art weitere Teilnehmer fangen und zu Jägern machen – bis wiederum eine Vierergruppe entstanden ist, die sich teilen kann usw. Das Spiel dauert solange, bis alle Teilnehmer zu Jägern geworden sind.

Variante: Man kann dies Spiel auch ohne zu sprechen spielen, was die Entscheidungsprozesse jeder Untergruppe, wohin sie läuft und wen sie fängt, wesentlich schwieriger, aber interessanter macht.

Zeit: hängt von der Gruppengröße ab, normalerweise wenige Minuten.

3. Auswertungshilfen

Wie gelang die Verständigung in den Jägergruppen über die »Fangstrategie«? Wer bestimmte, wohin die Gruppe läuft und wer abgeschlagen wird? Wer verhielt sich passiv, wer aktiv? Gab es Teilnehmer, die man unbedingt fangen wollte?

4. Materialien

keine

5. Hinweise

Dieses Spiel braucht Platz, man spielt es am besten in einem größeren Raum oder im Freien. Geeignet auch als Auflockerungs- und Bewegungsspiel (Kat. 2.1).

Zeitschriften sortieren

1. Ziel

Kooperation in einer Kleingruppe analysieren. Erfahren der Auswirkung von Wettbewerbsbedingungen für Kooperationsprozesse. Verdeutlichung von Rollenverhalten.

2. Durchführung

Es werden Kleingruppen zu je 4–5 Teilnehmern gebildet. Jede Kleingruppe erhält zwei Zeitschriften der gleichen Nummer. Diese wurden aber vorher im Bund auseinandergetrennt, so daß die Seiten einzeln vorliegen, und beide Zeitschriften wurden gut durchgemischt als *ein* Stapel der Gruppe übergeben. Die Gruppe soll nun möglichst schnell die Blätter so ordnen, daß am Schluß die beiden Zeitschriften säuberlich getrennt und in der richtigen Seitenfolge vorliegen. – Die Gruppe, die zuerst fertig ist, hat gewonnen. (Evtl. können auch einige Teilnehmer beobachten.)

In der Auswertung des Spieles können folgende Fragen berücksichtigt werden: Wie hat sich die Gruppe die Arbeit strukturiert? Gab es eine Rollen- oder Funktionsaufteilung? Wie empfanden die Teilnehmer Pannen unter der Situation des Wettbewerbes? Wer trieb die Gruppe an, wer störte? Wurden alle einbezogen oder rissen einige die Aktivität an sich? Wie erleben die Verlierer ihre vergeblichen Bemühungen? Werden Schuldige und Sündenböcke gesucht?

3. Auswertungshilfen

s. o.

4. Materialien

2 Zeitschriften der selben Ausgabe für jede Kleingruppe.

5. Hinweise

keine

Brückenbau

1. Ziel

Erfahren und Analysieren der Probleme bei der gemeinsamen Bewältigung einer Aufgabe (Zusammenarbeit, Konflikte, Konkurrenz, Anpassung/Durchsetzen, dominieren/sich zurückziehen, Befriedigung/Verzicht usw.). Kooperatives Verhalten einer Gruppe unter dem Gesichtspunkt eines gemeinsamen Zieles studieren. Ablauf eines Entscheidungsprozesses untersuchen. Erkennen, welche Faktoren Kooperation erleichtern, welche sie blockieren.

2. Durchführung

2.1 Jeweils 6–7 Spieler und 6–7 Beobachter bilden eine Gruppe. Die Instruktion der Spieler und Beobachter erfolgt nach den u. a. Bögen.

2.2 Der Brückenbau dauert 45 Minuten.

2.3 Es folgt zunächst ein Austausch der Spieler untereinander zur Frage: »Wie habe ich mich selbst in diesem Spiel erlebt?«

2.4 Anschließend bringen die Beobachter ihre Ergebnisse ein: »Wie habe ich die Spieler erlebt, wie haben sie auf mich gewirkt?«

2.5 Die Übung schließt mit einer freien Diskussion der Probleme von Kooperation und Kommunikation bei diesem Spiel, Beobachter und Spieler sitzen im Kreis.

Evtl. kann diese Übung im Wettbewerb mit einer zweiten Gruppe durchgeführt werden.

Bogen A: *Instruktionen für die Akteure:*

»Baut eine Brücke ausschließlich mit dem euch zur Verfügung gestellten Material (6–8 große Kartonbögen, Klebstoff, Scheren, Lineal).

Dabei kommt es

1. darauf an, daß die Brücke möglichst tragfähig ist (so daß man ein dickes Buch darauflegen kann),
2. daß sie möglichst lang ist,
3. daß sie möglichst originell ist und gut aussieht.

Zu beachten ist, daß die Brücke aus einzelnen Teilen bestehen soll, von denen keines größer sein darf als eine Postkarte. Ihr könnt das Material in jeder beliebigen Art und Weise, wie es die Gruppe möchte, biegen, zusammenfügen, auseinanderschneiden, zusammenkleben usw. – Die Brücke soll in 40 Minuten fertig sein.«

Bogen B: *Katalog von Gesichtspunkten für die Beobachter*

1. Wie hat sich die Gruppe für die Arbeit organisiert? Wie ist die Gruppe bei der Strukturierung der Arbeit vorgegangen? Gab es überhaupt eine Strukturierung? Erfolgte eine Rollenverteilung? Welche Rollen bildeten sich heraus? Gab es dabei im Laufe der Arbeit Veränderungen? Wurde jemand zum Leiter (von selbst oder »ernannt«)?

2. Wie war das Arbeitsklima? (Z. B. freundlich, gelassen, gespannt, hitzig, langweilig usw.) Wessen Vorschläge konnten sich durchsetzen? Wie ging die Gruppe mit anderen Vorschlägen um? Wurden einzelne Gruppenmitglieder übergangen? Haben sich alle Gruppenmitglieder an der Arbeit aktiv beteiligt? Welche Spannungen gab es, welche Konflikte, wie wurden sie gelöst? Wer vermittelt, wer lenkt ein, wer verzichtet, wer weicht aus? Gab es Paarbildungen oder Parteibildungen?

3. Wer half der Gruppe am meisten bei der Arbeit? Wer hatte die meisten, wer die besten Einfälle?

4. War die Gruppe für ihre Arbeit genügend motiviert? War das Ziel der Übung klar? – Wer hat die wichtigsten Entscheidungen getroffen? An welchen Stellen des Gruppenprozesses fielen sie? – Wie verlief der gesamte Entscheidungsprozeß, gab es eine tragende Entscheidung am Anfang? Hat sich die Gruppe an getroffene Entscheidungen gehalten?

3. Auswertungshilfen

s. o. – Die Auswertungs- und Beobachtungsfragen können auch auf einzelne Beobachter aufgeteilt werden.

4. Materialien

Bogen A für jeden Akteur, Bogen B für jeden Beobachter. Pro Gruppe: 6–8 große Kartonbögen, 1 Tube Klebe, 2 Scheren, 1 Lineal. – Schreibzeug.

5. Hinweise

Dieses Spiel kann in fast jeder Gruppe erfolgreich gespielt werden. Auch verwendbar als Spiel zur Rollenanalyse (Kat. 2.7).

Kleckse deuten

1. Ziel

Erfahren und Analysieren von Kooperations- und Entscheidungsprozessen. Selbsterfahrung in der Dimension: Durchsetzen/Nachgeben.

2. Durchführung

Es werden Kleingruppen zu vier Teilnehmern gebildet. Jede Viergruppe erhält 4 Beobachter, für jeden Teilnehmer einen. Die Teilnehmer setzen sich am besten im Kreis auf den Fußboden. Sie erhalten 10 Klecksbild-Tafeln (diese lassen sich leicht selbst herstellen, indem man ein DIN A 4 Blatt in der Mitte faltet und auf die rechte Innenhälfte, dicht am Knick, mit verschiedenfarbiger Tinte einige Kleckse spritzt, anschließend das Blatt faltet und die Hälften aufeinander drückt, aufklappt und trocknen läßt.) Innerhalb von 15–20 Min. müssen sie sich auf jeweils einen Namen (Bezeichnung, Überschrift) für jedes Bild einigen. Jeder soll seine eigenen Interpretationen deutlich einbringen, sich durchsetzen und sich überzeugen lassen, wenn dies begründet ist. Die Tafeln, bei denen man sich nicht einigen konnte, werden gezählt und mit den anderen Gruppen verglichen. Anschließend wird mit Hilfe der Beobachter das Spiel ausgewertet. –
Zeit: 40–60 Minuten. Gruppengröße bei entsprechender Unterteilung beliebig.

3. Auswertungshilfen

Wer ergriff die Initiative, faßte die Tafeln an, drehte sie, legte sie dann weg? Wer verhielt sich dominant, setzte seine Deutungen durch, wer ließ sich leicht überzeugen, wer schwer? Wie phantasievoll waren die Bezeichnungen, wurde auf Originalität, Schnelligkeit oder Konsens Wert gelegt? Wer war passiv und setzte sich nicht durch? Gab es Koalitionen? Was haben die Beobachter an Mimik, Gestik, Sprache und Körperhaltung beobachtet? Wieweit decken sich Selbsteinschätzung und Beobachter – feedback?

4. Materialien

Für jede Kleingruppe 10 Klecksbildtafeln.

5. Hinweise

Vgl. J. Willi: Der gemeinsame Rorschach-Test, 1972. – Auch als Spiel zur Analyse von Entscheidungsprozessen (Kat. 2.9) zu verwenden.

Gruppenbild malen

1. Ziel

Kooperationsprozesse erleben und analysieren, Bezug zur Interaktions- und Kommunikationsstruktur der Gruppe herstellen. Hilfe für verbalisierungsungewohnte Teilnehmer, ihre persönlichen Gruppenprobleme einzubringen.

2. Durchführung

Eine große Malfläche aus Papier (z. B. Tapetenrollen zusammenkleben), breite Filzstifte, Malfarben, Wachskreide u.a.m. werden in die Mitte der Gruppe auf den Boden gelegt. Einige Teilnehmer (max. 2–3) werden gebeten, als Beobachter zu fungieren (schriftliches Festhalten der Beobachtungen). Die Gruppe hat die Aufgabe, ohne verbale Verständigung ein gemeinsames Bild zu malen. Einer beginnt, etwas zu malen, ein zweiter schließt sich an, wobei bereits die erste Entscheidung darin liegt, ob er an die Elemente des ersten Teilnehmers anknüpft oder woanders beginnt. Dies wird nicht festgelegt. Jeweils ein Teilnehmer schließt sich an, die anderen schauen während der Zeit zu. Auch die Reihenfolge wird nicht festgelegt. –
(Zeit: 15–30 Minuten bei etwa 10 Teilnehmern.)
Variante: Alle malen gleichzeitig ohne zu sprechen. Dies führt gewöhnlich zu Zweier-Interaktionen, macht aber insgesamt das Spiel offener und schwieriger im Kooperationsprozeß. –
Anschließend wird das Gruppenbild ausgewertet. Folgende Fragen können dabei berücksichtigt werden:
Wie wurden Impulse aufgegriffen, wie einfühlsam und phantasiereich war die Kooperation? Wer schloß an wen an, wer beteiligte sich wenig? Gab es Rivalitäten, Spannungen, Dominanzen beim Malen? Wie erlebten die Teilnehmer Mißverständnisse oder absichtliche Veränderungen von Impulsen? Wie hat sich – und durch wessen Impulse – der Gesamtcharakter des Bildes entwickelt? Drückte das Malen Beziehungen und Kommunikationsprobleme aus, die bisher in der Gruppe nicht thematisiert worden sind? –
Die Symbole o. ä. sollten nicht »gedeutet« werden.
Zeit: 15–30 Minuten. Gruppengröße: max. 8–12 Teilnehmer.

3. Auswertungshilfen

s. o.

4. Materialien

Malpapier, Farbstifte verschiedener Art.

5. Hinweise

keine

Berg: Eisbergmodell

Ballspielen ohne Ball

1. Ziel
Nonverbales Zusammenspiel erfahren, Sensibilität für Körperreaktionen, Kreativität und Phantasie. Auflockerung, Entspannung.

2. Durchführung
Die gesamte Gruppe braucht einen größeren Raum, man kann auch ins Freie gehen. Alle bewegen sich nach Musik. Nacheinander wirft der Moderator einem Teilnehmer eine imaginäre Plastik-Wurfscheibe zu, einen Phantasie-Handball und einen schweren Medizinball. Diese drei imaginären Spielgegenstände sollen jetzt in der Gruppe hin- und hergespielt werden, häufig die Spieler wechseln, schnell und langsam gespielt werden und möglichst viele einbeziehen. Dem kreativen Ausdruck sich entwickelnder imaginärer Spiele sind keine Grenzen gesetzt. Es darf aber während des ganzen Spieles nicht gesprochen werden.
Zeit: ca. 5–10 Minuten. Gruppengröße max. 20 Teilnehmer.

3. Auswertungshilfen
Wie gut gelang das Aufeinander-Eingehen? Wurden die Spielgegenstände richtig unterschieden? Welche Teilnehmer haben viel für sich gespielt, welche haben versucht, Spielzüge zu erfinden? Wurde gekämpft, zusammengespielt?

4. Materialien
Ein nicht zu kleiner Raum oder Platz im Freien.

5. Hinweise
keine

Lebendiges Lernen – TZI

1. Vorbemerkung
Das »living learning« (lebendiges Lernen, ich scheue mich, es eine »Methode« zu nennen) ist eines der wesentlichen Prinzipien der Interaktionserziehung. Das gesamte »System« (oder besser gesagt: diese Art zu lernen), so wie es von Ruth Cohn entwickelt wurde, kann hier nicht annähernd ausreichend dargestellt werden. Das Lernen nach der »Themenzentrierten Interaktion« (TZI) ist inzwischen auch in vielen Praxisbeispielen veranschaulicht und theoretisch begründet worden (vgl. dazu Ruth Cohn: Von der Psychoanalyse zur Themenzentrierten Interaktion, 1975, mit zahlreichen Literaturhinweisen). Es ist aber so bedeutend, daß im Rahmen unserer Materialsammlung ein Abriß der Grundgedanken und praktischen Gruppenregeln unter keinen Umständen fehlen darf. Der Benutzer dieses Buches möge sich von der folgenden Darstellung – falls er noch nicht oder wenig vertraut mit TZI ist – zu einer gründlicheren Beschäftigung mit diesem interaktionspädagogisch wertvollen Ansatz anregen lassen.

2. Die Themenzentrierte Interaktion (nach R. Cohn)

Die TZI ist als Reaktion auf entpersönlichtes, nur stofforientiertes Lernen entwickelt worden und zielt auf ein »lebendiges Lernen«, ein Lernen durch Erfahrung, das die ganze Person mit ihrer Wahrnehmung, ihren Gefühlen und ihren Gedanken einschließt. Dahinter steht die Erfahrung, daß ein Lernvorgang oder eine Arbeitsaufgabe für jeden einzelnen sowohl mit größerer Wirksamkeit, was den sachlichen Inhalt betrifft, als auch mit größerem persönlichen Gewinn gelöst werden kann, wenn die psychische, emotionale und intellektuelle Besonderheit jedes einzelnen respektiert wird und damit auch einen Einfluß auf die Aktivität der ganzen Gruppe nimmt. Jede Lernsituation in der TZI wird bestimmt durch drei Faktoren, die an den Spitzen eines Dreiecks stehen:

Das Ich, d. h.

jeder einzelne Lernende mit seinen augenblicklichen Fähigkeiten, Gefühlen, Problemen usw.

Das Wir, d. h.

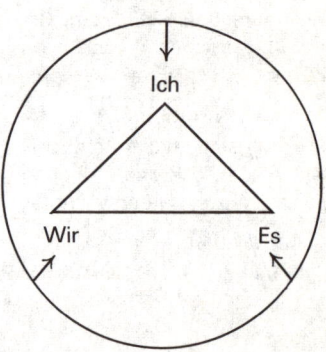

die Gruppe aller Lernenden oder Arbeitenden, mit ihren Beziehungen untereinander, die in ihrer Entwicklung wiederum den einzelnen beeinflussen.

Das Es, d. h.

das Thema oder die Aufgabe als Gegenstand der Gruppenaktivität (also nicht das Freud'sche Trieb-Es!)

Rahmenbedingungen (der Kreis)

Alle drei Faktoren sind abhängig von den Rahmenbedingungen, unter denen eine Gruppe arbeitet: von der historisch-kulturellen Epoche über die materiellen Bedingungen bis zum Gruppenraum und der Versammlungszeit.

Die dynamische Balance zwischen den Anforderungen und Bedürfnissen des Individuums (Ich), der Gruppe (Wir) und des Themas (Es) ist das wichtigste Strukturelement der TZI.

Neben der Einhaltung einiger grundlegender Regeln ist es Aufgabe der Gruppe, für diese dynamische Balance zu sorgen. Eine allgemeine Regel für das Balancieren besagt, daß der jeweils am stärksten vernachlässigte Faktor der Lernsituation (Ich oder Wir oder Es) durch einen Moderator besonders am Anfang eines Gruppenprozesses betont werden soll. – Nach einiger Erfahrung ist es möglich und günstig, wenn in einer Gruppe der Moderator von Sitzung zu Sitzung wechselt.

Die TZI bietet eine effektive Möglichkeit zur Verbindung von Sacharbeit und Selbsterfahrung, insbesondere wenn ich-nahe Themen gestellt werden.

Die Vorzüge der TZI liegen insbesondere in folgenden Punkten:

1. Geringere Unsicherheit und Frustration als in vollkommen unstrukturierten Situationen, da die TZI eine Sachaufgabe als Ziel voraussetzt.
2. Ich-Stärkung durch die mit den Regeln implizierten Bekräftigungen von Aktivität und Sich-Durchsetzen und der Nicht-Bekräftigung von »Schweigen aus Rücksicht oder Resignation«.
3. Offenheit und angemessenes feedback, Rückmeldung durch die Beachtung der Regeln. Optimales Gruppenklima als Bedingung für die Sacharbeit.

3. Regeln der TZI

1. Versuche in dieser Stunde das zu geben und zu empfangen, was Du selbst geben und empfangen möchtest! (Diese Richtlinie schließt alle folgenden, die nur zur größeren Verdeutlichung gegeben werden, ein.)
2. Sei Dein eigener Chairman (»Vorsitzender«) und bestimme, wann Du reden oder schweigen willst und was Du sagst!
3. Unterbrich das Gespräch, wenn Du nicht wirklich teilnehmen kannst, z. B. wenn Du gelangweilt, ärgerlich oder aus einem anderen Grund unkonzentriert bist! Teile Deine emotionale Störung mit! (Ein »Abwesender« verliert nicht nur die Möglichkeit der aktiven Teilnahme an der Gruppenarbeit, sondern bedeutet auch einen Verlust für die ganze Gruppe. Wenn eine solche Störung behoben ist, wird das unterbrochene Gespräch entweder wieder aufgenommen oder einem momentan wichtigeren Platz gemacht.) Störungen haben Vorrang!
4. Sprich nicht per »man« oder »wir, sondern per »ich«! (Ich kann nie wirklich für einen anderen sprechen. Das »man« oder »wir« in der persönlichen Rede ist fast immer ein Sich-Verstecken vor der individuellen Verantwortung.)
5. Wenn es um emotionale Probleme geht, ist es beinahe immer besser, eine persönliche Aussage zu machen, als eine Frage an andere zu stellen. (Meine Äußerung ist ein persönliches Bekenntnis, das andere Teilnehmer zu eigenen Aussagen anregt; viele Fragen sind unecht; sie stellen indirekte Ansprüche an den anderen und vermeiden eine persönliche Aussage.)
6. Sprich direkt! Wenn Du jemanden aus der Gruppe etwas mitteilen willst, sprich ihn direkt an und zeige ihm durch Blickkontakt, daß Du ihn meinst.
7. Gib feedback, wenn Du das Bedürfnis hast! Löst das Verhalten eines Gruppenmitgliedes angenehme oder unangenehme Gefühle bei Dir aus, teile es ihm sofort mit, und nicht später einem Dritten.
8. Beobachte Signale aus deiner Körpersphäre und beachte Signale dieser Art bei den anderen Teilnehmern! (Diese Regel ist ein Gegengewicht gegen die kulturell bedingte Vernachlässigung unserer Körper- und Gefühlswahrnehmung.)
9. Seitengespräche zum Nachbarn sollten sofort – wenn möglich – in die Mitte der Gruppe eingebracht werden, denn sie enthalten oft Beobachtungen über die Gruppe und ihr Lernverhalten.
10. Es darf nie mehr als einer auf einmal reden. Wenn mehrere Personen auf einmal sprechen wollen, muß eine Lösung für diese Situation gefunden werden.

Diese Regeln können nur vorsichtig dosiert und nacheinander eingeführt werden. Wichtiger als ihre fomrmale Beherrschung ist die ständige Beachtung des Grundprinzips der TZI, der Verbindung von kognitivem und emotionalem Lernen im Interaktionsprozeß. Von entscheidender Bedeutung ist dabei z. B. das Modell, das ein Gruppenleiter selbst in seinem Verhalten bildet.

Planspiel

Vorbemerkung

Eine ausführliche Darstellung der Technik des Planspieles ist innerhalb unserer Materialsammlung aus Raumgründen nicht möglich. Es gibt inzwischen zahlreiche Praxisbeispiele und leicht verständliche Anleitungen zum Entwerfen und Durchführen von Planspielen, auf die hier verwiesen werden kann (z. B.: J. Lehmann (Hrsg.): Simulations- und Planspiele in der Schule, 1977. – Prim/Reckmann: Das Planspiel als gruppendynamische Methode außerschulischer politischer Bildung, 1975. – Lehmann/Portele: Simulationsspiele in der Erziehung, 1976).
Die folgende Beschreibung eines Planspiel-Gerüstes soll einmal diejenigen zur näheren Beschäftigung mit diesem sehr nützlichen Verfahren anregen, die noch keine Planspielerfahrung haben, und zum andern zur Konstruktion von Planspielen ein grobes Raster mit schneller Orientierungsmöglichkeit anbieten.

1. Ziel

Soziale und politische Realität in der Simulation erfahrbar machen. Reduktion komplexer sozialer Strukturen auf nachvollziehbare Entscheidungsprozesse, die zu intrinsisch motiviertem Lernen führen. Konflikte nicht nur theoretisch analysieren, sondern in Handlung umsetzen und selbst durch Nachspielen oder antizipierendes Spielen erfahren.

2. Durchführung

Es ist grundsätzlich zu unterscheiden zwischen der Übernahme vorliegender Modelle (z. B. kommerziell vertriebener Planspiele) und der Selbsterfindung und -konstruktion. Für den letzteren Bereich kann das folgende Schema zur Orientierung dienen.

Planspielkonstruktion, Durchführung und Auswertung

I. Festlegung des Themenbereiches und der Ziele des Planspiels

1. Thema formulieren (z. B. »Soll die Schillerstraße saniert werden?«)
2. Ziele festlegen (z. B. Mechanismen im Kampf der Interessen gesellschaftlicher Gruppen verdeutlichen, Machtstrukturen alltagsnah veranschaulichen, Problembewußtsein für Fragen der Kommunalpolitik entwickeln, Motivation zum Eintreten für eigene Interessen fördern.)

II. Entwurf des Spielmodells

1. Die handelnden gesellschaftlichen Gruppen: Institutionen und Personen und ihre Ziele (z. B. die Bewohner der Straße: Rentner und Studenten, kleine Gewerbetreibende, einige Gastarbeiter usw., der Stadtrat, der Landeskonservator, die Parteien, ein Bankenkonsortium, eine Gesellschaft mit Supermärkten, eine Bande Jugendlicher, die Presse u.a.m., ihre jeweiligen Interessen und Ziele an der Erhaltung oder Veränderung der Altbauten der Straße).
2. Definition von Kompetenzen, Befugnissen, Ressourcen (Geld, Macht usw.)
3. Festlegen der Interaktionsmuster (Regeln für den Umgang, z. B. wer welche Informationen hat, wer wann tagt, wie sich die Gruppen verhalten, z. B. wird das Bankkonsortium kaum mit der Jugendbande verhandeln, grobe Festlegung der Abfolge der Ereignisse, besonders der Ausgangssituation.)
4. Festlegen von Gewinnern bzw. Auswertung organisieren.

III. Planung der konkreten Szenerie

1. Die soziale oder politische Situation konkret definieren (z. B. die Ausgangslage: der Stadtrat diskutiert einen Sanierungsvorschlag, der am nächsten Morgen in der Presse steht, die Banken haben aber längst eigene Informationen und Pläne entwickelt, die Bewohner sind völlig unvorbereitet, die Supermarkt-Gesellschaft hat der Stadt ein Kaufangebot gemacht usw.).
2. Die Rollen bestimmen, Handlungsvorschriften gemäß den Interessen der Gruppe entwickeln, evtl. Einzelrollen in Gruppen definieren (z. B. Stadtrat: Konservative, Liberale, Sozialisten usw.)
3. Die Spielregeln festlegen: Spielleitung bestimmen, an die alle Spielzüge schriftlich gemeldet werden; mündliches Planspiel oder nur schriftliche Kommunikation; Rechte der Spielleitung (z. B. kann sie Spielzüge einspielen, die zur größeren Realitätsnähe zwingen, etwa über die Presse bekanntgeben, daß mit einem massiven Polizeieinsatz bei einer Demonstration zu rechnen ist oder daß Straßenbewohner arbeitslos geworden sind u.a.m.); Organisationsfragen (wo tagt welche Gruppe, Vervielfältigung der Spielregeln für alle Teilnehmer, Dauer der Spielabschnitte, Zeitplanung, Protokollanten, technische Hilfsmittel wie Abzugsgerät, Schreibmaschinen, Photoapparate, Schilder, Hilfsmaterialien zum Inhalt des Spieles wie Literatur, Geschäftsordnung des Gemeinderates u.a.m.); Zeitpunkt des Spielendes oder Abbruchs usw.

IV. Die Durchführung des Planspiels

1. Einführung der Mitspieler in das Planspiel, Aushändigung von Unterlagen.
2. Wahl und Festlegen von Rollen, »starke« Spieler nicht in bestimmten Gruppen häufen. Selbstwahl oder Zuteilung. Verteilung der Spielutensilien.
3. Die Spieler machen sich mit den Handlungsanweisungen für ihre Gruppe und ggf. den Rollenanweisungen für ihre Person vertraut. Die Gruppen finden sich zusammen. Das Planspiel beginnt.
4. Ablauf des Planspieles durch Initiativen der Gruppen.
5. Beendigung oder Abbruch des Planspiels.

V. *Die Auswertung des Planspiels*

1. Erstellung einer Matrix aller Spielzüge durch die Spielleitung.
2. Rekonstruktion der Spielzüge mit allen Beteiligten.
3. Prüfung und Diskussion der Realitätsnähe von Handlungen und Ergebnissen.
4. Überarbeitung des Planspieles durch den Leiter.
5. Bezug zum thematischen Problemrahmen des Planspieles.

Ballon-Hochwurf

1. Ziel
Durch Aufeinandereingehen ein optimales Ergebnis erreichen

2. Durchführung
Jeweils einige Spieler erhalten eine Allzweck-Plastikfolie (oder eine Decke, Bettuch o. ä.), schleudern daraufliegende Luftballons hoch und fangen sie wieder auf. Kein Luftballon darf herunterfallen.
Variante: Man kann auch ein Loch in die Decke schneiden, durch das jeder Luftballon fallen muß. Die Gruppe kann dann bei mehreren Versuchen die Zeiten vergleichen (und damit die Fähigkeit zur kooperativen Anstrengung). Noch spannender ist es, wenn dabei nicht gesprochen wird.

3. Auswertungshilfen
Wer ergriff die Initiative? Wechselte dies? Wie gelang der Wechsel zwischen Initiative und Nachgeben?

4. Materialien
Plastikfolie oder Decke, Luftballons

5. Hinweise
Eine Fülle ähnlicher Spiele findet sich unter den »new games«, (vgl. Fluegelmann Lit.verz.)

Flugzeugentführung – ein Rätselspiel

1. Ziel
Teil-Informationen koordinieren, Organisieren von Interaktionsprozessen. Stärkung der Selbstverantwortung, der Fähigkeit zum Zuhören, Mitdenken und zur konstruktiven Lösungssuche. Funktionen in einer Arbeitsgruppe üben, z.B. Leiten, Ermutigen, Koordinieren, Kritisieren, Zusammenfassen etc.

2. Durchführung
Der Moderator hat jeweils eine der 17 Schlüsselinformationen (s. u.) auf je eine Karteikarte geschrieben. (Man kann bei anspruchsvollen Gruppen auch einige völlig irrelevante »Blind-

gänger« dazwischenmogeln.) – Jeder Teilnehmer erhält eine Karte, die er nicht aus der Hand geben darf. Die Anweisung an die Gruppe lautet dann: »Ein Flugzeug wird auf dem Flug von Hawaii nach Singapur entführt. Eure Aufgabe liegt darin herauszufinden, welche von den verdächtigen Personen, die von der Polizei aufgegriffen wurden, der Entführer war.« – Man spielt das Spiel in der Regel mit 17 Teilnehmern, kann aber z. B. bei kleineren Gruppen den Teilnehmern jeweils 2 Karten geben. Bei größeren Gruppen kann man entweder jedem Spieler einen Beobachter zuordnen, der Notizen macht, oder aber auch zwei Gruppen parallel spielen lassen.

Zeit: meist über 45 Minuten.

Einzelinformationen

○ Das Flugzeug wurde am Abend des 14. August entführt.

○ Dem Flugkapitän wurde befohlen, über die Insel Fani zu fliegen, wo die Entführerin mitten in der Nacht mit dem Fallschirm absprang.

○ Zwei Tage nach der Entführung machte die Polizei von Fani fünf Amerikanerinnen ausfindig, auf die die Beschreibung von der Entführerin in einigen Aspekten paßte.

○ Anni Murkel interessiert sich sehr für die religiösen Feste der Inselbewohner Fanis.

○ Lisa Lange ist eine Archäologin, die glaubt, daß menschliches Leben erstmals auf der Fani-Insel entstanden ist und sucht nach Beweisen.

○ Bettina Beng wird in den Vereinigten Staaten gesucht, weil sie 50 Pfund Marihuana verkauft hat.

○ Anne Dirks hat sich in einen Fani-Insulaner verliebt, als dieser in den Vereinigten Staaten als Student war.

○ Mechthild Maler ist Bettina Bengs Sekretärin.

○ Die Archäologin hat schwarzes Haar und braune Augen.

○ Mechthild Maler ist das erste Mal am 16. August auf der Insel angekommen.

○ Die Polizei berichtet, daß vor einem Monat eine junge Frau mit einem großen, seltsam aussehenden Hund in einem Segelboot auf der Insel ankam. Dieses Boot hat sie von San Francisco dorthin gesteuert.

○ Als die Polizei Lisa Lange fand, löste sie einen Fallschirm vom Baum.

○ Das Mädchen, das sich in den Fani-Insulaner verliebt hat, besitzt einen Mischlingsrüden zwischen Schäferhund und Collie mit dem Namen Robert.

○ Die Entführerin hat hellbraunes Haar und blaue Augen.

○ Die Entführerin war aus einer Nervenheilanstalt in den Vereinigten Staten geflohen.

○ Die Schwester von Bettina Beng ist vom Auswärtigen Amt nach Fani geschickt worden und wohnt seit einem Jahr dort.

○ Die Schwester der Entwicklungshelferin und ihre Sekretärin sind von den Philippinen per Boot auf die Insel gekommen.

(Antwort: Es kann nur Anni Murkel sein, denn alle anderen Verdächtigen haben gute Alibis.)

3. Auswertungshilfen

Wie ist die Gruppe an die Aufgabe herangegangen? Führung? Impulse? Weichenstellungen? Sackgassen? Wer hat koordiniert? Wie gingen die Teilnehmer mit ihren Informationen um? Wurde zugehört, mitgedacht? Äußere Arbeitsorganisation? Wer hat ermutigt, wer verhielt sich destruktiv?

4. Materialien
Karteikarten mit Informationen. Evtl. einige Papierbögen und Filzstifte

5. Hinweise
Rätselspiele lassen sich zu vielen Themen erfinden. Insbesondere können dabei fachbezogene Lernziele und Interaktionserziehung miteinander verbunden werden. Dieses Spiel wurde entwickelt nach Stanford, a.a.O., S. 75 (dort weitere Beispiele).

Klebepunkt-Kooperation

1. Ziel
Die Gruppe soll sich angesichts mehrerer Vorschläge auf ein Thema, eine Aktion, Aufgabe o. ä. einigen.

2. Durchführung
2.1 Auf großen Karteikarten werden Vorschläge gesammelt und nacheinander (ohne Diskussion) notiert.

2.2 Der Leiter klebt/heftet die Karteikarten an eine für alle gut sichtbare Fläche (i. d. R. nicht mehr als 10 Vorschläge).

2.3 Jedes Gruppenmitglied erhält 5 Klebepunkte gleicher Farbe, die auf die bevorzugten Karteikarten geklebt werden (Häufungen sind nicht erlaubt). Es ergibt sich für alle sichtbar ein Bild von der Interessenlage der Gruppe. Neuorientierungen für den nächsten Schritt sind möglich.

2.4 Die Karten werden nach Anzahl der Klebepunkte in eine neue Reihenfolge gebracht, evtl. können einige aussortiert werden. Jedes Mitglied erhält einen neuen Klebepunkt, den es auf seinen »Favoriten« klebt; dabei kann es Gespräche, Abklärungen, Werbungen für bestimmte Lösungen etc. geben. Zeitbegrenzung: wenige Minuten. – Die Karte mit den meisten Klebepunkten (Stichwahl bei zwei gleichen) hat »gewonnen«.

Variante: Man kann außerdem auch andersfarbige Klebepunkte für den am stärksten abzulehnenden Vorschlag zusätzlich vergeben und die entsprechenden Karten nach der 1. Runde dann aussortieren.

3. Auswertungshilfen
Was hat die zunehmende Schrumpfung von Möglichkeiten für den Entscheidungsprozeß des einzelnen und der Gruppe bewirkt? Gab es Strategien in der Durchsetzung, Verhandlungen, Kompromisse?

4. Materialien
Ausreichende Anzahl von Klebepunkten, große Karteikarten, Filzstifte, Klebeband

5. Hinweise
keine

2.9 Entscheidungen und Konflikte

Ziele: Entscheidungsprozesse verbessern. Macht, Einfluß, Rivalität, Autoritätsprobleme bearbeiten. Entscheidungsfähigkeit steigern.

Innerhalb dieser Kategorie sind auch folgende Spiele und Übungen möglich:

Kleckse deuten (S. 185)
Blinder Spaziergang (S. 115)
Einfluß und Vertrauen (S. 150)
Ritual für feedback (S. 154)
Gruppe als Zielscheibe (S. 160)
Zeitschriften sortieren (S. 183)
Brückenbau (S. 183)
Gruppenbild malen (S. 186)
Meinungslinie (S. 180)
Flugzeugentführung – ein Rätselspiel (S. 192)

Rettungsboot

1. Ziel

Entscheidungsprozeß in einer Gruppe simulieren und analysieren. Durchsetzung, Koalitionsbildung und Nachgeben erfahren und untersuchen. Identifikation mit Rollen erproben.

2. Durchführung

Die Gruppe wird zu einem Entscheidungsspiel aufgefordert, dem folgende Situation zugrunde liegt. In einem Rettungsboot haben sich nach einem Schiffsunglück einige Menschen retten können. Da aber starker Seegang herrscht, droht das Boot zu sinken, weil zuviele Leute darin sind. Mindestens einer muß darum mit dem Rettungsring des Bootes aussteigen. Leider gibt es keine Leine zum Festbinden des Ringes am Boot. Das Schicksal dessen, der aussteigt, ist also ungewiß. –
Folgende Rollen werden verteilt (je nach Anzahl der Gruppenmitglieder): Eine vierzehnjährige Schülerin, eine Lehrerin, ein Profi-Sportler, ein Fabrikant von 50 Jahren, ein berühmter Schriftsteller, ein Tischler, ein pensionierter Regierungsrat, eine Hausfrau, eine Krankenschwester (weitere können nach Bedarf erfunden werden). – Die Gruppe hat nun 30 Minuten Zeit, ihre Entscheidung zu treffen. Andernfalls sinkt das Boot, und alle gehen unter. Diese Spielbedingung ist wichtig, da sonst zu leicht der Entscheidung ausgewichen wird.

Varianten:

1. Die Entscheidung muß einstimmig getroffen werden.
2. Jede Spielperson erhält einen Beobachter, die Spieler sitzen im Kreis, die Beobachter jeweils so, daß sie ihren Partner von vorne beobachten können. Die Beobachtungen sollen schriftlich festgehalten werden.

Zeit: ca. 60 Minuten und mehr. Gruppengröße 8–16 Teilnehmer oder größer, wenn die übrigen zuschauen und beobachten.

3. Auswertungshilfen

a) Wer ergriff die Initiative, wer hatte Führungsrollen?

b) Wer griff überwiegend andere an, wer verteidigte sich überwiegend nur? Wie hat es sich ausgewirkt, wenn Druck ausgeübt wurde?

c) Wer hat vermittelt, zusammengefaßt, geordnet?

d) Welche Koalitionen gab es, wer hielt zu wem, wer suchte, wer fand Verbündete?

e) Wie war das Verhältnis von Emotionalität und mehr sachlichen Begründungsversuchen?

f) Welche Gründe und Kriterien wurden entwickelt und anerkannt? Von wem?

g) Gab es Versuche, der Entscheidung auszuweichen, Kompromisse zu finden?

h) Wie war die Qualität der Entscheidung: überzeugend für alle oder aus Zeitgründen (oder Machtgründen) einseitig?

i) Wie eng oder weit wurden die Rollen ausgelegt? Wer hat viel oder wenig dazu erfunden?

j) Wie haben sich die einzelnen Teilnehmer in Mimik, Gestik und nicht-verbalen Äußerungen dargestellt?

k) Haben die hier gezeigten Verhaltensweisen etwas zu tun mit dem sonstigen Verhalten der Gruppenmitglieder?

4. Materialien

Papier, Schreibzeug.

5. Hinweise

Auch als Übung zur Identifikation mit Rollen geeignet (Kat. 2.7). Das Thema des Spieles kann vielfältig abgewandelt werden, auch reale Entscheidungssituationen einer Gruppe können mit den Auswertungshilfen untersucht werden.

Maklerspiel

1. Ziel

Einen Entscheidungsprozeß in der Gruppe simulieren und analysieren. Durchsetzen und Nachgeben erfahren und untersuchen. Identifikation mit Rollen erproben.

2. Durchführung

Die Gruppe wird aufgeteilt in 6–8 Spieler und ebensoviele Beobachter. Folgende Situation wird gespielt: Eine sehr billige Fünfzimmerwohnung, frisch renoviert und zentral gelegen in einem modernisierten Altbau, soll an einen Interessenten vergeben werden. Ein Makler trifft die Entscheidung. Diese Rolle wird zuerst vergeben. (Es kann auch ein Maklergremium gebildet werden, das nach den vorgebrachten Argumenten entscheiden muß.) Die Rollen der Bewerber:

- Vater oder Mutter einer kinderreichen Familie. Mittleres Einkommen. Alte Wohnung viel zu klein.
- Eine Ehehälfte eines älteren, kinderlosen Paares, das gerne Partys gibt und eine große Wohnung sucht. Gut situiert, höheres Einkommen.
- Vertreter einer Wohngemeinschaft von Studenten.
- Vertreter eines gemeinnützigen Vereins »Jugendhilfe«, der ein Beratungszentrum eröffnen will.
- Vater oder Mutter einer Familie mit 2 Kindern, deren alte Wohnung gekündigt worden ist. Niedriges Einkommen.
- Vertreter einer christlichen Bewegung, die private Versammlungsräume für ihre Veranstaltungen sucht.
- Junger Rechtsanwalt, der eine Kanzlei eröffnen will und hier eine einmalige Chance sieht.
- u.a.m.

Die verschiedenen Bewerber sind gemeinsam vorgeladen und sollen nun ihre Argumente vorbringen. Sie können sich also auch miteinander unterhalten. Der Makler will sich »demokratisch« geben und die Bewerber sich möglichst selbst einigen lassen. Allerdings trifft er die letzte Entscheidung. Die Auswertung erfolgt nach den Auswertungshilfen des Spieles »Rettungsboot«.
Zeit: 30–45 Min. Spiel, ebenso lange Auswertung. Gruppengröße beliebig, sofern Zuschauerrollen akzeptiert werden.

3. Auswertungshilfen
s. o.

4. Materialien
Schreibzeug, Papier, Leitfaden für die Auswertung.

5. Hinweise
keine

Entscheidungskontinuum

1. Ziel
Einen Entscheidungsprozeß der Gruppe analysieren, Konsensbildung studieren.

2. Durchführung
Die Teilnehmer werden gebeten, sich folgende Situation vorzustellen: Die Gruppe wird aus irgendeinem Grund auf eine mitten im Ozean gelegene kleine Insel verbannt und darf – außer persönlicher Bekleidung – nur insgesamt 10 Gegenstände mitnehmen. – Jeder fertigt zunächst eine Liste der Gegenstände an, die *er* für nötig und sinnvoll hält, wobei er auch seine Interessen berücksichtigen soll (z. B. dieses Spielebuch mitzunehmen). Es dürfen aber nur 10 Gegenstände sein. (Zeit: ca. 5–10 Minuten). – Anschließend

werden Vierergruppen gebildet, die jeweils aufgrund der Einzellisten eine gemeinsame Liste zusammenstellen von 10 Gegenständen, wobei sie sich einigen müssen (ca. 20–30 Minuten Zeit). – Schließlich wird aus jeder Vierergruppe ein Vertreter in eine Entscheidungsgruppe entsandt, die aufgrund der Listen der Vierergruppen eine endgültige Entscheidung über 10 Gegenstände trifft (Zeit ca. 30 Minuten), die andern Teilnehmer sitzen um die Gruppe herum und beobachten. Schließlich wird der gesamte Entscheidungsprozeß ausgewertet (Zeit: 30 Minuten und länger).
Gesamtzeit: 90–100 Minuten. Gruppengröße max. 20 Teilnehmer.

3. Auswertungshilfen

Welche ursprünglichen Wünsche der Teilnehmer wurden schließlich realisiert? Woran lag dies: an der sachlichen Richtigkeit oder an geschickter oder an gewaltsamer Interessenvertretung? – Fühlten sich die Gruppen durch ihren Delegierten adäquat vertreten, wer wurde dazu ausgewählt? Wurden Kompromisse gefunden, wie? Wurde irgendwo manipuliert? Haben sich Rollen (Führen, Vermitteln, Stören usw.) herausgebildet? Wie war das Klima in den Kleingruppen, in der endgültigen Entscheidungsgruppe?

4. Materialien

Schreibzeug, Papier.

5. Hinweise

keine

Entscheidungsraster

1. Ziel

Für anstehende reale Entscheidungen der Gruppe soll ein kleiner Leitfaden den konkreten Entscheidungsprozeß strukturieren helfen. Angebot eines einfach zu handhabenden Instrumentes zum Treffen von Entscheidungen.

2. Durchführung

Ein Entscheidungsprozeß kann dadurch optimiert werden, daß folgende grundlegende Schritte beachtet werden (idealtypisch zusammengestellt):
2.1 Klare Bestimmung des Problems. Notwendigkeit der Entscheidung begründen. Worum geht die Entscheidung? Klarheit der Alternativen.
2.2 Vorschlagen verschiedener Lösungsmöglichkeiten. Evtl. Brainstorming (vgl. Kat. 2.10). Noch keine Kritik der Ideen.
2.3 Sichten und Prüfen der vorgeschlagenen Lösungen: Realisierungschancen, Konsequenzen, Schlüssigkeit. – Welche Lösung würde von der Gruppe wirklich getragen? – Aussortieren unbrauchbarer Lösungen. – Sind alle wichtigen Informationen als Entscheidungsgrundlage bekannt? –
2.4 Festlegen der Gruppe auf eine Entscheidung. Konsensus durch Diskussion oder

Abstimmung durch Mehrheitsbeschluß. Ist die Minderheit bereit, die Entscheidung mit zu tragen?

2.5 Ausführung und Kontrolle der Einhaltung. Ggf. Revision der Entscheidung und erneute Beratung.

3. Auswertungshilfen

s. o.

4. Materialien

s. o.

5. Hinweise

Zum Teil nach Antons, a.a.O. S. 166 ff.

Disputation mit vertauschten Rollen

1. Ziel

Den Vertreter einer Gegenposition in seinen Argumenten, Interessen und Denkweisen besser verstehen. Eigene Positionen und Denkweisen nicht rigide handhaben, sondern auch selbstkritisch betrachten können.

2. Durchführung

Die Gruppe bildet zwei Untergruppen zu je einer Seite eines kontroversen Themas (z. B. »Eine Frau neigt von Natur aus zum fürsorglichen und sozialen Verhalten« – »Jeder Mensch muß mit seinem Leben allein fertig werden« o. ä.) und zwar so, daß sich jeder Teilnehmer aufgrund seiner Ausgangsmeinung und zur Zeit bestehenden Überzeugung einer Gruppe zuordnet. Nun muß sich aus jeder Gruppe ein Teilnehmer bereit erklären, folgende Übung mitzumachen: Aus Gruppe A geht dieser Teilnehmer in die Gruppe B und hört bei deren Thesensammlung zu ihrem Standpunkt zu. Aus Gruppe B geht der Vertreter zur Gruppe A und hört ihr zu, wie sie Argumente für ihren Standpunkt sammelt. (Nach Möglichkeit sollte jeweils der engagierteste Verfechter der Position zur andern Gruppe gehen.) Jede Gruppe sammelt nun etwa 10 Minuten lang Gründe zur Verteidigung und Untermauerung ihrer Meinung. Anschließend erhält der Gast die Aufgabe, *diese* Argumente – in der Mitte zwischen beiden Gruppen sitzend – dem andern Gast, der ihm direkt gegenübersitzt, vorzutragen und ihn zu überzeugen. Dasselbe tut der andere Gast. Jeder vertritt also im Grunde die Meinung seines Gegners. Diese Disputation dauert zwischen 5 und 15 Minuten. Die Gruppen dürfen während dieser Zeit nicht eingreifen.

Anschließend äußern sich zunächst die beiden Vertreter, ob es ihnen schwergefallen ist, die Gegenposition zu vertreten und ob sie sich als »Verräter« gefühlt haben. Dann geben beide Gruppen Rückmeldung darüber, wie sie den Gast, der bei ihnen zugehört hat, empfunden haben, wie intensiv er sich in ihre Argumente eindenken konnte, was er vergessen hat usw. –

Zeit: 20–30 Minuten. Gruppengröße beliebig.

3. Auswertungshilfen

s. o.

4. Materialien

keine

5. Hinweise

Auch zum Training der Wahrnehmung (Kat. 2.2) geeignet.

Tauziehen ohne Tau

1. Ziel

Bewußtmachen von Rivalitäts- und Machtproblemen zwischen zwei Teilnehmern oder zwei Untergruppen durch eine Phantasie-Übung.

2. Durchführung

Der Moderator bittet die Teilnehmer, die Augen zur besseren Konzentration zu schließen und sich auf eine Phantasieübung einzustellen. Die Kontrahenten stehen jetzt in der Phantasie einander gegenüber, in den Händen halten sie ein dickes Tau. Beide beginnen nun nach Leibeskräften, an dem Tau zu ziehen. Es geht mehrfach hin und her . . . Was geschieht? Kommen Teilnehmer zu Hilfe? Werden Teilnehmer zu Hilfe gerufen, wer kommt? Wer zieht jetzt mit? Steigt jemand aus? – Wie endet das Tauziehen? (Etwa 2–3 Min. Zeit geben.)
Zeit: ca. 5 Minuten.

3. Auswertungshilfen

s. o. Welche Gefühle sind gegen den Kontrahenten entstanden? Wie fühlen sich die Teilnehmer nach dem Spiel? Wie lassen sich künftige Möglichkeiten für einen besseren Umgang miteinander entwickeln, was muß sich ändern?

4. Materialien

keine

5. Hinweise

Auch zur Klärung von Beziehungen (Kat. 2.4) geeignet.

Rangreihe

1. Ziel

Transparenz der Selbsteinschätzung der Gruppenmitglieder hinsichtlich ihres Einflusses auf das Gruppengeschehen. Erkundung von Veränderungswünschen. Gegenseitiges feedback zur Frage der Position in einer möglichen informellen Hierarchie der Gruppe.

2. Durchführung

Die Stühle der Teilnehmer werden in einer langen Reihe aufgestellt. Der erste Stuhl bedeutet: größter Einfluß auf das Gruppengeschehen, der letzte Stuhl: am wenigsten Einfluß auf das Gruppengeschehen. Die Teilnehmer werden nun gebeten, ohne zu sprechen sich den Stuhl innerhalb der Rangreihe zu suchen, der ihrer Selbsteinschätzung hinsichtlich ihres Einflusses entspricht. Jeder Platz soll nach Möglichkeit nur von einem besetzt werden. Gelingt dies nicht, muß eine verbale Auseinandersetzung mit dem Mitbewerber geführt werden (feedback über dessen Position!). Wenn alle ihren Platz gefunden haben, erklärt jeder von seinem Platz aus seine eigene Wahl und äußert sich auch dazu, ob er die anderen Teilnehmer richtig plaziert findet. Der Kampf um Plätze bietet zugleich Anlaß, etwas über Durchsetzungsfähigkeit zu erfahren.

Variante: Die Frage für die Plazierung lautet: Wieviel Einfluß möchte ich in dieser Gruppe haben?

Zeit: 15–30 Minuten in einer Gruppe von 10–15 Teilnehmern.

3. Auswertungshilfen

Wer nahm ohne zu zögern einen Platz ein? Wer den ersten, wer den letzten? (Vielfach drängen sich die Teilnehmer um die Mittelplätze: Wie wirkt sich dies auf den Fortschritt der Gruppe aus?) Wodurch üben einzelne konkret Einfluß/keinen Einfluß aus? Wieweit weichen Selbsteinschätzung und Beurteilung durch die anderen Teilnehmer voneinander ab?

4. Materialien

Stühle entsprechend der Anzahl der Gruppenteilnehmer.

5. Hinweise

Auch zur Diagnose der Gruppensituation zu gebrauchen (Kat. 2.6).

Reigen tanzen

1. Ziel

Machtverteilung und Rivalität bzw. Kooperation und Gemeinsamkeit in der Gruppe, Qualität und Möglichkeit von Initiativen an einem Beispiel sinnlich erfahrbar werden lassen. Autoritätsprobleme sichtbar machen.

2. Durchführung

Die Teilnehmer werden gebeten, sich in einem großen Kreis aufzustellen und an die Hände zu fassen, um nach Musik einen Reigen zu tanzen. Dabei soll nicht gesprochen werden. Der Moderator soll absichtlich keine Gestaltungsvorschläge machen, um die Situation offen zu halten. Der Gruppenleiter (falls nicht identisch mit dem Moderator) soll mitspielen. Dauer: etwa 3–5 Minuten. Gruppengröße 15–20 Teilnehmer. Anschließend folgt die Auswertung, die folgende Themen ansprechen muß:

3. Auswertungshilfen
Wieweit warteten die Teilnehmer auf die Initiative des Leiters/Moderators? Wer gab Impulse, wer nahm sie auf und verstärkte/führte weiter? Wer leistete Widerstand? Wieweit gelang es, die Gruppe zu kreativen Bewegungen zu bringen? Wie reagierten Teilnehmer, deren Gestaltungsversuche erfolglos blieben? Wie ausdrucksstark und beweglich war der Reigen? Wie war die Verbindung der Hände, locker, krampfhaft? Was spiegelt der Reigen wider an Gruppenproblematik hinsichtlich der Fähigkeit gemeinsamer Aktionen?

4. Materialien
Musik (möglichst mit rasch wechselnden Tempi), ein nicht zu kleiner Raum.

5. Hinweise
Eine nette Variante liegt darin, den Tanz von jeweils sechs bis acht Teilnehmern gleichzeitig machen zu lassen, wobei alle einen quer in die Hände gelegten Besenstil halten und ihn nach der Musik bewegen. Auswertungshilfen: s. o.

Führung annehmen, Führung abgeben

1. Ziel
Eigene Einstellung zum Führen und Geführtwerden bewußter machen. Nonverbale Kontaktaufnahme.

2. Durchführung
2.1 Jeder sucht sich einen Partner. Beide stehen sich gegenüber, so daß sich ihre leicht ausgestreckten Hände berühren können. Sie nehmen Kontakt mit ihren Fingerspitzen auf.
(Variante: Die offenen Handflächen werden so entgegengehalten, daß sie sich fast berühren.) Der größere der beiden Partner beginnt jetzt langsam, seine Hände kreisen zu lassen und einen mehr und mehr kreativen Händetanz zu gestalten. Der andere Partner folgt den Bewegungen mit seinen Händen. Es darf nicht gesprochen werden. Ohne Absprache übernimmt nach einer Weile der kleinere Partner die Führung im Händetanz. So geht dies mehrmals hin und her, wobei es darauf ankommt, sowohl Führungsansprüche anzumelden und durchzusetzen als auch sich führen zu lassen. Dies geschieht durch empfindsames Einstellen auf den andern und ohne Absprache. Der Händetanz kann hoch, in die Weite und bis zum Fußboden hinab gehen, langsam sein, sich im Tempo steigern und verschiedene Rhythmen haben. – Evtl. kann auch Musik dazu laufen.
2.2 Nach einigen Minuten stellen sich zwei Paare zusammen, die Hände werden überkreuzt und jeder setzt mit seinem Partner den Händetanz so fort, daß einmal das eine

Paar den Rhythmus und die Art des Tanzes bestimmt, ein anderes Mal das zweite Paar.

Zeit: 10 Minuten (einschließlich Gesprächsaustausch mit dem Partner). Gruppengröße beliebig.

3. Auswertungshilfen

Gelang die nonverbale Einigung? Welche Gefühle entstanden beim Führen und Geführtwerden? Wie hängt dies mit der eigenen Einstellung zur Führung zusammen? In welchen Rollen haben sich die Teilnehmer wohler gefühlt? Gelang die Einigung mit dem zweiten Paar? Welche Gefühle entstanden gegenüber dem eigenen Partner und gegenüber dem anderen Paar? Wer übernahm klar, wer undeutlich die Führung? Unterschiede zur ersten Paarübung?

4. Materialien

Evtl. Musik, die kurzfristig wechselnde Tempi und Rhythmen enthält.

5. Hinweise

Auch als Kreativitäts- und Ausdrucksübung verwendbar (Kat. 2.11).

Herr und Sklave

1. Ziel

Erleben einer Autoritäts- und einer Unterordnungsrolle. Eigenen Umgang mit Macht und Unterwerfung in spielerischer Form testen.

2. Durchführung

Die Gruppe teilt sich in Paare auf. Partner A ist jeweils Herr, Partner B sein Sklave. Der Herr kann nun seinem Skalven Befehle erteilen, die dieser ausführen soll. Die Anordnungen sollen sich langsam steigern, der Sklave muß immer stärker zu Handlungen gezwungen werden, die ihm gegen den Strich gehen. Er muß aber gehorchen. (Selbstverständlich dürfen keine ethischen, gesundheitlichen usw. Grenzen überschritten werden.) – Nach etwa 8 Minuten werden die Rollen gewechselt. – Anschließend wird paarweise ausgetauscht, wie sich die Teilnehmer in den Rollen erlebt haben.

Zeit: 20–30 Minuten. Gruppengröße beliebig.

3. Auswertungshilfen

Wie haben sich die Teilnehmer in den Rollen gefühlt? Zu welcher hatten sie einen stärkeren inneren Zugang? Wie wurde die Versuchung zur Macht erlebt? Entwickelte sich eine Eigendynamik? Gab es Rachegefühle bei der Rollenumkehrung? Wie erleben sich die Partner außerhalb dieses Spieles in Rollen, die mit Macht und Unterwerfung verbunden sind?

4. Materialien

keine

5. Hinweise
Nach G. Bach, a.a.O.

Kampf der Rivalen

1. Ziel
Rivalitätsgefühle körperlich in ungefährlicher Form agieren, bewußt und bearbeitbar machen.

2. Durchführung
Zwei Kampfhähnen wird ein Ritual angeboten, an das sich beide während des Kampfes streng halten müssen.

2.1 *Armringen:* 2 Gegner liegen sich einander gegenüber und stützen jeweils ihren rechten Ellenbogen auf, sodaß der Unterarm frei ist. Sie umklammern sich an den Händen, richten die Ellenbogen parallel zueinander aus und versuchen, den Arm des Gegners zu Boden zu zwingen, ohne den Ellbogen von der Stelle zu bewegen oder die andere Hand zu Hilfe zu nehmen.
Oder:

2.2 *Ringen:* 2 Gegner knien – um zu große Fallhöhe zu vermeiden – einander gegenüber, fassen sich an den Händen und versuchen sich gegenseitig auf den Boden zu zwingen, bis beide Schulterblätter den Boden berühren. – Anschließend hilft der Sieger dem Besiegten bewußt wieder auf die Beine.

2.3 *Pressen:* Die Gegner stehen sich gegenüber (Variante: hintereinander). Der eine legt seine Hände auf die Schultern des anderen und versucht ihn zu Boden zu pressen, bis er flach liegt. Dann soll er ihm die Hand reichen und ihm wieder aufhelfen.

2.4 *Drücken:* Die Gegner stehen sich gegenüber in der Mitte des Raumes und versuchen, sich gegenseitig an die Wand zu drücken. – Diese Übung kann auch zwischen zwei ungleich Starken durchgeführt werden, nur muß vorher klar vereinbart werden, welche Einschränkungen der Stärkere auf sich nehmen muß (z. B. nur auf einem Bein hüpfen, nur mit einer Hand oder nur mit der Schulter schieben, Schuhe ausziehen, etc.).

2.5 *Hahnenkampf:* Mit verschränkten Armen, auf einem Bein hüpfend, stoßen sich die Gegner gegenseitig durch den Raum. Es gibt keinen Sieger und keinen Verlierer. (Zeit max. 3 Min.)

2.6 *Dänisches Daumenringen:* Die Gegner setzen zum Handgeben an und krümmen aber stattdessen die 4 Finger und haken sich ineinander. Die aufgestellten Daumen werden gegeneinander gestemmt. Die Verbindung muß beibehalten werden. Der Daumen des Gegners soll nun niedergedrückt und 3 Sekunden so gehalten werden, daß er sich nicht bewegen kann.

3. Auswertungshilfen
Wie fühlen sich die Kontrahenten nach dem Kampf? Wie haben sie auf die Gruppe gewirkt?

4. Materialien
keine

5. Hinweise
Auch zur Klärung von Beziehungen (Kat. 2.4) zu verwenden.

Zeitungsschlacht

1. Ziel
Versteckte Aggressionen körperlich in einer ungefährlichen, spielerischen Form agieren und abreagieren. Oder: Zwei Kinder, die sich häufig körperlich auseinandersetzen (verprügeln) mit dieser »Zwischenstufe« zu einer nicht-körperlichen und gewaltfreien Auseinandersetzung führen.

2. Durchführung
Zwei Partner erhalten je eine Zeitung und rollen sie zusammen. Sie dürfen sich damit gegenseitig an die Beine, Arme und den Rücken schlagen. Verboten sind Schläge ins Gesicht und an empfindliche Körperstellen. Es gibt keinen Sieger und keinen Verlierer. Sind die Zeitungen zerschlagen, ist der Kampf zu Ende.

3. Auswertungshilfen
Wie haben die Kontrahenten während des Kampfes auf die Gruppe gewirkt? Wie fühlen sie sich hinterher? Was bedeutet es ihnen, daß es keinen Sieger und keinen Verlierer gibt?

4. Materialien
zwei Zeitungen.

5. Hinweise
keine

Leiter befragen

1. Ziel
Klärung unbewußter Beziehungsprobleme zwischen Gruppenleiter und Teilnehmern. Überprüfung von Phantasien in dieser Beziehung mit der Realität. Stereotype, Etikettierungen usw. aufdecken und bewußt machen.

2. Durchführung
2.1 Die Teilnehmer werden gebeten, sich eine für sie selbst wichtige Frage an den Leiter zu überlegen (keine Sachfragen zu weit wegliegenden Themenbereichen, sondern persönliche Fragen). Jeder Teilnehmer notiert sich die Frage. Anschließend werden die Teilnehmer gebeten, die Augen zu schließen und sich die Situation vorzustellen, in der

diese Frage gestellt wird: Wie klingt die eigene Stimme? Wo und wie stehen oder sitzen beide? Was antwortet der Leiter? *Wie* antwortet er, zögert er, schaut er mich an, wie ist sein Gesichtsausdruck? . . . (Einige Minuten Zeit geben.) Nun sollen die Teilnehmer diese phantasierte Situation kurz notieren. –

2.2 Die Teilnehmer stellen nacheinander ihre Fragen. Der Leiter antwortet. – Jeder Teilnehmer liest nun seine Phantasie vor und vergleicht sie mit der Realität. Auffällige Unterschiede werden besprochen, wobei auch die Gruppe mit einbezogen wird.

Zeit: 45–60 Minuten in einer Gruppe von 10–15 Teilnehmern.

3. Auswertungshilfen

Wieweit deckten sich Phantasie und Realität? Wo müssen realitätsferne Einstellungen und (Vor-)Urteile ggf. revidiert werden? Welche Erwartungen prägen die Einstellung und Beziehung zum Leiter? Wieweit verträgt die Beziehung persönliche und intimere Fragen?

4. Materialien

Papier und Schreibzeug.

5. Hinweise

Dieses Spiel kann der Leiter mit einzelnen Teilnehmern auch umgekehrt spielen, um seinen eigenen Phantasien auf die Spur zu kommen (Kat. 2.12).

Lehrer verzaubern

1. Ziel

Ausdrücken von Wünschen und (unbewußten) Projektionen eines Teilnehmers/Kindes dem Leiter/Lehrer gegenüber. Abklärung der Beziehungsproblematik.

2. Durchführung

Die Teilnehmer erhalten einen Bogen Malpapier und Malzeug. Der Moderator gibt etwa folgenden Text vor: »Im Märchen gibt es, wie ihr ja wißt, Zauberer, die alles können. Natürlich wissen wir, daß dies alles Märchen sind, aber wir stellen uns jetzt vor, ihr könntet euren Leiter/Lehrer in ein Tier verzaubern. Malt bitte auf dies Zeichenblatt das Tier, in das ihr den Leiter/Lehrer am liebsten verzaubern würdet. Es kommt nicht darauf an, schön zu malen, sondern einfach nur zu zaubern.«
Anschließend wird ein Gespräch darüber geführt, was mit den Bildern ausgedrückt werden sollte. Das Entscheidende liegt darin, daß die Teilnehmer ihre Bilder *selber* deuten und von ihren Gefühlen sprechen. Der Moderator und die Gruppe sollen »partnerzentriert« reagieren (vgl. Kat. 2.11) und keine bohrenden Fragen stellen.

3. Auswertungshilfen

Welche Gefühle und geheimen Wünsche drückt das Bild aus? Welche Phantasien werden ausgedrückt?

4. Materialien
Malpapier, Malzeug.

5. Hinweise
Nach einer Idee von R. Seiß, a.a.O., S. 72f. – Vorwiegend für Kinder bis zum 12. Lebensjahr geeignet, – aber wie viele »Kinderspiele« auch in Erwachsenengruppen zu verwenden.

Phantasie – Duell

1. Ziel
Verdeutlichung von widerstreitenden Persönlichkeitsteilen in einer Entscheidungssituation durch Imagination.

2. Durchführung
Der Moderator kündigt vor der Gruppe an, daß sich nach 2 Min. ein Freiwilliger melden soll, der zu einer Aktion vor der Gruppe bereit ist. Die Teilnehmer werden gebeten, die Augen zu schließen und für sich eine Entscheidung zu treffen, ob sie mitmachen wollen bei der Aktion. Der Moderator schlägt vor: »Stellt euch bitte vor, in eurem Kopf befänden sich zwei Gestalten. Die eine rät dir, dich freiwillig zu melden, die andere rät dir das Gegenteil. Male dir eine Diskussion zwischen den beiden aus, in der jeder versucht, den anderen von seiner Auffassung zu überzeugen, bis schließlich einer von ihnen die Oberhand behält.« (ca. 3 Min. Zeit geben) – »Laß nun anschließend die beiden Figuren in der Vorstellung vor dich hintreten. Sie sprechen jetzt nicht mehr. Was tun sie? Beobachte eine Weile, was geschieht.« (ca. 1–2 Min. Zeit geben).
Die Auswertung bei größeren Gruppen in Untergruppen zu 4 Teilnehmern soll klären, wie die Gestalten argumentiert haben, wie der Klang der Stimmen war, ihre Größe, ihr Aussehen usw. – Welche Seiten streiten in mir, wenn es um Entscheidungen geht? Welcher räume ich gewöhnlich die Oberhand ein? Was will ich damit erreichen, was vermeiden?
Zeit: 10–15 Minuten. Gruppengröße beliebig.

3. Auswertungshilfen
s. o.

4. Materialien
keine

5. Hinweise
Diese Übung wurde entwickelt nach W. Schutz.

Schritte

1. Ziel

Eigenes Entscheidungsverhalten sinnlich wahrnehmbar erfahren durch eine symbolische Folge einiger Schritte.

2. Durchführung

Die Gruppenmitglieder werden gebeten sich beliebig im Raum aufzustellen, dort wo sie sich wohlfühlen. Stühle und Tische sind zur Seite geräumt. Der Moderator spricht jetzt etwa folgenden Text: »Wir tun jetzt lediglich einige Schritte in einer Reihenfolge, die ich ansagen werde. Bitte achtet dabei sehr feinfühlig auf euch selbst, vor allem, was ihr empfindet und wohin euch euer Körper führt. Bitte schließt die Augen einige Augenblicke und besinnt euch auf euch selbst. – Achte auf deine Gefühle und auf die Bilder und Gedanken, die gerade durch deinen Kopf gehen . . . Ich bin für mich – Ich nehme den Raum wahr – und die Menschen, die sich hier befinden. (ca. 2 Min. Zeit geben) – Bitte öffnet jetzt wieder die Augen. Nun hast du einen Schritt vor dir – verantworte ihn – und tue ihn bewußt . . . – Welche Gefühle hast du? – Was bewegt dich? . . . Nun hast du wieder einen Schritt – mache dir die Veränderung bewußt – tue ihn jetzt . . . Welche Gefühle hast du? . . . Und jetzt hast du zwei Schritte. Du kannst mit ihnen machen, was du willst. Aber du hast *nur* zwei, verantworte sie . . . Tue jetzt die Schritte . . . Wo bist du jetzt? – Bist du enttäuscht? – Bist du zufrieden? . . . Nun kommt ein Schritt in völlig anderer Richtung. Tue nun den Schritt . . . Drei Schritte hast du jetzt vor dir. Verantworte, wohin du gehst, überlege und prüfe vorher, in welcher Richtung du gehen willst. (Pause von ½ Min.) Nun tue die drei Schritte . . . Nimm mit den Menschen, ohne zu sprechen, irgendeine Verbindung auf . . . Noch fünf Schritte hast du vor dir. – Werde dir deiner Gefühle bewußt . . . Gehe jetzt einen Schritt . . . Bei wem bist du? – Welche Gefühle hast du zu ihm? . . . Vier Schritte kannst du jetzt noch tun, – verantworte den nächsten, tue ihn . . . Noch drei Schritte – mache dir bewußt, wohin du gehen willst . . . und tue einen Schritt . . . Noch zwei Schritte hast du vor dir – nun gehe ihn bewußt, in voller Absicht. Tue jetzt den letzten Schritt . . . – Wo stehst du jetzt? Bei wem? Bist du enttäuscht oder zufrieden? Bleibe jetzt noch eine Weile für dich, bevor wir austauschen, was wir erlebt haben.«

Zeit: ca. 10 Min. Gruppengröße max. 15 Teilnehmer

3. Auswertungshilfen

Wie wurde die Atmosphäre des Spieles erlebt? Wie bewußt wurden Schritte getan? Gab es Personen, zu denen man gehen wollte, die man vermeiden wollte? Wie leicht oder schwer fielen die Entscheidungen, änderten sich die Intentionen während des Spieles? Wie wurde mit den anderen Teilnehmern kommuniziert?

4. Materialien

keine

5. Hinweise

Dieses Spiel kann sehr intensiv in der Emotionalität werden. Der Moderator muß darauf vorbereitet sein.

Nein sagen

1. Ziel

Erweiterung persönlicher Entscheidungskompetenz durch Stärkung der Fähigkeit, nein sagen zu können

2. Durchführung

Alle Teilnehmer der Gruppe setzen sich bequem und entspannt auf ihren Platz, schließen die Augen für diese Phantasie-Übung und konzentrieren sich ganz auf sich selbst. – Dann werden sie gebeten, sich an eine Situation zu erinnern, in der sie ja sagten, aber insgeheim eigentlich lieber hätten nein sagen wollen. (1–2 Minuten Zeit) Diese Situation soll jetzt in der Phantasie genau vorgestellt werden: Wo ereignet sich die Situation, wie sieht es dort aus? Gefühle? Wer ist da, was wurde eben gesprochen? . . . Jetzt wird der Moment in's Auge gefaßt, als der Teilnehmer ja sagte: In welchem Ton, wie fühlte er sich dabei? Was für einen Vorteil oder Gewinn bringt dieses »Ja«? Was vermeidet er damit? . . . Jetzt werden die Teilnehmer gebeten, in den Moment zurückzugehen, der unmittelbar vor dem Ja lag – jetzt aber sollen sie deutlich nein sagen und etwas hinzufügen, das sie vorher nicht gesagt haben. Wie ist ihnen bei diesem Nein zumute? . . . Wie reagieren die andern Menschen, was antworten sie? . . . Nun werden die Teilnehmer gebeten, in der Phantasie zu der Person zu werden, zu der sie eben dieses Nein gesagt haben. Was sagen sie als diese Person? . . . Nun sollen sie wieder sie selbst werden und antworten . . . So soll ein kleiner Dialog eine Weile fortgesetzt werden. Zum Schluß soll der Teilnehmer sich nocheinmal klar werden, was er empfindet, sein Nein bewußt wiederholen und sich dabei beobachten.
Zeit: 10–15 Minuten. Gruppengröße beliebig

3. Auswertungshilfen

Der Austausch über die Erlebnisse bei der Phantasie erfolgt (bei größeren Gruppen in Vierergruppen) so, daß jeder Teilnehmer in Ich-Form die Szene erzählt. War das Nacherleben eher befriedigend oder belastend? Was wurde mit dem Ja und dem Nein erreicht? Was vermieden?

4. Materialien
keine

5. Hinweise
Die Übung wurde entwickelt nach J. Stevens, a.a.O.

2.10 Kreativität, Spontaneität, Phantasie. – Abschied. Ende einer Gruppe

Innerhalb dieser Kategorie sind auch folgende Spiele und Übungen möglich:
Imaginäres Ballspiel (S. 62)
Skulpturen für Gefühle (S. 76)
Führung annehmen – Führung abgeben (S. 202)
Märchen erzählen (S. 157)
Kleckse deuten (S. 185)
Gruppenbild malen (S. 186)
Ballspielen ohne Ball (S. 187)
Ballon-Hochwurf (S. 192)
Mein Gefühl zu ... (S. 170)

Brainstorming

1. Ziel
Mit einer einfachen Technik den Prozeß schöpferischer Ideenproduktion in einer Gruppe fördern.

2. Durchführung
Die Gruppe verabredet eine Phase der Ideensammlung zu einem Thema, Vorhaben, Problem usw. Dabei wird außer dem Moderator ein Protokollant benötigt, evtl. auch eine Auswertungsgruppe. Die Brainstorming-Technik kann auch zuvor an Themen geübt werden, die humorvoll sind und nicht auf echte Problemlösungen zielen. – Die Ideen werden frei in den Raum gesprochen unter Beachtung folgender Regeln:
1. Jede Idee ist erlaubt. Das Kriterium der Realisierbarkeit wird in der Brainstorming-Phase völlig ausgeschaltet. Auch abwegig erscheinende, phantastische, originelle und neue Ideen werden zugelassen.
2. Kritik der Ideen, Bewertung und Stellungnahme sind während der Brainstorming-Phase streng verboten, um den freien Gedankenfluß nicht einzuengen!
3. Jeder soll möglichst viele Ideen, auch unausgegorene, produzieren.
4. Die Teilnehmer sollen sich möglichst oft an von anderen geäußerte Ideen anhängen und sie aufgreifen und weiterentwickeln.
5. Die Ideen und das Ergebnis werden nicht als Leistung eines einzelnen angesehen, sondern sind Leistung der ganzen Gruppe.
Im nächsten Schritt kann der Protokollant mit einem oder zwei Teilnehmern die Liste auswerten und aus der Fülle der Ideen der Gruppe Vorschläge zur Realisierung machen. – Oft kommt es dabei zu Lösungsideen, die bei zu schneller Kritik von Vorschlägen nie entwickelt worden wären.
Zeit: 5–20 Minuten. Gruppengröße beliebig.

3. Auswertungshilfen
s. o.

4. Materialien
keine

5. Hinweise
Wenn die Gruppe diese Grundregeln beherrscht, kann ein Brainstorming auch ad hoc immer wieder in die laufende Gruppenarbeit eingeschoben werden.

Musikmeditation

1. Ziel
Phantasie und kreativen Ausdruck durch Musik anregen. Empfindungen beim Hören von Musik bewußt machen. Entspannung.

2. Durchführung
Der Moderator kündigt eine Musikmeditation an und bittet die Teilnehmer, sich für eine der folgenden Gruppen zu entscheiden:
a) alleine bleiben, nur Hören und die Musik auf sich wirken lassen;
b) durch Malen (allein) den entstehenden Empfindungen, Gefühlen und Phantasien Ausdruck geben;
c) durch Malen mit einem Partner die Wirkungen der Musik ausdrücken;
d) durch Einlassen der Musik in den Körper dem Empfinden in Bewegung Ausdruck geben (kein Gesellschaftstanz, eher Pantomime);
e) durch Notizen auf einem Zettel die Bilder, Assoziationen und Phantasien festhalten (frei assoziieren).
Die Gruppen sollen sich in den Ecken des (nicht zu kleinen Raumes) zusammenfinden und alle benötigten Materialien bereitlegen. –
Bevor die Musik beginnt, wird eine Körperentspannung moderiert: Die Teilnehmer schließen die Augen, besinnen sich auf sich und ihren Körper . . . Sie gehen den Körper durch und lassen sich los . . . den Kopf (»Denkzentrum loslassen«), das Gesicht mit Augenpartien, Mund, Kinn . . . Hals und Schultern . . . Arme und Hände . . . Einige Atemzüge werden ruhig und tief getan nach dem Rhythmus Einatmen – Ausatmen – Pause – . . . den Leib . . . die Beine bis zu den Füßen . . . (Etwa 3–5 Minuten). –
Dann wird die Musik eingeschaltet. Während des Musikhörens soll nicht gesprochen werden. Jeder Teilnehmer tut das, was er vorher bei der Gruppenzuteilung entscheiden hat. Wichtig ist nur, die Musik nicht »analytisch« zu hören, sondern einfach in sich hineinzulassen und sich zum entsprechenden Ausdruck anregen zu lassen. – Geeignet sind Musikstücke von 10–15 Minuten Dauer (moderne Musik wie Panflöte und Orgel, Sitarmusik, aber auch aus der Romantik u. a.). – Wenn die Musik zu Ende ist, bleibt jeder noch eine Minute schweigend sitzen oder stehen, bevor in den Gruppen der Austausch

über das beginnt, was die Musik an Empfindungen, Impulsen, Bildern, Phantasien und Assoziationen ausgelöst hat. Jede Gruppe beendet ihren Austausch dann, wenn sie schließen möchte.

Zeit: 20–30 Minuten. Gruppengröße max. 15–20 Teilnehmer.

3. Auswertungshilfen

s. o.

4. Materialien

Mal- und Schreibpapier, Filzstifte oder Wachskreiden, Musik.

5. Hinweise

Auch als Möglichkeit, sich selbst kennenzulernen (Kat. 2.3), geeignet.

Gemeinsamer Ausflug

1. Ziel

Spontaneität, Initiative und Ideenentwicklung durch Phantasie fördern. Kreative Identifikation mit einem Partner.

2. Durchführung

Die Gruppe wird gebeten, sich in der Phantasie auszumalen, daß sie gemeinsam in Urlaub fährt. Einer beginnt, die Eingangsszene kurz zu schildern (z. B. »Wir stehen eines Morgens um 7 Uhr in der Schalterhalle des Flughafens. Jeder hat ein kleines Köfferchen gepackt. Über unserem Flugschalter steht: Hier Abflug nach . . .«), der nächste setzt fort usw. – Wenn der Urlaub genügend ausphantasiert worden ist (10–15 Minuten), schließt sich die nächste Runde an: Jeder wählt sich einen Partner. Partner A beginnt zu erzählen, wie es seinem Partner B dort im Urlaub vermutlich gefällt, was ihm Freude macht und was ihm nicht liegt (ca. 2 Minuten), dann schließt sich Partner B an und erzählt für Partner A. Beide berichten in der Ich-Form, (Partner A sagt z. B.: »Ich, B, habe sehr darunter zu leiden, daß ich nur so wenig mitnehmen durfte im Flugzeug. Am liebsten hätte ich jetzt bei mir . . .«). Dabei sollen die Partner möglichst konkret sein. – Weitere Paare können sich anschließen.

Zeit: ca. 35–60 Minuten. Gruppengröße: 8–12 Teilnehmer.

3. Auswertungshilfen

keine

4. Materialien

keine

5. Hinweise

keine

Abfall-Menschen

1. Ziel

Förderung der Kreativität durch Gestaltung von Materialien und dem »Geben von Bedeutungen«.

2. Durchführung

Die Gruppe wird in Untergruppen zu vier Teilnehmern aufgeteilt. Jede Untergruppe erhält eine Reihe verschiedener, möglichst ziemlich wertloser Materialien (Stoffreste, Wolle, Papier, Blechdosen, Draht, Schachteln, Holzstücke, Styropor, u.a.m.). Die Aufgabe lautet: »Baut aus dem Material einen Menschen, der möglichst groß ist und aufrecht steht!« Jede Gruppe hat zehn Minuten Zeit, evtl. etwas mehr. (Variante: Nur eine Verständigung ohne Worte ist erlaubt.) – Nach Ablauf der Zeit betrachtet jede Gruppe ihre Figur schweigend und phantasiert über sie: Wer könnte das sein, welchen Beruf und welche Position könnte der Mensche haben? Könnte er eher Vater, Mutter oder Kind sein? In welchem Land könnte er leben? u.a.m. Nachdem sich jeder einige Minuten über diese Fragen schweigend Gedanken gemacht hat, spricht die Kleingruppe darüber. – Dann stellt sich einer nach dem andern hinter die Figur und probiert, welche Stimme zu ihr paßt. Die anderen Mitglieder der Vierergruppe äußern sich jeweils dazu. (Es braucht keine verständliche Sprache zu sein). – Zum Schluß können die Vierergruppen ihre Figuren miteinander in Kontakt treten lassen, indem sich jeweils ein Teilnehmer hinter die Figur stellt, ihre Stimme annimmt und eine Unterhaltung mit anderen Figuren führt. –

Humor und Witz sollen zugelassen werden, je mehr Spaß die Erfindungen machen, desto mehr kann die Phantasie beflügelt werden.

Zeit: 20–30 Minuten. Gruppengröße beliebig.

3. Auswertungshilfen

Wieviel Phantasie wurde von den einzelnen Teilnehmern entwickelt? Wer hatte die Initiative? Wer machte Vorschläge, wurde aber abgelehnt?

4. Materialien

Eine große Zahl von Abfallprodukten.

5. Hinweise

Das Spiel wurde entwickelt nach N. Newberg/T. Borton: Emotionales und soziales Lernen in der Schule. München 1976, S. 44f. – Es kann auch als Kooperationsspiel (Kat. 2.6) verwendet werden.

Pantomimen raten

1. Ziel

Kreativen Ausdruck entwickeln in pantomimischer Darstellung von Tieren. Entspannung, Auflockerung. Phantasie und Kombination.

2. Durchführung

Die Gruppe wird in vier Untergruppen aufgeteilt. Jede Untergruppe setzt sich in eine Ecke des Raumes. Der Moderator steht in der Mitte. Jede Gruppe schickt nacheinander einen Teilnehmer, dem der Moderator ein Tier mit »typischen« (metaphorischen) Eigenschaften in das Ohr flüstert. Die Spieler führen ihr Tier, ohne zu sprechen und Geräusche zu machen, ihrer Gruppe pantomimisch vor. Die Teilnehmer der Gruppe sollen raten, um welches Tier (mit dem entsprechenden Eigenschaftswort) es sich handelt. Wer es rät, darf als nächster ein Tier vorführen. (Beispiele: lahme Ente, schlauer Fuchs, friedliche Taube, stolzer Adler, dummer Esel, langweilige Schnecke, diebische Elster, alter Hase, frecher Spatz, falsche Schlange, starker Bulle, edles Pferd, alberne Gans, scheues Reh, fleißige Biene, falscher Hund usw.)
Variante: Eine Zeit wird festgelegt, diejenige Gruppe ist Sieger, die am meisten Tiere geraten hat.
Zeit: 10–20 Minuten. Gruppengröße beliebig.

3. Auswertungshilfen
keine

4. Materialien
keine

5. Hinweise
Auch als Spiel zur Auflockerung (Kat. 2.1) und zum Wahrnehmungstraining (Kat. 2.2) geeignet.

Maschine aus Menschen

1. Ziel
Auflockerung, Entspannung, aber auch Sensibilität für Kooperation. – Kreativität und Phantasie entwickeln.

2. Durchführung
Die Gruppe stellt sich beliebig im Raum auf, in der Mitte bleibt ein freier Platz. Dort wird die ganze Gruppe nun langsam zu einer Phantasie-Maschine, in der jeder seinen Platz hat und ein Geräusch macht, eingebaut in die Gesamtmaschine durch Berührung mit den andern. Dies beginnt so: Eine Person tritt in die Mitte und beginnt mit einer Bewegung und einem Geräusch (z. B. wie ein Kolben sich auf und ab zu bewegen, die Hände nach oben ausgestreckt, oder wie ein Antriebsrad sich mit ausgestreckten Armen zu drehen usw.). Weitere Personen schließen sich – möglichst genau passend – an mit originellen Bewegungen, die mehr als nur einen Arm oder ein Bein einbeziehen, bis schließlich eine fauchende, stampfende, quietschende Menschenmaschine entsteht.
Zeit: Wenige Minuten. Gruppengröße beliebig, bei über 20 Teilnehmern empfehlen sich Untergruppen.

Variante: Jeder macht zunächst irgendeine Bewegung mit Geräusch für sich, dann schieben sich alle langsam zusammen und versuchen, eine »funktionierende« Verbindung mit anderen herzustellen. – Auch das Tempo der Bewegung der Maschine kann gesteigert und verlangsamt werden. Bei Überbeanspruchung der »Maschinenteile«, ebenso wenn eines aussetzt, hört die Maschine langsam auf zu arbeiten und kommt zum Stillstand.

3. Auswertungshilfen

Wie gut ist das Aufeinander-Einstellen gelungen? Hat die Funktion einzelner Teilnehmer in der Maschine etwas zu tun mit dem sonstigen Verhalten in der Gruppe? (Falls eine ernsthafte Auswertung sinnvoll ist.)

4. Materialien

keine

5. Hinweise

Sowohl für die Aufwärmphase am Anfang (Kat. 2.1) als auch nach anstrengenden und ermüdenden Sitzungen geeignet. Bisweilen klappt der Bau der Maschine erst in der Wiederholung, wenn die Teilnehmer den Spielgedanken besser verstanden haben.

Offene Szene

1. Ziel

Kreative nonverbale Improvisation und Entwicklung einer Szene. Kooperation und Phantasie fördern.

2. Durchführung

In der Mitte der Gruppe ist ein größerer freier Platz. Die Gruppe soll jetzt ein kleines nonverbales Theaterstück erfinden, das noch keiner kennt, in dem aber jeder mitspielen kann. Ein Teilnehmer beginnt. Er setzt, legt oder stellt sich irgendwie auf die »Bühne« und drückt etwas aus (z. B. einen Mann, der an einen Gitter rüttelt). Der nächste – oder die nächsten – Teilnehmer erfinden irgendeine dazu passende Handlung (z. B. schließt einer die Tür zur Zelle auf und schiebt Essen hinein). Weitere schließen sich an (z. B. lauern draußen vor dem Gefängnis Männer mit einer Eisensäge). Die Spieler müssen jeweils phantasievoll weiterdenken, was geschehen könnte und sich gut aneinander anschließen, aber jeweils neue Elemente erfinden (z. B. die Wärter spielen Skat, die Banditen sägen das Gitter auf, der Gefangene flieht. Die Wärter kommen zu spät usw.). An einem sinnvollen Punkt, an dem eine Szene zu Ende geht, wird das Spiel vom Moderator abgebrochen. Wenn es nicht zu lange dauert, kann eine neue Szene angeschlossen werden. Meist klappt sie besser als die erste, weil die Spieler den Spielgedanken besser verstanden haben.

Zeit: 10–20 Minuten. Gruppengröße: 8–15 Teilnehmer.

3. Auswertungshilfen

Ist verstanden worden, was Spieler andeuten wollten, und haben sich die Mitspieler richtig angeschlossen? Wo langen Weichenstellungen und Wendepunkte? Wie könnte man die Szene überschreiben?

4. Materialien
keine

5. Hinweise
Auch als Kooperationsspiel (Kat. 2.8) zu verwenden.

Abschiedsgeschenke

1. Ziel
Durch symbolische Geschenke am Ende einer Gruppenarbeit Wertschätzung ausdrücken

2. Durchführung
In kleinen Untergruppen (3–4 Teilnehmer) fertigt jeder für die anderen aus Ton oder Plastilin ein kleines Geschenk mit Symbolcharakter an: Ausgedrückt werden soll ein Stück Wertschätzung darüber, wie er jeweils den anderen Teilnehmer erlebt hat (als tragende Säule, als ideenreicher Brunnen, als sichernder Zaun, als versöhnende Brücke usw.). Es können dabei auch Wünsche für die Zukunft ausgedrückt werden. Nacheinander werden die Geschenke überreicht und kommentiert, anschließend mit einem Namensschildchen (von ... für ...) ausgestellt.

3. Auswertungshilfen
keine

4. Materialien
Ton, Plastilin, Schreibzeug

5. Hinweise
keine

Hoher Gerichtshof

1. Ziel
In spielerischer Form Vorschläge und Anregungen für zukünftiges Verhalten bekommen/ geben

2. Durchführung
Ein Teilnehmer wählt sich aus der Gruppe drei »Richter« und äußert, worin er sein Verhalten gerne ändern möchte. Die drei Richter führen »öffentliche Beratung« und überlegen mit Hilfe

der Gruppe, welche konkreten Verhaltensvorschläge (»Strafen«) sie dem »Angeklagten« zur Auflage machen können. Dies sollen möglichst Hilfen sein, die außerhalb der Gruppe, in der Zukunft und allein praktizierbar sind.

3. Auswertungshilfen
Sind die »Strafen« praktikabel, angemessen, hilfreich? Drücken sie versteckte Aggressionen aus?

4. Materialien
keine

5. Hinweise
keine

Wir lösen uns voneinander

1. Ziel
Sich voneinander trennen am Ende einer Gruppe. Körperlich erfahren, auf Abstand zu gehen. Seine eigene Distanz zur Gruppe finden.

2. Durchführung
Die Gruppe bildet stehend einen Kreis. Wenn es der Charakter der Gruppe zuläßt, können die Teilnehmer die Arme über die Schultern der Nachbarn legen. Der Kreis rückt so eng wie möglich zusammen. Jeder konzentriert sich auf sich selbst. Dann geht jeder in seinem eigenen Tempo ganz bewußt rückwärs, löst die Verbindungen, bis jeder die Distanz zu den andern gefunden hat, die für ihn nötig ist. Dies soll sehr behutsam und sehr bewußt geschehen, wobei auch die zum Sich-Lösen gehörenden Gefühle wahrgenommen werden sollen. Jeder verbleibt eine Weile an dem Platz, den er sich gesucht hat und macht sich bewußt, daß er Abschied von der Gruppe nimmt und die nächste Strecke seines Weges alleine gehen wird.

3. Auswertungshilfen
keine

4. Materialien
keine

5. Hinweise
keine

2.11 Partnerzentriertes Gesprächsverhalten

Innerhalb dieser Kategorie sind auch folgende Spiele und Übungen möglich:
Partner vorstellen (S. 81)
Äußerungen abtasten (S. 85)
Rollenspiel (hier z. B. Beratungssituationen) (S. 176)
Direkter und indirekter Ausdruck von Gefühlen (S. 87)
Kontrollierter Dialog (S. 89)

Partnerzentriertes Gespräch

1. Ziel
Einführung in die Grundprinzipien ermutigender und fördernder Reaktionsweisen gegenüber einem Gesprächspartner. Praktische Übung partnerzentrierten Gesprächsverhaltens an Verbatims.

2. Durchführung
Die Gruppe bildet Untergruppen zu vier Teilnehmern. Jeder Teilnehmer erhält das u. a. Arbeitsblatt: »Fördernde und hemmende Reaktionen im Gespräch.« Es wird zunächst Teil I (Informationen) gelesen und kurz auf Verständnisfragen hin diskutiert. – Dann erarbeiten die Teilnehmer den Teil II (Aufgaben).
Zeit: 60–90 Min., je nach Vorerfahrung der Teilnehmer. Anschließend kann die Gesamtgruppe nocheinmal zusammen kommen und ausgehend von den persönlichen Eindrücken und Erfahrungen der Teilnehmer ein Gespräch über die Grundsätze des partnerzentrierten Gesprächsverhaltens führen.

3. Auswertungshilfen
s. o.

4. Materialien
Arbeitsbögen und Schreibzeug.

5. Hinweise
Diese Übung wurde entwickelt in Anlehnung an Schwäbisch/Siems: Anleitung zum sozialen Lernen, 1974, S. 97 ff. und W. Weber: Wege zum helfenden Gespräch, 1975 sowie W. R. Minsel: Praxis der Gesprächstherapie, 1974. Diese Arbeiten geben umfassend Auskunft über Begründung und Praxis des partnerzentrierten Gespräches.

Arbeitsblatt: Fördernde und hemmende Reaktionen im Gespräch
I. Informationen
Zu einer offenen Kommunikation bedarf es nicht nur der Bereitschaft und der Fähigkeit

eines Menschen, offen über sich zu sprechen. Wesentlich für das Gelingen eines offenen Gespräches ist besonders auch die Reaktionsweise des Gesprächs*partners*. Im folgenden werden Reaktionsweisen aufgezählt, die im allgemeinen eine eher fördernde bzw. eher hindernde Auswirkung auf die Bereitschaft zu offener Kommunikation haben.

1. Fördernde Reaktionsweisen

Wir verstehen darunter alle Reaktionsweisen, die dem Partner zu erkennen geben,
- daß seine Gefühle und Gedanken verstanden, akzeptiert und nichtwertend gehört werden,
- daß man aktiv engagiert an seinen Gefühlen und Gedanken interessiert ist,
- daß er selbst der Verlauf des Gespräches bestimmen kann und nicht gegängelt wird,
- daß man ihm die Lösung seiner Probleme selbst zutraut und ihn nicht durch eigene Ratschläge abhängig macht.

Solche fördernde Reaktionsweisen sind z. B.:
a) *aktives, aufmerksames und akzeptierendes Zuhören,* nicht passives Schweigen (z. B. Blickkontakt).
b) *Paraphrasieren:* Der Inhalt der Mitteilung des Gesprächspartners wird noch einmal in eigenen Worten wiederholt, um sicher zu gehen, daß man ihn auch richtig verstanden hat.
c) *Zurückspiegeln der gefühlsmäßigen Erlebnisinhalte einer Äußerung,* Verbalisierung des Gefühls, das der Partner in einer Äußerung ausdrückt.
d) *Wahrnehmungsüberprüfung:* Der Partner wird gefragt, ob der eigene Eindruck richtig ist.
e) *Informationssuche:* Gemeint sind hier Fragen, die sich genau darauf beziehen, was der Partner sagte, und nicht solche Fragen, die neue Themen anschneiden.

2. Hindernde Reaktionsweisen

Darunter verstehen wir alle Reaktionsweisen, die
- dem anderen seine Gefühle »nehmen«, ihm vermitteln, daß er diese Gefühle gar nicht haben und äußern darf,
- dem Partner Gefühle der Unterlegenheit und Bedeutungslosigkeit vermitteln,
- dem Partner den Eindruck geben, eher beschwichtigt als ernstgenommen zu werden. Solche hemmenden Reaktionsweisen sind z. B.:
a) *Wechsel des Themas ohne Erklärung*
b) *Vermeidung des Blickkontakts*
c) *Interpretationen* des Verhaltens und Belehrung über Zusammenhänge. (z. B. »Das tut man gewöhnlich, wenn man« . . .)
d) *Ratschläge geben, überreden, Befehle oder Rezepte geben* (z. B. »Sei doch mal . . ., Tu doch mal . . .«)

II. Aufgaben

Zu den folgenden Beispielsätzen sollen jeweils einige fördernde und einige hindernde Antworten überlegt und notiert werden. Nach jeweils einem Beispiel tauscht die Gruppe die Formulierungen aus und bespricht sie aufgrund der in den Informationen genannten Kriterien.

1. »Ich bin ein Blindgänger, immer bin ich auf das Lob anderer Leute angewiesen.«
2. »Mit dem Kollegen Meier habe ich dauernd Krach. Das ist ein richtiger Spinner, so ein Utopist!«
3. »Dies ist eine der miesesten Gruppen, die ich kenne.«
4. »Alle drängen mich immer an die Wand. Das liegt wohl daran, daß ich zu gutmütig bin.«
5. »Ich habe da so meine Schwierigkeiten mit Frauen, naja, Sie wissen schon, als Geschiedener . . .«

Verbalisierung emotionaler Erlebnisinhalte

1. Ziel

Die für das partnerzentrierte Gesprächsverhalten zentrale Fähigkeit, den gefühlsmäßigen Anteil einer Äußerung zu erkennen und zu verbalisieren, an Verbatims trainieren.

2. Durchführung

Die Gruppe bildet Trios. Jedes Trio arbeitet für sich. Der Moderator gibt jeder Dreiergruppe eine Liste mit formulierten Gesprächsäußerungen (Verbatims). Ein Teilnehmer liest eine Äußerung vor, die anderen beiden schreiben auf einen Zettel, wie sie das darin ausgedrückte oder mitschwingende Gefühl verbalisieren würden (spiegeln). Sie sollen sich in dieser Übung auf den gefühlsmäßigen Zustand, der mit einer Äußerung signalisiert wird, beschränken. – Die Vorschläge werden kurz besprochen (vgl. »Partnerzentriertes Gespräch«).

Dann liest der Teilnehmer die nächste Äußerung vor, und es wird entsprechend verfahren. Nach fünf Äußerungen liest der zweite Teilnehmer weiter, nach weiteren fünf der dritte.

Liste von Beispielen (nach W. R. Minsel, a.a.O. S. 110):

1. In Gesellschaft kriege ich kein Wort raus.
2. Meine Mutter schimpft andauernd mit mir.
3. Bei Frauen kriege ich immer einen roten Kopf.
4. Diese ewigen Reibereien im Kollegium gehen mir auf die Nerven.
5. Auf so einer Party kann ich voll aus mir rausgehen.
6. Meinem Freund gegenüber habe ich mich richtig daneben benommen.
7. Die andern können es einfach immer besser.
8. Wenn der mich so anguckt, werde ich ganz klein.
9. Bei meiner Freundin bin ich wirklich zu Hause.
10. Ich weiß immer nicht, was ich sagen soll.
11. Im Grunde liegt mir diese Tätigkeit gar nicht.
12. Mein Vater kann mich einfach nicht verstehen.

13. Ich habe jetzt die dritte Fünf geschrieben.
14. Am liebsten würde ich ihm an die Kehle springen.
15. Dieses Mißtrauen macht mich ganz krank. u.a.m.
Zeit: 45–60 Minuten. Gruppengröße beliebig.

3. Auswertungshilfen
Wurde der Gesprächspartner ermutigt zum Weitersprechen?
Waren die Verbalisierungen kurz und präzise? Wieweit »traf« die Spiegelung? Welche
Äußerungen sind mehrfach interpretierbar?

4. Materialien
Liste mit Sätzen.

5. Hinweise
Nach W. R. Minsel, a.a.O.

Formulierungshilfen beim Spiegeln von Gefühlszuständen

1. Ziel
Flexibel in der Wortwahl werden bei der spiegelnden Umschreibung des emotionalen
Erlebnisinhaltes von Äußerungen. Differenzierte Wortwahl fördern.

2. Durchführung
Die u. a. »psychischen Zustände« werden auf kleine Karteikarten geschrieben und
durchgemischt. Die Mitspieler brauchen Papier und Schreibzeug. Eine Person erhält
den Stapel und nimmt die unterste Karte, nennt den inneren psychischen Zustand, der
auf der Karte steht, und legt sie obenauf. Die Teilnehmer schreiben spontan so schnell
wie möglich mehrere umschreibende Formulierungen auf. Nach einer Minute ist die
Zeit abgelaufen, und die Teilnehmer lesen ihre Umschreibungen vor. Zu jeder einzelnen
soll Stellung genommen werden, es müssen aber nicht alle vorgelesen werden. – Der
Karteikartenstapel wird an den nächsten weitergegeben, der wieder die unterste Karte
zieht, vorliest usw. – So geht die Runde weiter, bis der Stapel wieder beim ersten Teilnehmer angekommen ist.
(Beispiel: für »ärgerlich sein« kann notiert werden: »wütend sein, aufgebracht sein, in
Rage sein, an die Decke gehen, aus der Fassung geraten« u.a.m.) –
Zeit: nach max. 45 Minuten sollte das Spiel beendet werden. Größere Gruppen können
in Gruppen zu 6–7 Teilnehmern aufgeteilt werden.
Liste psychischer Zustände
1. zufrieden sein,
2. sich betrogen fühlen,
3. Beklemmungen verspüren,
4. unsicher sein,
5. träge sein,

6. sich ausgelacht fühlen,
7. Stimmungsschwankungen verspüren,
8. Minderwertigkeitsgefühle haben,
9. Ekel verspüren,
10. Frustration ertragen,
11. den Überblick verlieren,
12. mutig sein
u.a.m.

3. Auswertungshilfen
s. o.

4. Materialien
Karteikarten, Schreibzeug, Papier.

5. Hinweise
Nach W. R. Minsel, a.a.O. S. 137 f. entwickelt.

Gespräch im Trio

1. Ziel
Einübung wesentlicher Elemente des partnerzentrierten (nichtdirektiven) Gesprächsverhaltens mit gegenseitiger Hilfestellung durch Beobachtung und feedback.

2. Durchführung
Die Gruppe bildet Trios. Jede Dreiergruppe arbeitet für sich allein. Die Mitglieder verständigen sich, wer A, B und C ist. A beginnt: Er schildert ein konkretes Problem, das
aus seiner Alltagswelt stammt. Es ist nicht nötig, daß er dieses Problem exakt definieren
kann, günstiger ist vielmehr, einfach zu erzählen, was Sorgen oder Nöte macht. Partner B hört ihm intensiv zu und spiegelt nach jedem sinnvollen Abschnitt die Äußerungen von A zurück, d. h. er versucht, sich einzufühlen in die Äußerungen und ihren emotionalen Anteil zu verbalisieren (Was schwingt in dieser Äußerung an Hintergrundgefühlen mit?). A kann ihm diese Aufgabe in der Trainingssituation dadurch erleichtern,
daß er nicht zu lange Äußerungen macht und keine Monologe hält. – Partner C hat die
Beobachterrolle, er kann sich Notizen machen. – Nach 10 Minuten wird abgebrochen
(meist ist dies ein echter Abbruch, denn die Teilnehmer möchten oft das Problem wei-
terbearbeiten. Dies sollte aber einem eigenen Gespräch mit mehr Zeit vorbehalten bleiben). Partner A füllt den u. a. Bogen I (»Sprecher«), Partner B den Bogen II (»Hörer«)
aus. Anschließend wird ausgetauscht, wobei auch der Beobachter seine Eindrücke
(möglichst konkret) wiedergibt. – In der nächsten Gesprächsrunde berichtet B über ein
Problem, C hört zu und spiegelt, A ist Beobachter. Die Besprechung der Runde erfolgt
wie angegeben. – In der letzten Gesprächsrunde erzählt C, A ist Zuhörer und spiegelt,
B ist Beobachter. Wieder wird wie angegeben ausgewertet.

Zeit: 60–90 Min. Gruppengröße beliebig.
Eine ausgezeichnete Vorübung ist der »Kontrollierte Dialog« (Kat. 2.2).

3. Auswertungshilfen
s. o.

4. Materialien
Bögen I und II für jeden Teilnehmer

5. Hinweise
Diese Übung gehört zum Standardrepertoire der nichtdirektiven Gesprächstherapie und kann nicht oft genug wiederholt werden.

Bogen I (»Sprecher«)
1. Ich habe mich während des Gespräches sehr verstanden gefühlt.
   stimmt genau   1   2   3   4   5   stimmt überhaupt nicht.
2. Dein Verhalten war für mich sehr angenehm und ermutigend.
   stimmt genau   1   2   3   4   5   stimmt überhaupt nicht.
3. Meine Gedanken und Gefühle wurden mir während des Gespräches klarer.
   stimmt genau   1   2   3   4   5   stimmt überhaupt nicht.

Bogen II (»Hörer«)
1. Mir fiel es leicht zu verstehen, was du gesagt hast.
   stimmt genau   1   2   3   4   5   stimmt überhaupt nicht
2. Der gefühlsmäßige Hintergrund deiner Äußerung wurde mir klar.
   stimmt genau   1   2   3   4   5   stimmt überhaupt nicht
3. Mir gelang es, den gefühlsmäßigen Gehalt deiner Äußerungen in meinen Worten wiederzugeben.
   stimmt genau   1   2   3   5   stimmt überhaupt nicht.

2.12 Selbstkontrolle des Leiters

Innerhalb dieser Kategorie sind auch folgende Spiele und Übungen möglich:
Leitfaden für Fallbesprechungen (S. 43)
Lehrer verzaubern (S. 206)
Leiter befragen (S. 205)
Heißer Stuhl (S. 147)
Beziehungsbild und Beziehungswirklichkeit (hier für den Leiter) (S. 128)

Leiter – Teilnehmer

1. Ziel
Unbewußte Phantasien einem Teilnehmer gegenüber erkennen. Abklären einer problematischen Beziehung.

2. Durchführung
Diese Phantasieübung wird vom Leiter/Lehrer außerhalb der Gruppe in einer Kollegen-
oder Supervisionsgruppe oder mit einem Partner durchgeführt. Nach einer Phase der
Entspannung des Körpers und der Konzentration auf sich selbst, stellt sich der Leiter
den Teilnehmer vor. Er übernimmt dann in der Phantasie identifikatorisch die Rolle des
Teilnehmers, er soll ganz dieser Teilnehmer werden. In dieser Rolle spricht er (laut) zum
Partner als dem Leiter, erzählt ihm von seinem Leben, seinen Problemen und seinem
Verhältnis zum Leiter. Währenddessen hört der Gesprächspartner sehr intensiv zu, wie
der Leiter in der Rolle des Teilnehmers spricht. Er achtet besonders auch auf seine eigenen Empfindungen und Reaktionen, während der »Teilnehmer« zu ihm spricht. –
Wenn der Erzähler fertig ist, wird über diese Identifikation gesprochen. Der Leiter berichtet, wie leicht oder schwer ihm das Erzählen in der Rolle des Mitgliedes gewesen
ist, wie er sich in dieser Rolle gefühlt hat, was ihm über die Empfindungen und Reaktionen des Teilnehmers dabei klar geworden ist. Er soll auch die Frage stellen – und dies
ist der Kern der Übung – wieviel an seiner Erzählung der Reaktionen und Empfindungen
des Teilnehmers nicht als *dessen,* sondern als seine eigenen Gefühle, Erfahrungen und
Gedanken wiederzuerkennen ist. – Der Partner unterstützt die Klärung dieser Frage, indem er berichtet, was ihm an der Art und am Inhalt des Erzählens aufgefallen ist. Dabei
sind Nuancen u. U. wichtig, der Partner soll also *alles* berichten, was ihm auffiel. – Er
gibt das Bild wieder, das während des Erzählens von diesem Teilnehmer in ihm entstand. Im Vergleich dieses Bildes, das durch die Erzählung ausgelöst wurde, mit der
Kenntnis des realen Teilnehmers läßt sich herausarbeiten, welche Seiten betont, welche weggelassen werden, wo die Beziehung unklar ist, wo projektiv eigenes in den Teilnehmer hineingelegt wurde.

3. Auswertungshilfen
s. o.

4. Materialien
keine

5. Hinweise
keine

Kontrolle der Gegenübertragung

1. Ziel
Der Leiter soll unbewußte Antelle In seinen Beziehungen zur Gruppe und zu einzelnen Teilnehmern erkennen und kontrollieren. Verdrängte Konfliktstrukturen können bewußt gemacht, die eigene Übertragungsproblematik bearbeitet und damit die unbewußt an Eigenproblemen orientierten Interventionen und Reaktionen abgebaut werden.

2. Durchführung
Diese Übung wird vom Leiter allein außerhalb der Gruppe durchgeführt. Sie ist nur geeignet für Gruppen bis zu 10 oder 12 Teilnehmern (mit gewissen Einschränkungen auch für größere Gruppen.)–
2.1 Der Leiter zeichnet auf ein Blatt Papier einen Kreis. Irgendwo auf der Kreislinie macht er ein kleines Kreuz, das ihn selbst darstellt. Er erinnert sich jetzt an die Gruppenmitglieder und trägt ihre Namen in der Reihenfolge, wie sie ihm einfallen, an den Rand des Kreises irgendwo ein. Dabei soll er sich nicht an der Sitzordnung der letzten Stunde orientieren, sondern die Mitglieder frei irgendwo plazieren. Sehr wichtig ist es auch, daß er ganz spontan und ohne Reflexion dies tut. Bei jedem Namen, der ihm einfällt, notiert er die Zahl der Reihenfolge, wie ihm die Teilnehmer in den Sinn kommen. Außerdem gibt er mit einem kleinen Plus- oder Minuszeichen am Namen kurz an, ob im Augenblick der ersten Erinnerung sich ein spontan angenehmes oder unangenehmes Gefühl bei ihm einstellte. – Diese Übung beginnt bereits interessant zu werden an dem Punkt, an dem dem Leiter ein Name unter gar keinen Umständen einfallen will. Diesem Teilnehmer wird in der weiteren Auswertung besondere Beachtung geschenkt. (Wurde mit ihm etwas Unangenehmes verdrängt, ein eigener unerledigter Konflikt abgewehrt?) – Der Sinn dieses gesamten ersten Übungsschrittes liegt darin, daß der Leiter sich ohne langes Nachdenken möglichst spontan diese beschriebene Anordnung schafft (ähnlich wie beim Prinzip des freien Assoziierens in der Psychoanalyse) und sich damit selbst Material an die Hand gibt, seiner unbewußten Gegenübertragung auf die Spur zu kommen. – Erst wenn alle Namen am Kreis stehen, ist der erste Schritt beendet.
2.2 Im zweiten Schritt wird nun dieses selbst produzierte Material analysiert.
a) Zunächst wird überprüft, welche 3 Teilnehmer ihm zuerst eingefallen sind, welche

drei zuletzt. In Verbindung mit dem Plus- oder Minuszeichen ergeben sich hier bereits schon wichtige Hinweise und Fragen an sich selbst. Ist ein Teilnehmer, der die Nr. 1 hat und ein Minuszeichen trägt, möglicherweise ein geheimer Angstgegner, ein potentieller Rivale o. ä.? Oder liegt bei einem Teilnehmer, der an entsprechender Stelle steht, aber ein Pluszeichen hat, eine unbewußte Identifikation oder Vereinnahmung vor? Die Zahlen werden jetzt sorgfältig durchgegangen. Ergeben sich bestimmte Gruppen, die dem Leiter schnell hintereinander eingefallen sind: Was empfindet er dieser Gruppe gegenüber, was trennt ihn oder verbindet ihn mit ihr? – Auch die Schlußlichter müssen genau untersucht werden: Welche Gefühle hat der Leiter dem letzten gegenüber, gibt es etwas, worin der Teilnehmer dem Leiter sehr ähnlich ist oder worin er sich völlig vom Leiter unterscheidet? Zu prüfen ist, ob dieses etwas zu tun hat mit vergessenen, verdrängten oder abgelehnten Seiten des Leiters in sich selbst.

b) Außer Zahlen und Spontangefühlen ist ferner die Anordnung der Namen am Kreis wichtig, weil sie wichtigen Aufschluß über die unbewußt wahrgenommene und ausgedrückte Beziehungsproblematik der Gruppe geben kann. Welche Namen stehen neben dem Kreuz des Leiters? Wer steht ihm gegenüber, wer »sitzt« an den Seiten? Was hat dies mit der Beziehung zum Leiter zu den einzelnen Mitgliedern zu tun? Diese Frage läßt sich klären, wenn der Leiter sich genau prüft, was er jedem Teilnehmer gegenüber empfindet, ob er sich nah oder fern, überlegen oder unterlegen in der Beziehung zum Teilnehmer fühlt. – Weiterhin ist wichtig zu prüfen, wer bei wem am Kreis steht: Sagt dies etwas über die Beziehung der Teilnehmer untereinander, jedenfalls aus der Sicht des Leiters, aus? – Ein interessantes Experiment liegt auch darin, vom eigenen Namenskreuz aus einen Strich zur Kreismitte zu ziehen und ihn durch zwei weitere so zu ergänzen, daß sich Drittel ergeben: Wer befindet sich im Drittel, das dem Namenskreuz gegenüber liegt? Wer in den seitlichen Dritteln? Fällt dabei etwas auf? –

Insgesamt läßt sich die Analyse des Materials unterschiedlich gründlich durchführen. Ein Leiter, der wenig Zeit hat, kann sich auch damit begnügen, eine Liste der Teilnehmer nur der Reihenfolge des Einfalls nach mit einem kleinen Plus- oder Minuszeichen anzufertigen. Auch sie gibt meist schon unmittelbare Auskunft über unbewußte Beziehungsprobleme. Bei größeren Gruppen z. B. Schulklassen, kann sich der Leiter auf eine zahlenmäßig eingerichtete Gruppe beschränken, z. B. die ersten 10, die ihm einfallen. – Diese Übung sollte zum regelmäßig eingesetzten Instrumentarium jedes Gruppenleiters und Lehrers werden!

3. Auswertungshilfen
s. o.

4. Materialien
Papier, Schreibzeug.

5. Hinweise
keine

Anmerkungen

1 Vgl. J. Oelkers/H. Prior: Soziales Lernen in der Schule. Königstein 1982 – Ferner K. A. Geißler (Hrsg.): Gruppendynamik für Lehrer. Reinbek 1979 – C. Rittelmeyer u. a.: Erziehung und Gruppe. München 1980. Fromm, M./Keim, W. (Hrsg.): Diskussion soziales Lernen. Baltmannsweiler 1982.
2 M. Rutter u. a.: Fünfzehntausend Stunden. Schulen und ihre Wirkung auf Kinder. Weinheim 1980 – H. Gudjons/G. B. Reinert (Hrsg.): Schulleben. Königstein 1980.
3 H. Hielscher: Soziales Lernen – Soziale Erziehung – Spielen. In: Z. f. Gr. päd. 7. Jg. 1981, H. 2, S. 73–82.
4 Unter »subjektivem Faktor« wird hier mit K. Horn (Gruppendynamik und der subjektive Faktor, Frankfurt 1972, S. 8) das verstanden, »was sich in den Subjekten im Verlauf ihrer Sozialisation an für Verhalten relevanter Struktur und Dynamik herausbildet.«
5 N. Belardi: Erfahrungsbezogene Jugendbildungsarbeit. Lollar/Gießen 1975, S. 64.
6 Vgl. dazu G. Stanford: Gruppenentwicklung im Klassenraum und anderswo. Braunschweig 1980 – H. Gudjons: Interaktionsspiele im Unterricht. Auf dem Weg zur produktiven Arbeitsgemeinschaft. In: Westermanns Päd. Beiträge 34. Jg. 1982, H. 11, S. 466–471. – Ders.: »Ernste Spiele«. In: Spielen. Jahresheft des Friedrich-Verlages 1995 – Ders. (Hrsg.): Handbuch Gruppenunterricht. Weinheim 1994.
7 Nach J. Fritz: Interaktionspädagogik. München 1975, S. 20 ff. – Vgl. ferner M. L. Bödiker/ W. Lange: Gruppendynamische Trainingsformen. Reinbek 1975 – W. Theis: Angewandte Gruppendynamik: Was kommt nach dem Boom? In: Psychologie heute, H. 2 (1979), S. 45– 53 – C. H. Bachmann (Hrsg.): Kritik der Gruppendynamik. Frankfurt 1981.
8 A. Däumling, a.a.O., S. 58 – Vgl. ferner: Bradford/Gibb/Benne: Gruppentraining, Stuttgart 1972.
9 Vgl. dazu J. Luft: Einführung in die Gruppendynamik, Stuttgart 1971, S. 22 ff.
10 Vgl. z. B. die Kontroversen um ein Laboratorium in H. 5/75 und H. 4 + H. 5/76 der Zeitschrift: Gruppendynamik.
11 Vgl. dazu G. Lapassade: Gruppen, Organisationen, Institutionen, Stuttgart 1972 und M. Lobrot: Die Selbstbestimmung schulischer Gruppen. In: Gruppendynamik H. 2/1971, S. 166 ff.; H. Quitmann/K. Seidensticker: Offene Jugendarbeit auf der Basis der Institutionellen Analyse. In: J. Fritz: Interaktionspädagogik, S. 90 ff.
12 Vgl. J. Fritz: Interaktionspädagogik, S. 46.
13 F. Perls: Gestalt-Therapie in Aktion, Stuttgart 1974, S. 49.
14 An diesem Punkt scheint mir die Kritik – in der ansonsten vorzüglichen Darstellung verschiedener Konzeptionen – von J. Fritz, a.a.O. S. 27 ff., an dem nicht-sprachlichen Trainingstrend etwas zu undifferenziert zu sein. Vgl. dazu Däumling u. a., a.a.O. S. 234 ff.; M. A. Liebermann/J. D. Yalom/M. B. Miles: Die Wirkung von Encounter-Gruppen auf ihre Teilnehmer – einige vorläufige Hinweise: In: Gruppendynamik H. 4, 1974, S. 231–248; K. W. Back: Beyond Words. The Story of Sensitivity Training and the Encounter Movement, New York 1972, M. A. Liebermann/I. D. Yalom/M. B. Miles: Encountergroups: first facts, New York 1973.
15 Vgl. A. Mandel u. a.: Einführung in Partnerschaft durch Kommunikationstherapie und Verhaltenstherapie, München 1971. F. Schulz von Thun: Miteinander reden: Störungen und Klärungen. Reinbek 1981 – Zeitschrift: Familiendynamik.

16 Vgl. G. Bach/P. Wyden: Streiten verbindet, Gütersloh 1970.
17 Vgl. T. Brocher: Gruppendynamik und Erwachsenenbildung, Braunschweig 1967 – G. Ammon: Gruppendynamik der Aggression, Berlin 1970 – Ders.: Gruppendynamik der Kreativität, Berlin 1972 – P. Grundke: Interaktionserziehung in der Schule, München 1975 – Ferner zahlreiche Aufsätze von F. Heigl und A. Heigl-Evers in der Zeitschrift: Gruppenpsychotherapie und Gruppendynamik – H. E. Richter: Die Gruppe, Reinbek 1972 – A. Lorenzer: Kritik des psychoanalytischen Symbolbegriffs, Frankfurt 1970 – G. Bittner u. a.: Spielgruppen als soziale Lernfelder, München 1973. C. Büttner (Hrsg.): Spielerfahrungen mit Schülern. München 1981.
18 Vgl. dazu Einführung von E. + M. Polster: Gestalttherapie, München 1975 – Ferner: K. Guss (Hrsg.): Gestalttheorie und Erziehung, Darmstadt 1975 – Brown/Petzold: Gestaltpädagogik, 1977 – O. A. Burow/K. H. Scherpp: Lernziel Menschlichkeit. München 1981. – Ferner neuere Arbeiten zur Theorie und Praxis der Gestaltpädagogik: O. A. Burow: Grundlagen der Gestaltpädagogik. Dortmund 1988 – O. A. Burow/H. Gudjons (Hrsg.): Gestaltpädagogik in der Schule. Hamburg 1994 – J. Bürmann: Gestaltpädagogik und Persönlichkeitsentwicklung. Bad Heilbrunn 1992 – R. Fuhr/M. Gremmler-Fuhr: Faszination Lernen. Köln 1988.
19 J. O. Stevens: Die Kunst der Wahrnehmung, München 1975 (eine etwas unglückliche Übersetzung des amerikanischen Titels: *Awareness:* exploring, experimenting, experiencing.)
20 Vgl. G. Brown: The Life Classroom, New York 1976 und M. Philipps: Intergrative Pädagogik. In: Integrative Therapie, H. 1/1976 – R. C. Cohn: Von der Psychoanalyse zur Themenzentrierten Interaktion, Stuttgart 1975 – Ferner: Cohn, R. C./Terfurth, C. (Hrsg.): Lebendiges Lehren und Lernen macht Schule. Stuttgart 1993 – Löhmer, C./Standhardt, R. (Hrsg.): TZI – Pädagogisch-therapeutische Gruppenarbeit nach Ruth Cohn. Mannheim 1992 – WILL-INTERNATIONAL (Hrsg.): Personen – Titel – Themen. TZI-Bibliographie. Basel 1994 – Die Nähe von TZI und Gestalt wird betont bei H. Gudjons: Lebendig Lernen. In: Lehrer – Schüler – Unterricht. Raabe-Handbuch, Stuttgart/Berlin 1994.
21 Vgl. H. W. Nickel: Interaktionstraining – vier Beispiele. In; Kunst und Unterricht H. 21/1973 – M. Klewitz/H. E. Nickel (Hrsg.): Kindertheater und Interaktionspädagogik, Stuttgart 1972.
22 J. Fritz u. a.: Interaktionspädagogik, S. 42.
23 H. Hielscher: Zum Begriff des »sozialen Lernens«. In: Westermanns Pädagogische Beiträge H. 5/1975, S. 239.
24 H. Prior (Hrsg.): Soziales Lernen, a.a.O., S. 48 ff.
25 J. Fritz: Methoden des sozialen Lernens. München 1977, S. 7.
26 Z. B.: M. Argyle: Soziale Interaktion, Köln 1972, der übrigens bereits den Terminus »Interaktionserziehung« gebraucht (S. 426 passim) und F. Graumann: Interaktion und Kommunikation. In: Handbuch der Psychologie, Bd. 7, Sozialpsychologie, 3. Halbband, Göttingen 1972, der auf S. 1179 schreibt, »daß für die Zwecke der empirischen Forschung (und des Berichtes über sie) zwischen menschlicher Interaktion und Kommunikation kein Unterschied mehr gemacht wird.«
27 Vgl. R. Winkel: Die kritisch-kommunikative Didaktik. In: Didaktische Theorien, hrsg. von H. Gudjons, R. Teske, R. Winkel. Braunschweig 1981.
28 P. Grundke, a.a.O., S. 15 f. Warum allerdings die Lösung *künftig* zu erwartender Interaktionsprobleme – also der Zukunftsaspekt – allein auf die unterrichtlich-stoffliche Vermitt-

lung von Kenntnissen und Fertigkeiten bezogen und nicht stärker auch von der subjektiven Persönlichkeits- und Verhaltensbildung erwartet wird, erscheint mir bei Grundke nicht recht überzeugend.

29 P. Grundke, a.a.O. S. 14.
30 L. Krappmann: Interaktion und Lernen. In: G. McCall/J. Simmons: Identität und Interaktion, Düsseldorf 1974, S. 14 – N. Semmer/M. Pfäfflin: Interaktionstraining. Weinheim 1979 – Zum Hintergrund ist die Theorie des Symbolischen Interaktionismus entscheidend. Vgl. G. H. Mead: Geist, Identität und Gesellschaft. Ffm. 1968 – Brumlik, M.: Interaktionismus, Symbolischer. In: Lenzen, D. (Hrsg.): Pädagogische Grundbegriffe. Bd. 1. Reinbek 1989, S. 764–781 – Ferner sei auf die zahlreichen Arbeiten von J. Habermas verwiesen, vor allem: J. Habermas: Theorie kommunikativen Handelns. 2 Bde. Ffm. 1981.
31 Zum folgenden vgl. H. Nickel: Entwicklungspsychologie des Kindes- und Jugendalters, Bd. II, Bern 1975, S. 317 ff. und S. 341 ff. – Vgl. ferner: H. Gudjons: Pädagogisches Grundwissen. Bad Heilbrunn 1994, 2. Aufl., S. 103 ff.
32 Vgl. dazu: C. Lohmann/F. Prose: Organisation und Interaktion in der Schule, Köln 1975 – D. Ulich: Gruppendynamik in der Schulklasse, München 1971 – G. Schwarz (Hrsg.): Gruppendynamik für die Schule, Wien 1974 – J. Fritz: Gruppendynamisches Training in der Schule, Heidelberg 1975 – Gruppendynamik H. 6, 1974, Zum Thema: »Innovation in der Schulklasse« – M. A. Bany/L. V. Johnson, Classroom group behavior, New York 1964 – Peters, O.: Soziale Interaktion in der Schulklasse. In: K. H. Ingenkamp (Hrsg.): Handbuch der Unterrichtsforschung, Teil II, Weinheim 1970, S. 1801 ff. – Vgl. auch M. Affeldt: Erlebnisorientierte psychologische Gruppenarbeit zur Begleitung von Jugendlichen in ihrer Entwicklung. Hamburg 1991.
33 Vgl. Peters a.a.O. – Lohmann/Prose, a.a.O. – J. Oelkers in Prior, a.a.O. – C. W. Backmann/P. F. Secord: Sozialpsychologie der Schule, Weinheim 1972. R. Biermann: Interaktion im Unterricht. Darmstadt 1978 – H. Petillon: Soziale Beziehungen in Schulklassen. Weinheim 1980. – Vgl. vor allem die empirische Untersuchung über die Wirksamkeit von Interaktionsspielen von H.-J. Berg: Entwicklung einer Schulklasse zur Gruppe. Frankfurt/M. 1990.
34 F. Prose, a.a.O. S. 89 – Vgl. ferner die anschaulichen Berichte von R. + Th. Heinze: Unterrichtsforschung als Unterricht. Hauptschulprojekt: Schüleraktionen im Unterricht. In: b:e (1974), S. 48–53.
35 P. Grundke, a.a.O., S. 66 ff. – J. Fritz: Gruppendynamisches Training in der Schule, S. 114.
36 Vgl. dazu: G. Dietrich: Bildungswirkungen des Gruppenunterrichtes, München 1969 – E. Meyer: Die Kleingruppe im Unterricht. In: A. Sjølund: Gruppenpsychologie für Erzieher, Lehrer und Gruppenleiter, Heidelberg 1974, S. 198 ff. – E. Meyer/B. Forsberg (Hrsg.): Einführung in die Praxis schulischer Gruppenarbeit, Heidelberg 1973. E. Meyer: Trainingshilfen zum Gruppenunterricht. Oberursel 1981 – Vgl. vor allem: H. Gudjons (Hrsg.): Handbuch Gruppenunterricht. Weinheim 1993 – Ders.: Handlungsorientiert lehren und lernen. Bad Heilbrunn, 4. Aufl. 1994.
37 L. Button: Gruppenarbeit mit Jugendlichen, München 1976.
38 N. Belardi, a.a.O., S. 153 ff. – H. Hüppauff/E. W. Hüppauff: Erlebnisse mit Schülern und Überlegungen zur Pädagogik als einem Interaktionsprozeß. In: GD H. 2, 1976, S. 141 ff.
39 B. Daublebsky: Spielen in der Schule, Stuttgart 1976.
40 H. W. Nickel, a.a.O., und in: Spiel mit Kindern – Theater mit Kindern, Stuttgart 1974 –

(darin auch der Beitrag von L. Wutte: Interaktions- und Rollenspiele mit 12 bis 13jährigen Mädchen).

41 H. Petzold (Hrsg.): Angewandtes Psychodrama in Therapie, Pädagogik, Theater und Wirtschaft, Paderborn 1972.

42 B. Schaeffer/U. Lambroū: Politische Bildung als Unterrichtsprinzip, Frankfurt 1972 – Unsere Beispielsammlung könnte noch erheblich um zahlreiche andere Versuche erweitert werden.

43 G. Portele: Überlegungen zur Verwendung von Spielen. In: GD H. 3 (1975) S. 205–214. – Vgl. auch C. C. Abt: Ernste Spiele, Köln 1971, S. 33 ff. und A. K. Gordon: Games for Growth, Chicago 1972, p. 18 ff.

44 Portele, a.a.O. S. 207.

45 L. Krappmann, in: Daublebsky, a.a.O., S. 206.

46 Vgl. dazu P. Sbandi: Gruppenpsychologie, München 1973, S. 137 ff. – Vgl. ferner Kh. A. Geißler: Anfangssituationen. Weinheim, 4. Aufl. 1991.

47 Vgl. Sbandi, a.a.O., S. 129 ff. – M. Argyle, a.a.O., S. 214 ff. – Sjølund, a.a.O. S. 29 ff. – B. W. Tuckmann: Developmental sequence in small groups. In: Psychol. Bull. 63 (1965) S. 384–399. G. Schreiner: Wie kann man einer Ansammlung von Schülern helfen, sich zu einer »guten Gruppe« zu entwickeln? In: Die Deutsche Schule H. 2 (1981) S. 113 ff., H. 3, S. 165 ff., H. 4, S. 239 ff.

48 Vgl. dazu: Argyle, a.a.O., S. 90 ff. und S. 383 ff. – L. Mann: Sozialpsychologie, Weinheim, 1974 – M. Sader: Psychologie der Gruppe, München 1991 – Zur nonverbalen Kommunikation im Erziehungsfeld vgl. G. B. Reinert/H. J. Thiele: Nonverbale pädagogische Kommunikation, München 1977.

49 J. R. Gibb, in: Bradford/Gibb/Benne (Hrsg.): Gruppentraining, Stuttgart 1972, S. 303 ff.

50 M. Sader, a.a.O. (1976), S. 82 + 83.

51 R. Cohn, a.a.O., S. 68 ff.

52 M. Sader, a.a.O., S. 104 f.

53 Zusammengefaßt bei M. Irle: Lehrbuch der Sozialpsychologie, Göttingen 1975, S. 428.

54 Vgl. dazu Liebermann/Yalom/Miles, a.a.O., S. 243 ff. – A. Heigl-Evers/F. Heigl: Rolle und Interventionsstil des Gruppenpsychotherapeuten. In: Gruppenpsychotherapie und Gruppendynamik, Bd. 5, 1971/72, S. 152 ff. – Vgl. ferner zur gesamten Interventionsproblematik das sehr gut verständliche Buch von K. Vopel: Handbuch für Gruppenleiter, Hamburg 1976 (ISKO-PRESS-Selbstverlag).

55 Vgl. W. Mutzek/W. Pallasch (Hrsg.): Handbuch zum Lehrertraining. Weinheim 1983 – Ferner zur LehrerInnen-Supervision: Ehinger/Hennig: Praxis der Lehrersupervision. Weinheim 1994.

56 Vgl. H. Gudjons: Fallbesprechungen in Lehrergruppen. In: Westermanns Pädagogische Beiträge, Jg. (1977), S. 373–379 – A. Heigl-Evers: Die Stufentechnik der Supervision. In: Gruppenpsychotherapie und Gruppendynamik, 1975, S. 43–54 – H.-K. Knoepfel: Erfahrungen eines Balint-Gruppenleiters. In: Gruppenpsychotherapie und Gruppendynamik, S. 205–218 – W. Münch: Supervision in Lehrergruppen. In: K. Geißler (Hrsg.): Gruppendynamik für Lehrer. Reinbek 1979, S. 145–181 – B. Raguse-Stauffer/Raguse, H.: Ein TZI-Modell der Supervision. In: Gruppenpsychotherapie und Gruppendynamik, 1980, S. 78–90 – B. Seidler: Balint-.Gruppen für Lehrer. In: Zeitschr. f. Gruppenpäd. 6. Jg. (1980), H. 4, S. 237–243 – R. Strömbach/Fricke, P./Koch, H.-B.: Supervision. Gelnhausen 1979.

Literaturhinweise

Abt, C. C.: Ernste Spiele. Köln 1970.

Antons, K.: Praxis der Gruppendynamik. Göttingen 1973.

Argyle, M.: Soziale Interaktion. Köln 1972.

Bach, G. / Bernhard, Y.: Aggression Lab. o.O. o.J.

Bachmann, C. H. (Hrsg.): Kritik der Gruppendynamik. Frankfurt 1981.

Baer, U.: 500 Spiele für jede Gruppe für alle Situationen. Remscheid 1988 (Bezug über Robin-Hood-Versand, Küppelstein, 36, 5630 Remscheid)

Bany, M. A. Johnson, / L. V.: Classroom group behavior. New York 1964.

Betz, O. / Kaspar, F. (Hrsg.): Die Gruppe als Weg. München 1974.

Biermann, R.: Interaktion im Unterricht. Darmstadt 1978.

Biermann, R. / Wittenbruch, W. (Hrsg.): Soziale Erziehung. Heinsberg 1986.

Bradford, L. P. / Gibb, J. R. / Benne, K. D.: Gruppentraining. Stuttgart 1972.

Brocher, Tobias: Gruppendynamik und Erwachsenenbildung. Braunschweig 1967.

Broich, J.: Spiel- und Theaterpädagogik. Systematischer Literaturnachweis und Beratungs-dokumentation 1975–1981. Duisburg 1981.

Burow, O. A. / Quitmann, H. / Rubeau, M. P.: Gestaltpädagogik in der Praxis. Salzburg 1987.

Button, L.: Gruppenarbeit mit Jugendlichen. München 1976.

Claußen, B.: Didaktische Konzeptionen zum sozialen Lernen. Ravensburg 1978.

Cohn, R. C.: Von der Psychoanalyse zur themenzentrierten Interaktion. Stuttgart 1976.

Daublebsky, B.: Spielen in der Schule. Stuttgart 1974.

Däumling, A.: u. a.: Angewandte Gruppendynamik. Stuttgart 1974.

Fatzer, G.: Ganzheitliches Lernen. Paderborn 1987.

Fittkau, B. u. a. (Hrsg.): Kommunikations- und Verhaltenstraining für Erziehung, Unterricht und Ausbildung. München 1974.

Fluegelmann, A. / Tembeck, S.: New Games. Die neuen Spiele. Soyen (CH) 1981 und 1982, Band 1 und 2.

Fritz, J.: (Hrsg.): Interaktionspädagogik. München 1975.

Fritz, J.: Gruppendynamisches Training in der Schule. Heidelberg 1974.

Fritz, J.: Methoden des sozialen Lernens. München 1977.

Frör, H.: Spielend bei der Sache. München 1972.

Frör, H.: Spiel und Wechselspiel. München 1974.

Fromm, M. / Keim, W. (Hrsg.): Diskussion soziales Lernen. Baltmannsweiler 1982.

Fuhr, R. / Gremmler-Fuhr, M.: Faszination Lernen. Transformative Lernprozesse im Grenz-bereich von Pädagogik und Psychotherapie. Köln 1988.

Geißler, K. A. (Hrsg.): Gruppendynamik für Lehrer. Reinbek 1979.

Gendlin, E. T. Focusing. Salzburg 1980.

Gordon, A. K.: Games for Growth. Chicago 1972.

Grüneisl, G.: Spielen mit Gruppen. Stuttgart 1974.

Grundke, P.: Interaktionserziehung in der Schule. München 1975.

Gudjons, H.: Die Anwendung gruppendynamischer Spiele zur Lösung von Konflikten im Unterricht und Erziehung. In: R. Seiß (Hrsg.): Beratung und Therapie im Raum der Schule. Bad Heilbrunn 1975.

Gudjons, H./Pieper, M./Wagener, B.: Auf meinen Spuren. Das Entdecken der eigenen Lebensgeschichte. Vorschläge und Übungen für pädagogische Arbeit und Selbsterfahrung. Reinbek 1986. 2. Aufl. Hamburg 1992.

Gudjons, H.: Neues aus der Gruppenforschung. In: PÄDAGOGIK, H. 7/8 1992, S. 40–44.

Gudjons, H.: Methodische Hilfen für ein gutes Beratungsgespräch. In: PÄDAGOGIK, H. 10/1991, S. 10–12.

Gudjons, H. (Hrsg.): Handbuch Gruppenunterricht. Weinheim 1993.

Gudjons, H.: Lebendig lernen. In: Lehrer – Schüler – Unterricht. Raabe-Handbuch, Stuttgart/Berlin 1994.

Gudjons, H.: »Ernste Spiele«. In: Spielen. Jahresheft des Friedrich-Verlages 1995.

Guss, K. (Hrsg.): Gestalttheorie und Erziehung. Darmstadt 1975.

Handbuch Gruppenpädagogik – Gruppendynamik, hrsg. von E. Meyer. Heidelberg 1977.

Heintel, P.: Das ist Gruppendynamik. München 1974.

Herkert, R.: Die 90-Sekunden-Pause. Wessobrunn 1993.

Höper, C.-J. u. a.: Die spielende Gruppe. München 1974.

Horn, K. (Hrsg.): Gruppendynamik und der »subjektive Faktor«. Frankfurt 1972.

Huber, G. L. (Hrsg.): Lernen in Schülergruppen – Organisationsmodelle und Materialien. Deutsches Institut für Fernstudien. Tübingen 1985.

Huberich, P./Huberich, U.: Spiele für die Gruppe. Heidelberg 1979.

Jaeggi, E. u. a.: Andere verstehen. Ein Trainingskurs für psychosoziale Berufe. Weinheim 1983.

James, M./Jongeward, D.: Spontan leben. Übungen zur Selbstverwirklichung. Reinbek 1983.

Kirsten, R. E./Müller-Schwarz, J. M.: Gruppentraining. Stuttgart 1973.

Klewitz, M./Nickel, H. W. (Hrsg.) Kindertheater + Interaktionspädagogik. Stuttgart 1972.

Knapp, J.: Gruppendynamik für Lehrer. Wiesbaden 1979.

Krege, W.: Begriffe der Gruppendynamik. Stuttgart 1977.

Krenz, A.: Gruppendynamische Interaktionsexperimente. [Spielesammlung]

Küchler, J.: Gruppendynamische Verfahren in der Aus- und Weiterbildung. München 1979.

Lehmann, J. (Hrsg.): Simulations- und Planspiele in der Schule. Bad Heilbrunn 1977.

Lewis, R./Streifeld, H. S.: Spiele, die glücklich machen. Bergisch Gladbach 1973.

Lohmann, C./Prose, F.: Organisation und Interaktion in der Schule, Köln 1975.

Meyer, E.: Trainingshilfen zum Gruppenunterricht. Oberursel 1981.

Meyer, E./Forsberg, B. (Hrsg.): Einführung in die Praxis der schulischen Gruppenarbeit. Heidelberg 1973.

Meyer, E./Winkel, R. (Hrsg.): Unser Konzept: Lernen in Gruppen. Hohengehren 1991.

Minsel, W.-R.: Praxis der Gesprächstherapie. Graz 1974.

Mucchielli, R.: Gruppendynamik. Salzburg o.J.

Newberg, N./Borton, T.: Emotionales und soziales Lernen in der Schule. München 1976.

Nylen, D./Mitchell, J. R./Stout, A.: Handbuch of Staff Development and Human Relations Training. Copenhagen 1969.

Oelkers, J./Prior, H.: Soziales Lernen in der Schule. Königstein 1982.

Orlick, T.: Kooperative Spiele. Weinheim 1982.

Otto, H. A.: Group Methods to Actualize Human Poential. A Handbook. Beverly Hills 1970.

PÄDAGOGIK (Zeitschrift), H. 5 / 1990: Gestaltpädagogik

PÄDAGOGIK (Zeitschrift), H. 11/1994: Spielen in der Schule.

Pallasch, W.: Pädagogisches Gesprächstraining. Weinheim 1987.

Piontkowski, U.: Psychologie der Interaktion. München 1976.

Pfeiffer, J. W. / Jones, J. E.: Arbeitsmaterial zur Gruppendynamik. Gelnhausen 1976–1979.

Polster, E. u. M.: Gestalttherapie. München 1975.

Prim, R. / Reckmann, H.: Das Planspiel als Methode außerschulischer politischer Bildung. Heidelberg 1975.

Prior, H. (Hrsg.): Soziales Lernen. Düsseldorf 1976.

Prior, H. / Oelkers, J.: Sozialpädagogisches Training mit Lehrern. Heidelberg 1974.

Rahm, D.: Gestaltberatung. Paderborn 1986 (2. Aufl.)

Ramme, J. / Riese, H.: Spiele für viele. Braunschweig 1981.

Remscheider Spielkartei. 1982. (Bezug: Robin-Hood-Versand, Küppelstein 36, 5630 Remscheid).

Rittelmeyer, C. u. a.: Erziehung und Gruppe. München 1980.

Sader, M. / Schäuble, W. / Theis, W. (Hrsg.): Verbesserung von Interaktion durch Gruppendynamik. Münster 1976.

Sader, M.: Psychologie der Gruppe. München 1976. Neuauflage 1991.

Sbandi, P.: Gruppenpsychologie, München 1973.

Schutz, W. C.: Freude. Reinbek 1971.

Schütz, K.-V.: Gruppenforschung und Gruppenarbeit. Mainz 1989.

Schwäbisch, L. / Siems, M.: Anleitung zum sozialen Lernen für Paare, Gruppen und Erzieher. Reinbek 1974.

Seidelmann, K.: Gruppenpädagogik im Schulunterricht. München 1975.

Seiß, R. (Hrsg.): Beratung und Therapie im Raum der Schule. Bad Heilbrunn 1976.

Shaftel, F. R. / Shafte, G.: Rollenspiel als soziales Entscheidungstraining, München 1973.

Siems, M.: Dein Körper weiß die Antwort. Reinbek 1986.

Stanford, G.: Gruppenentwicklung im Klassenraum und anderswo. Braunschweig 1980.

Stevens, J. O.: Die Kunst der Wahrnehmung. München 1976.

Ulich, D.: Gruppendynamik in der Schulklasse. München 1977 (6. Aufl.)

Vopel, K.: Interaktionsspiele. Heft 1–9. Hamburg 1974 ff.

Vopel, K. W. / Kirsten, R. E.: Kommunikation und Kooperation. München 1974.

Weber, A. (Hrsg.): Kooperatives Lehren und Lernen in der Schule. Heinsberg 1986.

Weber, W.: Wege zum helfenden Gespräch. München 1982 (6. Aufl.)

Weinmann, W.: Kinder regeln Konflikte. Freising 1973.

Willi, J.: Der gemeinsame Rorschach-Versuch. Bern 1973.

Warns, E: Die spielende Klasse. München 1976.

Ziegenspeck, J.: Spielen in der Schule. Sachstandsbericht und systematischer Literaturnachweis. 1973–1978. Duisburg 1980.

Alphabetisches Spieleverzeichnis

Schriften zur Beratung und Therapie im Raum der Schule und Erziehung

Herausgegeben von HERBERT GUDJONS

im Verlag Julius Klinkhardt

Ramsauer Weg 5
83670 Bad Heilbrunn

Band 1:

HERBERT GUDJONS

Spielbuch Interaktionserziehung

185 Spiele und Übungen
zum Gruppentraining in Schule,
Jugendarbeit und Erwachsenenbildung.

6., durchgesehene Auflage 1995.
236 Seiten, kartoniert, DM 29,80.

ISBN 3-7815-0784-X

Band 2:

EBERHARD KLIPPSTEIN und
HILDEGARD KLIPPSTEIN

Soziale Erziehung mit kooperativen Spielen

1978. 108 Seiten, 6 Grafiken,
kartoniert.

vergriffen

Band 3:

CHRISTIAN-RAINER WEISBACH

Training des Beraterverhaltens

Ein Leitfaden für die Ausbildung
von Tutoren.

1988. 265 Seiten, kartoniert, DM 34,—.

ISBN 3-7815-0615-0

Band 4:

MANFRED AFFELDT

Erlebnisorientierte Gruppenarbeit in der Schule

Methoden-Bausteine für die Praxis.

1994. 181 Seiten, 17 Abbildungen,
kartoniert, DM 25,—.

ISBN 3-7815-0780-7